本书得到国家社会科学基金社科学术社团主题学术活动资助（项目：21STB062）

# 中国古村镇保护与发展学术研讨会论文集

中国文物学会古村镇专业委员会　主编

文物出版社

图书在版编目（CIP）数据

中国古村镇保护与发展学术研讨会论文集/中国
文物学会古村镇专业委员会主编 . –– 北京：文物出版社，
2022.9

ISBN 978-7-5010-7749-6

Ⅰ . ①中⋯ Ⅱ . ①中⋯ Ⅲ . ①乡镇－文化遗产－保护
－中国－学术会议－文集 Ⅳ . ① K203-53

中国版本图书馆 CIP 数据核字（2022）第 111173 号

## 中国古村镇保护与发展学术研讨会论文集

主　　编：中国文物学会古村镇专业委员会

责任编辑：刘永海　王　瑶
封面设计：王文娴
责任印制：苏　林

出版发行：文物出版社
社　　址：北京市东城区东直门内北小街 2 号楼
邮政编码：100007
网　　址：http://www.wenwu.com
经　　销：新华书店
印　　刷：宝蕾元仁浩（天津）印刷有限公司
开　　本：889mm×1194mm　1/16
印　　张：14.75
版　　次：2022 年 9 月第 1 版
印　　次：2022 年 9 月第 1 次印刷
书　　号：ISBN 978-7-5010-7749-6
定　　价：280.00 元

中国文物学会副会长、古村镇专业委员主任委员郑国珍等在四川泸县调研传统村落

浙江湖州南浔村

湖南兰溪瑶族乡勾蓝瑶村洗泥节

福建屏南县双溪镇中秋拜月

贵州黎平地扪洞寨

# 前言

中华民族历史悠久、文化绵长。国以农为本，民以食为天，人以血缘为纽带，文以多元为取向……由此产生的礼乐规范机制、休戚与共观念、家国同构情怀、天人合一理念、中庸之道思想等，历久弥香；长期以来形成的传统古村镇，依托着独特的人文、生态环境和谐发展，凝聚、传承着泱泱华夏各民族的历史记忆、社会智慧、艺术结晶、文化特色、文明成果……生生不息；流淌着生命律动，永葆着青春活力，维系着中华根脉，寄托着56个民族儿女心中固有的那一抹暖暖的、浓浓的乡愁，是走向未来与远方的出发地与落脚地。在实现中华民族伟大复兴梦的征程中，"让中华文明同世界各国人民创造的丰富多彩的文明一道，为人类提供正确的精神指引和强大的精神动力。"

随着城市化的快速发展所产生的强大人口虹吸效应，不断地刺激着农村的生产要素持续向城市流动，传统古村镇出现了"数千年未有之变局"。许多传统村镇赖以生存的生产、生活业态，随着常年人口滋养的衰落，许多具有历史意义的真实性、完整性正在消失。即便是列入国家保护名录的6819个传统古村镇，亦不同程度地存在着烟火、人气流失，信息、资金匮乏，产业、设施老化，教育、文化短板等诸多问题，缺乏追随时代潮流与市场需求的发展主题和落地项目。

全面推进乡村五大振兴，加快农业农村现代化，是新时期关系全局的重大问题。传统古村镇的保护与发展，既是全面推进乡村振兴战略的重要组成部分，同时也是关乎中华优秀传统文化传承弘扬的关键所在。党中央国务院对此高度重视。习近平总书记明确强调："从中华民族伟大复兴战略全局看，民族要复兴，乡村必振兴。""新农村建设一定要走符合农村实际的路子，遵循乡村自身发展规律，充分体现农村特点，注意乡土味道，保留乡村风貌，留得住青山绿水，记得住乡愁。"

为深入贯彻习近平总书记关于文物和文化遗产保护、全面推进乡村振兴等重要指示批示精神，搭建平台，交流信息，聚智献策，服务三农，积极促进文物和文化遗产保护、全面推进乡村振兴战略的实施，由国家社科基金支持，中国文物学会古村镇专业委员会组织，召开了"乡村振兴与中国古村镇"为主题的中国古村镇保护与发展学术研讨会，并荟萃成集出版。研讨会得到相关高校、科研院所以及古村镇专业委员会各地会员的积极响应，共收到规划报告、学术论文等40余篇。研讨成果涵盖传统村落政策研究、价值认知、营建技艺、文化形态、保护利用和安消防建设、数字化建设、文旅融合、文化创意、振兴实践案例等最新理论成果与实践内容，对新时代传统古村镇保护传承与活化振兴具有理论和实践上的指导借鉴意义。

本次研讨会是中国文物学会古村镇专业委员会践行乡村振兴战略的一次重要行动，我们希望充分发挥中国文物学会专业委员会的学术平台作用，通过组织开展学术研讨会等相关活动，凝聚各方面的力量，进一步探讨传统古村镇的保护与发展路径，交流实践与成功经验，让凝结于传统古村镇的优秀传统文化得到有效保护传承、合理活化运用，服务于当代，造福于未来，外化为传统古村镇保护建设发展取之不绝的源泉，成为推动乡村经济社会发展、中国特色社会主义先进文化建设的重要组成部分，促进传统古村镇与时代同步、成世代楷模。

# 目录

# 闽系古建筑文化形态初探

郑国珍*

　　闽系古建筑，是福建悠久历史文化的重要物质载体之一，是闽台两地当时的社会政治经济文化发展水平与能工巧匠聪明才智完美结合的产物，是中华民族文化遗产的重要组成部分。这些数以千计、琳琅满目而又丰富多彩的建筑群体为依托构成的闽系古建筑文化形态，印证和保留着中华文化在传承中积淀的科学技术和文化艺术之辉煌成就。围绕闽系古建筑文化形态开展调查、研究和保护、传承，当有益于彰显和弘扬其在古建筑的保护维修、匠师传承、操作规范等诸多方面的科学价值，使之更具有时代风貌与区域个性。

## 一、福建的地域特征、多元文化的碰撞与融合造就了闽系古建筑文化形态

　　福建地处我国东南沿海，境内丘陵山地约占全省面积80％，主要山脉有武夷山脉、鹫峰山脉、戴云山脉、博平岭山脉等；水系呈网格状，主要河流有闽江、九龙江、晋江、汀江、鳌江、龙江、木兰溪、交溪、霍童溪等；河流沿岸谷地和盆地交错分布，主要平原有漳州、福州、兴化和泉州平原（约占全省陆域面积1.57％）等；海岸线曲折绵延达3300多公里，沿海大小岛屿1446个，大小港湾125处。气候属亚热带海洋性湿润季风气候，年平均降雨量1000至1900毫米，森林覆盖率居全国前列。这种山阻、水隔、临海、林茂的"八山一水一分田"陆域地理特征，是造就闽系古建筑化形态的自然生态条件。

　　早在18万年前，就有先民们在福建这块土地上繁衍生息；距今1万年左右，人类文明之光已辉映闽山、闽水；五、六千年前，孕育出的富有海洋文明特征之南岛语族先民，开始迈向南太平洋列岛及印度洋群岛等陆域；战国、秦汉时期，这里是闽族、闽越族的主要活动地区。汉代以来，由于各种缘故，中原文化随着北方人民的不断南迁入闽，与当地文化相互交融并沉淀下来；大量域外文明，宗教民俗信仰，乃至诸多海洋文化因子，伴随着对外贸易交往的发展接踵而至，深深融入到当地民众生活之中，造就了闽越文化、中原文化、海外文化与宗教文化等多元文化在福建这块土地上的碰撞与融合，衍生出在中国传统文化中占有独特位置的闽地文化体系，构成了闽系古建筑文化形态得以产生、繁衍与日趋多样化的人文生态条件。

* 　郑国珍，福建省文物局原局长 厦门大学人文学院兼职考古学教授 中国文物学会副会长兼古村镇专业委员会主任委员，国家文物局文化遗产专家组、工程管理专家组成员。

　　正是由于这种历史的自然生态与人文生态间的相互作用，许多在昔日的南岛语族、闽族、越族和闽越族分布区，中原大地上或海内外，早已消失的原生态文化或其延续的次生态文化、再次生态文化，在福建不仅得到了继承、发展，甚至呈现出多元共存的表现形态，构成了积淀丰厚的福建悠久历史文明和独具特色的传统文化风貌。注意因地制宜、因材施工，注意空间功能、结构形式和地方建筑材料的统一协调，并在构筑技艺、建筑材料与装饰艺术等方面体现出鲜明区域特色的闽系古建筑文化形态，就是在

图1　福州华林寺大殿

图2　福州华林寺大殿梁架结构

图3　泉州府文庙大成殿

这种特定背景下产生、繁衍与日趋多样化的。众所周知的我国长江以南保存最古老的木构建筑——五代时期建造的福州华林寺大殿，我国长江以南现存规模最大、集宋元明清建筑风格于一体的府文庙建筑群——宋代重建后屡经修葺的泉州府文庙，我国现存道教最早木构建筑之一的莆田元妙观三清殿宋代建筑，我国现存年代最早且共存有宋明清三个时期建筑形态的民间祠庙——罗源陈太尉宫……皆是闽系古建筑文化形态中的杰出代表作（图1–7）。

福建城乡的民居，现存主要是明清时期建筑，在各个方言区域内都有自己的鲜明特点；而方言区域内的不同地方话语区的建筑，在同一种风格之中又各显差异，综合地体现着全国少见的闽系古建筑文化形态之特色。

这些闽系古建筑文化形态，透过深深铭刻着的福建地理地貌、文化积淀、多元交流、匠师流派等影响之烙印，形象地拥有了"神州大地上传统建筑蕴藏丰富的宝地"等赞誉[1]。

图4　莆田三清殿

图5　莆田三清殿梁架结构

图6　罗源太尉宫

图7　罗源太尉宫梁架结构

由此可见，闽系古建筑文化形态至少包含有这样几个方面的内容：是在中国古代传统文化主导下产生的区域性建筑物、构筑物、建筑和装饰方法、建筑材料和相关体制；历史地形成为一种特定的建筑文化群体，演化至今成为颇为珍贵的文化遗产；这种文化遗产是物质与非物质两大形态的复合体，并特别注重与周边自然环境和人文生态的衔接。

清末成书的《安平县杂记》说：台湾人口绝大部分是汉人，而在汉人中，"隶漳、泉籍者十分之七八"。照这么推算，清末台湾300万汉族人口中，来自海峡西岸的福建就多达240万。1926年，日本人在台湾做过的当地居民原籍调查显示：福建移民占总数的83.1％，其中有44.8％来自泉州，35.1％来自漳州[2]。正是伴随着这些来自福建原籍的移民，及其所说的闽南话、福州话、客家话等在台湾的流行；伴随着相应的民俗风情、宗教信仰等区域文化的跟进，极具闽系文化形态华章的古建筑，很自然地迅速繁衍传播于隔海相望的台湾绝大部分地区，并成为联接闽台两岸的重要文化纽带。

## 二、闽系古建筑文化形态中所用专业名词在方言区中的表达差异

方言是某一区域文化的重要载体。福建是我国拥有方言最多的省份。全国的八大基本方言区，长江以南占了七个，福建就有两个半：福州话、闽南话、客家话（闽客片）。次生的还有莆仙话、建州话、福安话、龙岩话等许多小的方言区及其产生的相应文化圈，反映在闽系古建筑文化形态方面，则显现出强烈的地方特色和区域分野。方言不同，语音不同，腔调不同，对闽系古建筑及其制作技艺、装饰图案的表达也各不尽相同。在闽系古建筑文化形态中，同一个意思，因受各自方言区不同传承的影响，在不同地方便有不同的说法；同一种说法，因方言的缘故，在不同方言区甚至表述的是相反的意思。

**闽系古建筑专业名词中闽南话与福州话语音差异举例**

| 普通话 | 闽南话 | 福州话 |
|---|---|---|
| 制作梁架类木匠 | 粗木（coo bvak）工 | 大木（duan mu）工 |
| 制作家具类木匠 | 幼木（iu bvak）工 | 细木（xi mu）工 |
| 泥瓦匠 | 塗水（too zui） | 塗成（too cing） |
| 石 | 石（zioh） | 石（suo） |
| 砖 | 砖（zui） | 砖（zun） |
| 瓦 | 瓦（hia） | 瓦（wou） |
| 木 | 木（bo） | 柴（qai） |
| 水泥 | 红毛灰（红毛塗）（ang moo hue） | 洋灰（yuan hue） |
| 三合土 | 灰沙炼（灰土）（hue sua lian） | 三甲土（san ga too） |
| 燕尾饰 | 燕仔尾（in an bvue） | 卡雀尾（ka qeu weu） |
| 柱 | 柱（tiao） | 柱（tyou） |
| 卯眼 | 榫空（sun kang） | 榫卯（sun mao） |

清华大学的陈志华教授是这样描述因福建地方方言差异，给进行闽系古建筑文化形态调查带来的诸多不便："首先是语言不通。闹笑话不说，弄不清或者弄错了事实才叫人着急。我们好不容易找到一位寻龙先生（风水先生，阴阳先生）和一位木匠，本以为可以大有收获，谁知道使出浑身解数，换了一个又一个翻译，依然所得甚微。最简单的例如，问房屋各部分和各构件的名称，所答的记不下来，只好拟音，晚上大家对笔记，写成什么的都有。有些词似乎根本只能在口头说，不能用字写。多问了几次，他们便尽力用解释来代替说话，终于失去了语言的特色。"寥寥数语，的确是将福建区域由于方言差异，造成的人与人间语言沟通障碍，倾诉的淋漓尽致[3]。

因此，以闽系古建筑文化形态中所用专业名词之正音、正词、释义之研究成果为引导，就闽系不同方言区域对建筑、材料、工艺、图案等认知与发音的不同，配置适当的建筑构图互为说明，勾勒出以不同方言为重要载体的闽系古建筑文化形态特征，就显得非常必要了。

## 三、闽系古建筑文化形态中包含的匠师流派传承与建筑技艺、装饰艺术的发展

福建盛产木材，以木结构建筑最具特色。在木结构清水梁架为闽系古建筑主体的基础上，配以石结构、砖结构、砖石结构、夯土结构等组合，显现出了闽系古建筑文化形态的多样化特点。从外观上看，除了清水木板墙外，还有混水白粉或黑粉墙、夯筑的黄土墙、石砌的虎皮墙、砖砌的勾缝墙、砖石相砌的出砖入石墙等，有红砖红瓦的，也有青砖灰瓦的，亦有白墙青瓦的，真可谓各具特色，又争相媲美。

历史上长期形成的建筑形式，历来是当地人的思想观念、生活习俗、文化特色的一种典型表现。闽系古建筑文化形态，由于受方言等因素的制约，无论是在匠师流派传承，还是在建筑技艺、装饰艺术的发展等方面，强烈地显示出福建不同地方的区域性特征，有力地证明了这一点。

综观福建各地的传统民居形态，体现的尤为充分：因地制宜，就地取材，产生的闽系古建筑构造处理及施工技艺与装饰艺术，正是受制于这些不同方言区的匠师流派，口授身教中传承；并且在富有个性中交流发展，在发展中又更加具有闽系古建筑文化形态的各自差异性，东、南、西、北、中各异其趣。"几乎一个地区一种形式，一个市县一种风格。一省之内的民居如此瑰异，在中国各省中是屈指可数的"[4]。

福州话方言区的福州、宁德地区，建州话的南平及三明地区，莆仙话的莆田部分区域，客家话的龙岩部分区域，也就是主要分布在从武夷山脉、鹫峰山脉东南，至戴云山脉和博平岭一带，其匠师流派传承，一直保持着闽系古建筑中以清水木构架和粉墙、青砖、灰黑瓦建筑为主流的建筑文化风格。大型宅第，多以中轴线上的纵向多进式房屋、庭院组合为主，部分附有左、右轴线建筑或跨院花厅、书房，其间用高大的封火山墙隔开，辟门相通。建筑内部装饰多采用格扇木雕、挑檐垂筒等。南平、三明一带流行的砖雕门楼装饰又别具一格。本地产的木材、石料和青砖、灰黑瓦是其主要建筑材料，粉墙、勾缝和灰塑、泥塑、彩画的用材量亦较大。较典型的有福州的三坊七巷民居建筑群，莆田市区的"大宗伯第"等大型民居建筑群，泰宁的尚书第、世德堂等民居建筑群，连城的"九厅十八井"等民居建筑群

（图8-11）。

　　闽南话方言区的泉州、漳州、厦门地区，莆仙话的莆田部分区域和仙游地区、福清部分地区，也就是从戴云山脉和博平岭山脉至东南沿海，其匠师流派传承，体现出对海外建筑文化因素的汲取融合，出现了山墙承重、硬山屋顶、红瓦红砖墙与清水木构架结合的多元建筑文化形态。大型宅第多以中轴线上的纵向一到二进庭院组合为中心，两翼对称附建条形护厝，横向多进式排列后又自成局部院落为特征。本地产的木材、石料和红瓦、红砖是其主要建筑材料，泥塑、砖雕、嵌瓷等的用材量较大。较典型的有南安蔡氏民居建筑群、仙游连氏民居建筑群等（图12-13）。

　　客家话方言区的闽西部分区域，闽南话方言区的闽西南部分区域，其匠师流派传承，沿袭了中原夯土建筑文化的精华，创造了堪称天下一绝的大型土楼及土堡建筑等文化形态。大型土楼宅第，一般用生土或三合土夯墙围合、承重，内部有宽敞的庭院，周以清水木构架或土木结构的楼房，平面形状有方形、圆形、五凤楼及其他变异形式，建筑高达3至6层不等。在方形土楼和圆形土楼中，又有通廊式和单

图8　福州三坊七巷的粉墙青（灰）瓦水榭戏台建
筑建筑

图9　福州民居屋脊装饰

图10　福州民居清水木构架雕饰

图11　泰宁尚书第青砖墙灰（青）瓦建筑群

元式之分。通廊式大部分分布在客家话方言区，单元式绝大部分集中于闽南话方言区。本地产的木材、石料、土壤成为主要建筑材料，在夯筑过程中放入杉木条、老竹片，有的还在土中掺入红糖水、糯米浆和石灰等。较典型的有永定承启楼、华安二宜楼、南靖和贵楼、漳浦锦江楼等。与此相比，土堡宅第的周墙建筑一般仅建2层，转角乃至后墙中部一般加筑有碉楼，主体清水木构建筑居于围合的庭院中，且往往雕饰精美。较典型的有永安的安贞堡、大田的土堡建筑群等（图14-20）。

有针对性地将这些闽系古建筑文化形态中包含的不同方言区匠师流派传承的习俗与规律等，以及涉及到的传统建筑工序、技艺、材料、师承、做法、口诀、名例等，加以系统地收集、整理并释义，建立起记录闽系古建筑文化形态区域匠师流派传承与建筑技艺、装饰艺术发展脉络的信息资源库，就显得非常重要。

图12　泉州孔庙大成殿

图13　南安蔡氏民居建筑群

## 四、福建的区域方言特点、民间信仰理念对闽系古建筑文化形态装饰艺术的影响

我国的传统建筑装饰，除了必须配合建筑特殊构图要求而产生有异于书画体例的构图方式外，还得考虑谐音吉语的立名、历史典故的告白、民间信仰的理念等，具有很强的物质文化遗产性和非物质文化遗产性的双重复合之特点。

由于福建大小区域方言复杂，民间信仰理念丰富，作为闽系古建筑文化形态重要组成部分的装饰艺术及其作品，往往显现出许多受不同方言表达和民间信仰理念影响，而产生的选择或避讳，导致在建筑装饰题材与装饰艺术方面很强的区域性差异。无论是历史人物、戏文故事、神仙佛道、金钱财帛，还是祥禽瑞兽、山水花卉、云海诗文、七珍八宝等装饰题材及装饰艺术，都潜藏着不同区域的方言谐音、观念化的民间信仰理念与追求，并显现出强烈的区域性特征（图21-23）。泉州一带，受制于闽南的方言表

图 14　永定初溪土楼群

◀图 15　南靖田螺坑土楼群

▶图 16　华安二宜楼

▶图 17　永定承启楼

图 18　南靖和贵楼　　　　　　　　　　图 19　永定福裕楼

图 20　永安安贞堡

图22　庭院石雕装饰

图21　外墙砖雕装饰

图23　大厅木雕装饰

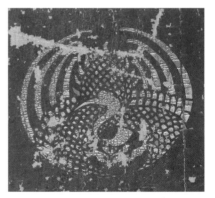

图25　大厅屏风团凤装饰

图24　大门团寿装饰

图26　落地门四季花鸟装饰

达、民间信仰理念的引导，大量地在传统建筑的脊吻、斗拱、雀替、门窗、屏风、栋梁、轩廊等构件上，施以石雕、木雕、砖雕、彩绘、泥塑、剪粘等装饰艺术作品，恰到好处地体现了闽南居民那种追求吉祥、和谐的心态（图24-27）。福州一带的闽侯县竹岐乡，传承的闽越文化积淀深厚，村民信仰蛇图腾，建有闽越王庙，各类建筑装饰艺术围绕这一主题展开，交织成火热而又具有民间信仰色彩的装

图27　隔扇窗棂装饰

饰情调，而与此相违背的文化表现即不予接纳，就连村里演大戏，《白蛇传》之类的剧目也是绝对拒之村外的。

　　由此可见，必须建立起与福建不同方言区及其民间信仰理念相联系的闽系古建筑装饰技艺、技巧、类目、典征、图像、派别、吉语、雕饰，以及相关材料选择、结构方式、构造方法、装饰装修等信息在内的完整资源库，才能使闽系古建筑文化形态的保护传承，具备真正意义的活力。

　　综上所述，弥足珍贵的闽系古建筑文化形态，是中华传统文化的重要组成部分。对闽系古建筑文化形态，进行调查、研究与收集、整理时，需要注重把握，区域方言表达、建筑材料选择、匠师流派传承等，与闽系古建筑文化形态形成之间的相互促进性；对闽系古建筑文化形态的保护与弘扬，应高度关注其本身所具有的物质与非物质的双重复合性特点，不仅要注重保护物质和非物质文化遗产本身，同时要注重保护形成这种文化遗产的社会历史环境的时空性。我们期待着在海峡两岸长期的良性互动中，通过联手开展合作研究，首先通过以大木工程为轴，以闽系古建筑文化形态为例，去追索中国传统古建艺术架构体系中的历史积淀，研究与释义其所处地域的特殊性，籍以展现数百年间在闽台两岸沉积下来的我国民间传统建筑工艺艺术之真谛，为闽系古建筑文化形态之建材应用、技艺传承、保护维修、操作规范等，建立起共识与长期深入合作发展的空间。

## 注释

［1］陈志华著：《中华遗产·乡土建筑—楼下村》，清华大学出版社，2007年。

［2］转引自陈正祥著：《中国文化地理》，木铎出版社，1985年。

［3］陈志华著：《中华遗产·乡土建筑—楼下村》，清华大学出版社，2007年，第9页。

［4］黄汉民编撰：《福建大观·福建传统民居》，鹭江出版社，1994年，第3页。

# 东莞市新基莫氏祠堂建筑遗产价值探析*

唐孝祥　赵晗**

**摘　要：**选取东莞市新基莫氏祠堂为研究对象，基于文化遗产价值与建筑遗产保护理论，认知、分析祠堂建筑的遗产价值。主要从历史价值、艺术价值、科学价值、社会价值与文化价值五大维度具体探析了莫氏祠堂的建筑遗产价值，为全面而充分探析祠堂建筑遗产价值提供了思路，以期能够为以价值为导向的祠堂类建筑遗产保护工作提供参考，在建筑遗产活化利用中实现价值的保护、利用与增益。

**关键词：**建筑遗产价值　遗产保护　莫氏祠堂　文化遗产　祠堂建筑

随着乡村振兴与城市更新的推进，文化遗产的保护需求逐渐显现并且日益增加，其中凝聚文化与历史、传统与特色的建筑遗产是文化遗产保护对象中十分重要的组成部分，对建筑遗产的有力保护能够使中国独特的传统建筑遗存作为一个有机、完整的系统延续下去。建筑遗产价值研究是建筑遗产保护工作的基点也是起始点，管理、利用和保护建筑遗产应该建立在价值充分认知的基础上，对其进行针对性的活化利用。挖掘与认知祠堂建筑类型的建筑遗产价值，能够助力祠堂建筑遗产保护工作、保留地方历史建筑的建筑特色、帮助延续传统建筑风貌。

东莞市祠堂建筑分布广泛、类型丰富，具有良好的祠堂建筑类型研究基础。现有关于岭南地区祠堂建筑的研究，多集中在历史溯源、形制考辨、文化阐释和保护规划等方面，对于祠堂建筑类型遗产价值的认知与探析，以及以价值为导向的建筑遗产可持续保护与利用方面的探讨尚待拓展。新基村莫氏祠堂作为省级文物保护单位，是岭南广府祠堂建筑的典型案例，已有针对莫氏祠堂的研究主要从建筑风格和保护维修方面展开，探析莫氏祠堂建筑遗产价值，可以为其活化利用与可持续保护提供建设性的思路。

---

\*　基金项目：国家自然科学基金（编号：51978272）；广州市科技计划项目重点项目（编号：201804020017）。

\*\*　唐孝祥，教授，工作单位华南理工大学建筑学院、亚热带建筑科学国家重点实验室。

　　赵晗，硕士研究生，工作单位华南理工大学建筑学院、亚热带建筑科学国家重点实验室。

## 一、建筑遗产价值概述

建筑遗产作为实体存在的历史遗存，是文化遗产中十分重要的组成部分。建筑遗产价值相关研究通常是基于文化遗产体系展开，因此，以更为宏观的文化遗产视角来认知建筑遗产，能够使建筑遗产的研究更具全面性、整体性和系统性[1]。

在国际上，较为成熟的文化遗产价值研究经历了规范化阶段，发展到了多元化认知的状态[2]。以《雅典宪章》《威尼斯宪章》以及《保护世界文化与自然遗产公约》为代表的国际宪章和公约界定了文化遗产历史、艺术与科学三种基础的价值类型。全球化的发展带来了多元的文化认知，多学科视角的研究及地域性的宪章陆续出现，学者对遗产价值的构成也有了新的认识[3]。情感价值、文化价值、使用价值、经济价值以及社会价值等多种价值类型被提出，多种学科以及视角的分析使文化遗产价值的研究不仅仅局限于有形的价值，而且涵盖了多元化的价值类型[4]。

我国关于文化遗产价值的研究，一部分是对中国传统文物保护话语体系的继承，另一方面受到国际话语体系的影响。对于建筑遗产的价值认识也经历了从"遵从传统实用主义"到"借鉴西方的认识思想"再到"逐渐认识到了自身的特殊性并产生思辨"三个大的阶段[5]。其中具有代表性的重要文件为国家颁布的《文物保护法》与国际古迹遗址理事会中国国家委员会（ICOMOS China）组织制定的《中国文物古迹保护准则》（以下简称《准则》）。2017年最新修正的《文物保护法》中按照历史价值、艺术价值和科学价值划分不可移动文物的等级[6]，从法律层面确认了这个价值分类体系。《准则》以《文物保护法》及其实施条例为基准，是将国际文化遗产保护的原则与中国文物古迹保护实践相结合，结合我国遗产特殊性所产生的思辨研究结果，为建筑遗产价值的研究带来了更为全面的视角[7]。《准则》中对价值分类体系的论述首先提及文物古迹的历史价值、艺术价值和科学价值三大基础价值，2015修订版本中将三类价值类型拓展到五类，增补了社会价值和文化价值两类[8]。作为我国有关于不可移动文物保护和管理的权威文件，《准则》中的建筑遗产价值体系具有先进性和全面性，因此，下文主要从历史价值、艺术价值、科学价值以及社会价值和文化价值五个维度来论述莫氏祠堂建筑遗产价值[9]。

## 二、东莞市新基莫氏祠堂概况

在城乡融合发展背景下，充分认识到建筑遗产的重要价值对城乡更新中历史文化的传承以及特色风貌的延续有着极为重要的意义。东莞市地处珠江三角洲，其西北部呈东江冲积而成的三角洲平原地貌，这里地势低平、水网纵横，分布着许多特色岭南水乡聚落。麻涌镇新基村位于东莞市水乡片区核心区，新基河环村而流，村内河涌密布，呈现出因水制宜、沿涌而居的典型岭南水乡聚落格局[10]。新基村因其文化遗存丰富，传统风貌突出且独具岭南特色，成为广东省历史文化名村。新基村的建筑布局以一条主街为轴，街道界面两边分布着祠堂、庙宇、厅馆等历史建筑遗存，民宅紧靠其后依次展开。宗族文化丰厚的岭南村落中，祠堂往往是村落中的核心，对整个村落空间布局起着主导作用，莫氏祠堂便坐落于新基村的核心地带。

莫氏祠堂是一座典型的广府祠堂建筑，其建筑布局为五开间四塾台三进深二天井一牌楼的整体形态，祠堂建筑因面向河流而呈现坐西向东、前高后低的态势。这座新基村占地面积最大、等级较高的大型祠堂占地面积两千多平方米，建筑面积近九百平方米，规模宏大、气势非凡，为珠江三角洲极为少见的直接以"祠堂"二字命名祠堂的实例。虽然建造年代没有确切记载，但可以从《莫氏族谱》的记载中推断出莫氏祠堂的始建年代为明中晚期[11]，这座历史悠久的祠堂建筑于2012年成为东莞市文物保护单位，2019年入选第九批广东省第九批省级文物保护单位，更是新基村的重点建筑遗产保护对象。

历史上的莫氏祠堂曾经历过多次维修，除1948年的一次大维修外，最近的一次整体性保护修复在2006年，修复后的祠堂作村民活动中心的功用。如今，作为建筑遗产的莫氏祠堂仍需不断地维护，在莫氏祠堂保护过程中，对价值的充分认知能够使其建筑保护更具有全面性的思维和针对性的手法。建立在建筑遗产价值体系上的保护，才能更大程度保留莫氏祠堂的特色，对其进行更好地活化利用。

## 三、莫氏祠堂建筑遗产价值探析

莫氏祠堂的选址布局、营造技艺、空间组合和装饰装修都体现了其独特的建筑遗产价值，为深入探析莫氏祠堂的建筑遗产价值，将其置入文化遗产体系，从历史价值、艺术价值、科学价值、社会价值以及文化价值方面论证。

### 1.历史价值

建筑遗产作为承载着历史事件与历史活动的物质空间环境，有着反映历史信息、证明补全历史资料与传承历史的价值[12]。

明代中晚期，珠三角广府地区商贸繁荣、经济充裕，宗族制度的建设推动了祠堂建造的高峰期。莫氏祠堂"一路三进五开间一牌坊一祠门"的布局形式，体现了在明中晚期广府祠堂大宗族祠堂模式的主导地位影响下，强宗势族为代表的祠堂建筑平面布局特征。除主体建筑外，其牌坊、塾台、侧廊等丰富的构筑元素也体现了这座明代祠堂的建筑特色。

明代晚期广府祠堂以带有驼峰斗栱的梁架和瓜柱梁架的木构架形式为多见，莫氏祠堂前堂采用了驼峰斗拱梁架的木构架形式，屋面平缓、挑檐深远，檐柱外侧有挑檐檩，檩条中除脊檩外均为方檩。除此之外，托脚这一加强结构稳定性的枋木构件也在莫氏祠堂的结构中出现，作为支撑檩与梁的构件，唐至元代的使用较为普遍，到了结构形式逐渐成熟的明清时已经比较少出现，在莫氏祠堂中出现的倒"C"字形式的托脚不论是结构特征还是构件样式都反映了其在建筑结构上的历史价值（图1）。

建筑装饰也是反映建筑建造年代的重要价值要素，莫氏祠堂中较为特色的是中堂八角形截面的檐柱，且中堂、后堂的覆盆式柱础以及后檐柱柱础上的壸门纹饰都具有典型的南方明代特征的装饰风格，除了能体现出明代审美趣味，也能够体现当时的工艺水平（图2）。在建筑材料运用方面，莫氏祠堂中有二十二根由红砂岩制作的条石柱，祠堂的门堂内心间地面、前后院天井地面均为红砂岩条石铺就，红砂岩的使用体现了就地取材的资源便利和经济性，回应了南方多雨潮湿的气候特征和地域文化的特异性，也反映了明代"以红为美"的时代特征[13]。

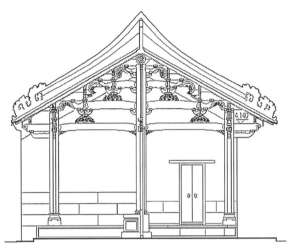

图1 莫氏祠堂前堂心间剖面图

赖瑛：《珠江三角洲广府民系祠堂建筑研究》，华南理工大学，2010年。

图2 莫氏祠堂八角形檐柱及覆盆式柱础

《基于美丽中国建设理念的东莞城乡特色风貌塑造指引研究》课题组自摄。

　　莫氏祠堂作为岭南地区少有的现存明代祠堂建筑，从各个方面反映、证实了明代岭南地区祠堂建筑特征，其重要的历史价值为今后为明代建筑以及文化的研究提供了第一手资料。

　　**2.艺术价值**

　　建筑遗产作为人类艺术创作、审美趣味和特定时代及地域典型风格的实物见证[14]，在其艺术价值生成过程中，作为主体的建造者及使用者——"人"具有不可忽视的重要性，所以本文将视野扩大到美学的范畴，从审美的角度探讨建筑遗产的艺术价值。在建筑审美活动中，作为审美客体的建筑遗产物质实体能够引发审美主体的视觉、感受、情境等感官经验，从而通过建筑遗产的造型、色彩及装饰等要素带来直观的艺术审美感知；通过感受建筑遗产所在环境以及其自身的空间组合序列则可以获得丰富的审美体验，正是在审美感知和体验的过程中，领略到建筑遗产的艺术价值[15]。

　　莫氏祠堂规模宏大，整体建筑造型稳重大方，装饰丰富而不繁缛，五开间的建筑体量使其形象宏伟，给人以气势恢宏的直观审美感知（图3）。建筑屋面略有升起，屋脊形式为独具岭南特色博古脊，具有强烈的装饰效果，脊上的灰塑题材以云龙、山水、鹤凤、金鱼等传统吉祥题材为主[16]。屋檐曲度舒缓且深远，瓦作下的梁架结构兼具实用与美观，木构巧思穿插其中，梁底雀替玲珑剔透、样式精美，柱础硕壮稳重，雕饰式样与素作式样兼而有之，种类丰富，体现了传统岭南世俗化的审美情趣和审美追求。

图3 莫氏祠堂稳重大方的建筑造型
《基于美丽中国建设理念的东莞城乡特色风貌塑造指引研究》课题组自摄。

    莫氏祠堂空间序列的审美体验也十分丰富，从新基河上的小桥越河而过，穿过两侧茂植，径直进到祠前门屋后视觉豁然开朗，纵向长院四分之三的远处矗立着的是四柱三间冲天"孝友家风"牌坊，从牌坊正中的明间穿过，在开阔前广场的尽头是祠堂的前屋，立于此处从中轴望去是层叠的二进院落。横向前院左右为三开间的侧廊将院外民居及内院空间恰当过渡，穿中堂而过是较小的后院，左右为一开间侧廊，使得空间从前院的横向视野转为狭长向上的天井空间。从门堂到祖堂的中轴线布局加强了祠堂的秩序感，深远的院落带来了丰富的空间感受（图4），从豁然开朗到视野的层层递进，从空间上的引导最终导向祖堂，这样一个层次分明的空间序列带来了强烈的仪式感和多彩的审美体验。

    莫氏祠堂建筑自身连同其所在环境使人拥有丰富的视觉及感受上的感官经验，展现出其独特的艺术价值。

### 3. 科学价值

    建筑遗产有着见证它所产生、使用和存在、发展的历史时间内的科学、技术发展水平和知识状况的价值，其在结构构造、营造技艺、选址布局等多个方面，都蕴含着启发当代科学的潜力，体现了不可忽视的科学价值[17]。

　　地形地貌是影响传统建筑格局的重要因素，巧妙适应地形营造建筑空间环境，是中国传统地域建筑营造中的科学方法。岭南水乡传统聚落多分布在河流纵横交错的珠江三角洲靠近海洋一带，独特的地理条件为这一带具有广府文化特色的水乡聚落发展奠定了环境基础。新基村是环河而居的聚落，建筑并不是按照坐北朝南的方式布局，而是沿着河道延伸展开，形成街巷沿河布置，呈现出以一街为主轴，旁生里巷的"大街—小巷"的两级交通体系和四通八达的网状空间格局。坐西向东而位居新基村核心位置的莫氏祠堂反映出新基村岭南水乡适水而居的地域性聚落布局，为岭南水乡聚落地域性的科学布局形式提供了研究样本。

　　气候环境也是作用于建筑形态的影响因素之一，岭南湿热多雨、日照充足的气候催生出利用院落、连廊及敞厅等组织建筑空间的形式，利于空气流通。莫氏祠堂与村落中的民居建筑整体呈现出梳式布局，祠堂通过院落组织建筑空间，以侧廊连接主要厅堂，减小了恶劣天气的影响，体现岭南人应对地域气候的民间智慧。

图 4　莫氏祠堂层次分明的空间序列
《基于美丽中国建设理念的东莞城乡特色风貌塑造指引研究》课题组自摄。

莫氏祠堂采用了穿斗与抬梁式相结合的混合梁架形式[18]，在创造较大室内空间的基础上有效减少了木材的用料，达到了实用与经济的平衡，充分体现了当时岭南工匠对建筑技艺的深刻掌握和自如运用。富有岭南特色的灰塑装饰也同样体现着建筑工匠的精湛高超技艺，灰塑的运用不仅因为它精美雅致的外形样式，更是在用科学的手法解决问题。灰塑所用的原料为稻草、石灰和沙石等做成的草筋灰，利用草筋灰的柔韧性对抗热胀冷缩，也是应对岭南湿热气候的有效手段。

莫氏祠堂主要在地域适应和气候应对的民间智慧方面，展现了它作为建筑遗产在结构构造、营造技艺、选址布局方面的科学价值。

### 4.社会价值

建筑遗产的社会价值涵盖了它在知识的记录与传播、文化精神的传承、社会凝聚力的产生等方面所具有的社会效益和价值[19]。随着时代更迭，建筑遗产的社会价值在历史动态中不断变化，承载社会价值的范畴也会顺应时代而改变。

祠堂建筑供奉着祖先和先贤牌位，过去祭祀与缅怀祖先是其最重要的社会功能。而在当代乡村社会中，祠堂除了执行承载宗族文化、维系宗族关系的功能外，多数还作为乡村或社区的集体活动中心[20]，承载社区集体记忆，为社区活动提供公共空间。从新基小学旧址到新基生产大队、新基幼儿园校址、再到新基村活动中心，莫氏祠堂功能上的转变承载了新基村几代人的共同记忆，它所蕴含的人文内涵和群体记忆，具有激发新基村民对本土文化的认知和文化认同的积极意义，也是莫氏祠堂社会价值的体现。

莫氏祠堂建筑是承载岭南地域文化和民俗风情的重要载体，在新基村历史文化名村保护规划中，将莫氏祠堂作为重要节点置于艺术文化体验旅游线路策划中，串联新基村其他具有文化旅游价值的建筑遗产如南塘祖祠、月川莫公祠、新基大庙等。游客通过参观不同的历史建筑遗存，可以了解新基地域文化特点和历史渊源，使建筑遗产发挥旅游及教化的社会价值。

莫氏祠堂是社区集体记忆与本土文化认同的承载体，在人文内涵和群体记忆方面发挥重要的社会价值。除此之外，随着时代的发展，莫氏祠堂显现出的旅游及教化等社会价值也是不可忽略的一部分。

### 5.文化价值

根据《中国文物古迹保护准则》中的概念，可以将建筑遗产的文化价值定义为因其被赋予文化内涵，体现地方文化、民族文化和宗教文化的多样性特征而具有的价值[21]。仅限于静态保护的价值认知已经不能满足建筑遗产动态保护趋势的需求，多元文化意识的文化价值认知显得愈发重要。

由于社会经济、制度和文化的综合发展，宗族文化自古以来在岭南地区比较突出，明代宗法制度的日趋成熟带动了祠堂建筑的兴建。作为历史遗存的莫氏祠堂是宗族文化的产物，也是新基村莫氏宗族精神的核心载体，其兴建承载了明代中晚期岭南地区广府以宗族为中心的宗亲文化生活，体现了岭南人追宗慎远的传统情怀。

莫氏祠堂在艺术和技术上高超的水平，沉淀了岭南工匠们在长期建筑实践中多积累下来的经验，也反映着岭南世俗文化特征，凝结了岭南传统文化的精华。具体来讲，莫氏祠堂通过灰塑木雕多样性的题材、博古屋脊丰富性的主题、构造结构适应性的形式展示着务实、开放、兼容、创新的岭南文化精神，蕴含着深厚的岭南文化内涵。

非物质文化遗产也是人类文明的重要财富，粤剧作为新基村独具特色的非物质文化遗产，需要戏剧活动的承载空间。新基村历史文化名村保护规划和麻涌镇全力打造的"古梅乐韵"文化品牌系列活动中，以莫氏祠堂为大舞台进行粤剧表演，使莫氏祠堂作为承载粤剧非物质文化遗产的物质空间发挥其独特的文化价值。

莫氏祠堂体现了宗族文化、蕴含着岭南文化精神、承载非物质文化遗产，展现出厚重而独特的历史及地域文化价值。

## 结　语

本文以东莞市麻涌镇新基村莫氏祠堂为例，从五个方面对莫氏祠堂建筑遗产价值进行总结，探析了莫氏祠堂全方位反映出其始建时期——明代传统建筑特征的历史价值；在造型形制、空间序列以及装饰细部中所体现的艺术审美感知和体验价值；基于地域适应和气候应对的民间智慧，展现出其作为建筑遗产在选址布局、结构构造以及营造技艺方面的科学价值；作为岭南人文精神、社区集体记忆以及旅游教化活动的承载体所发挥的社会价值；展现广府宗族文化、蕴含岭南文化内涵、承载非物质文化遗产的重要文化价值。

观念认知是实践行动的先导，针对莫氏祠堂建筑遗产价值的探析，不仅对莫氏祠堂本身的活化利用具有指导意义，并且对更广泛的祠堂建筑乃至中国传统建筑的保护具有借鉴意义。在对价值充分认知的基础上进行建筑遗产保护实践，才能够更好地保护遗产价值、利用遗产价值、增益遗产价值。

## 注释

［1］孙华：《文化遗产概论（上）——文化遗产的类型与价值》，《自然与文化遗产研究》，2020年第5卷，第1期，第8–17页。

［2］许小兰、刘宪、宋菊芳：《文化遗产价值及其保护与利用》，《城市建筑》，2020年5月第17卷，第130–133、136页。

［3］徐进亮：《建筑遗产价值体系的再认识》：《中国名城》，2018年第4期，第71–76页。

［4］孙华：《遗产价值的若干问题——遗产价值的本质、属性、结构、类型和评价》，《中国文化遗产》，2019年第1期，第4–16页。

［5］代鹏飞、刘子瑜、孙泽宇：《中国建筑遗产价值认识的特殊性》，《建筑与文化》，2021年第4期，第62–64页。

［6］全国人大常委会办公厅供稿:《中华人民共和国文物保护法》,中国法制出版社,2008年。

［7］郑军:《浅议世界遗产与〈中国文物古迹保护准则〉价值之异同》,《中国文化遗产》,2019年第1期,第36-44页。

［8］国际古迹遗址理事会中国国家委员会:《中国文物古迹保护准则》,国际古迹遗址理事会中国国家委员会,2002年。

［9］《现代建筑遗产价值体系的厘定、冲突及其调适——以福建土楼为样本的建筑遗产价值回溯与再认识》,《中国文化遗产》,2020年第6期,第15-25页。

［10］陆琦、潘莹:《珠江三角洲水乡聚落形态》,《南方建筑》,2009年第6期,第61-67页。

［11］赖瑛:《珠江三角洲广府民系祠堂建筑研究》,华南理工大学,2010。

［12］蔡靖泉:《文化遗产价值论析》,《三峡大学学报》(人文社会科学版),2010年第1期,第76-86页。

［13］赖瑛:《广府明代祠堂莫氏宗祠建筑风格探析》,《第十五届中国民居学术会议论文集》,2007年,第476-479页。

［14］国际古迹遗址理事会中国国家委员会:《中国文物古迹保护准则》,国际古迹遗址理事会中国国家委员会,2002年。

［15］唐孝祥:《传统民居建筑审美的三个维度》,《南方建筑》,2009年第6期,第82-85页。

［16］赖瑛:《珠江三角洲广府民系祠堂建筑研究》,华南理工大学,2010年。

［17］国际古迹遗址理事会中国国家委员会:《中国文物古迹保护准则》,国际古迹遗址理事会中国国家委员会,2002年。

［18］赖瑛:《广府明代祠堂莫氏宗祠建筑风格探析》,《第十五届中国民居学术会议论文集》,2007年,第476-479页。

［19］国际古迹遗址理事会中国国家委员会:《中国文物古迹保护准则》,国际古迹遗址理事会中国国家委员会,2002年。

［20］赖瑛:《广府明代祠堂莫氏宗祠建筑风格探析》《第十五届中国民居学术会议论文集》,2007年,第476-479页。

［21］国际古迹遗址理事会中国国家委员会:《中国文物古迹保护准则》,国际古迹遗址理事会中国国家委员会,2002年。林源:《中国建筑遗产保护基础理论研究》,西安建筑科技大学,2007年。

# 乡村遗产视域下的永泰庄寨保护修缮研究

## ——以《永泰庄寨保护修缮导则》为例

杜晓帆　初松峰　全轶先[*]

**摘　要：** 乡村遗产保护是乡村文化振兴的重要组成部分，诸多学者在各地获得了丰硕的研究与实践成果。但是，在实践中存在着村民与传统工匠的价值认知被忽略、参与保护修缮途径缺失等问题。本研究以《永泰庄寨保护修缮导则》为例，通过对百余名村民和26位传统工匠开展访谈，认知庄寨作为地域空间识别性表达、维系村民情感与认同、传承传统营建工艺等价值，归纳地域性营建技艺特征，采用手绘步骤分解图、手绘三维图等方式呈现导则成果，携匠修编，制订村民与传统工匠自组织修缮的地域性技术标准。

**关键词：** 乡村遗产　保护　永泰庄寨　导则

当前，国家已经实现消灭绝对贫困，主要工作从脱贫攻坚向乡村振兴转换。文化振兴是乡村振兴的应有之义，保护与传承乡村遗产则是文化振兴的重要组成部分。2021年中央一号文件要求："把保护传承和开发利用结合起来，赋予中华农耕文明新的时代内涵。"在新的历史条件下，进一步明确乡村遗产保护与传承要求。保护乡村遗产，不仅是继承先辈智慧的历史要求，更是在全球竞争的时代中团结人心、凝聚力量的时代责任。

乡村遗产内涵丰富，既包括乡村中的建筑、景观等物质空间要素，也包含传统技艺、传统习俗等文化要素。随着近年来各界对乡村关注增加，乡村遗产保护工作受到重视，许多专业团队参与保护实践，呈现出政府主导、村民参与、专家支持的总体趋势。但是，在实践中依然存在村民与传统工匠的价值认知被忽略、参与保护修缮途径缺失等问题。本文以《永泰庄寨保护修缮导则》编制前后的相关研究工作为例，探讨福建省福州市永泰县大型防御性民居——庄寨的保护修缮中从价值认知到《导则》编制的方法路径，以村民与传统工匠为中心开展价值认知研究，通过地域性营建技艺调查与建筑修缮标准相结合，采用手绘等直观方式编制村民与传统工匠"看得懂、用得上"的技术标准规范。

---

[*]　杜晓帆，复旦大学国土与文化资源研究中心主任、教授、博导，同济大学建筑与城市规划学院兼职博导。
初松峰，同济大学建筑与城市规划学院博士研究生。
全轶先，复旦大学文物与博物馆学系博士生。

## 一、理论与实践背景

### 1. 乡村遗产研究概述

20世纪80年代，随着我国城镇化加速，许多地区的遗产面临被破坏、拆除的风险。清华大学、华南理工大学等高校开始开展以"乡土建筑"为核心的乡村调研，对许多乡土建筑开展测绘与保护研究，让社会开始认识到乡土建筑与民族文化的关系，进而思考其遗产价值问题，也推动了大量乡土建筑研究著作的问世。这一时期的研究主要从聚落形态、建筑特征、环境特征、文化特征等视角对乡村遗产及民居建筑进行观察。此后的研究中，学者们开始有意识地采用建筑学、社会学、文化学、历史学等跨学科的观念与方法，将研究对象从建筑单体扩展到村落整体乃至村落群，并在保护规划进行实践，扩展了乡村遗产研究的内容与方法。2000年，西递、宏村以"皖南古村落：西递宏村"的名义列入世界文化遗产，中国的乡村遗产保护逐渐进入世界遗产的范畴与视野。

2002年修订的《文物保护法》和2003年公布的第一批国家级历史文化名镇、名村，拉开了国家从法律层面保护乡村遗产的序幕。2008年，为探讨乡村遗产保护的理念与方法等问题，形成了《关于"村落文化景观保护与发展"的建议》（简称《贵阳建议》），自此，村落文化景观作为乡村遗产研究的重要方法论，在学界形成共识。自2012年起，传统村落制度的建立和保护管理的不断完善，成为我国乡村遗产保护体系的重要构成。2021年9月，中办和国办联合印发《关于在城乡建设中加强历史文化保护传承的意见》，为下一步的乡村遗产保护工作指明了方向。

### 2. 永泰庄寨保护利用历程

永泰庄寨是福建防御性民居的杰出代表，规模大、数量多、建筑工艺精湛，目前保存相对完好的仍有150余座。近年来，由于村民迁出、风雨侵蚀等原因，许多庄寨面临不同程度的损坏，亟须修缮保护。

2015年9月，永泰县成立传统村落暨古寨堡保护与发展领导小组（后于2017年调整为永泰县古村落古庄寨保护与开发领导小组），下设办公室（简称"村保办"），主管永泰庄寨的整理、研究、保护、利用工作。2016年3月，由中国文物学会世界遗产研究委员会、中国国土经济学会国土与文化资源委员会、永泰县人民政府共同主办的"福建永泰庄寨文化遗产保护研讨会"召开，拉开了系统性研究与保护永泰庄寨的序幕。同年启动了《永泰庄寨保护修缮导则》和《永泰庄寨群综合研究》的编制撰写工作。2018年11月，在政府支持下，村民自组织修缮的同安镇爱荆庄荣获联合国教科文组织颁发的"亚太地区文化遗产保护优秀奖"。2019年10月，仁和庄、昇平庄、积善堂、绍安庄、中埔寨以"永泰庄寨群"的名义被列为第八批全国重点文物保护单位，使永泰庄寨的保护利用得到学界与社会更广泛的关注。2021年5月，由复旦大学国土与文化资源研究中心策划的展览"且听峰吟——盖洋山居图志"在省级文物保护单位永泰县盖洋乡三对厝开幕，是对当地乡村遗产的首次系统性展示。随着研究与实践的推进，对永泰庄寨的研究已呈现出跨学科、多视角、层次丰富的成果，但是，庄寨建筑本体的修缮，仍是永泰庄寨保护的基础工作。

## 二、乡村遗产视域下的永泰庄寨价值与特征

### 1.地域空间识别性的表达

永泰庄寨中蕴含的传统营造工艺与村落的营建、使用及村民的生产生活息息相关，构成独特的地域性知识与技术体系。本地村民与工匠是传统村落营建的重要力量依托，展示了地域性的传统建造工艺，也是当地传统工匠传承谱系的实证，反映出因地制宜地运用当地及周边建筑材料及工艺的特征。

建筑与景观是乡村遗产特色风貌的主要体现要素，是地域文化与遗产价值内涵的外化表达。遗产的地域空间识别性的形成，既受到自然环境的约束，也得益于传统营造工艺的传承。永泰庄寨具有典型的地域风土建筑特征，其梁架结构、装饰工艺、轩的类型、添丁梁的使用，都体现了典型的地域性建筑风格样式。永泰庄寨的规模与布局展现出高超的空间组织能力，采用对称布局的手法，以正厅为中心、沿轴线向两侧展开（图1），建设官房、六扇、八扇、过雨廊、厅堂两侧的厢房、围屋，营建出可供大量族人居住的房间。在防御体系上，则通过选址、夯土垒石墙、角楼、跑马道等防御性措施，发挥完善的防御功能。

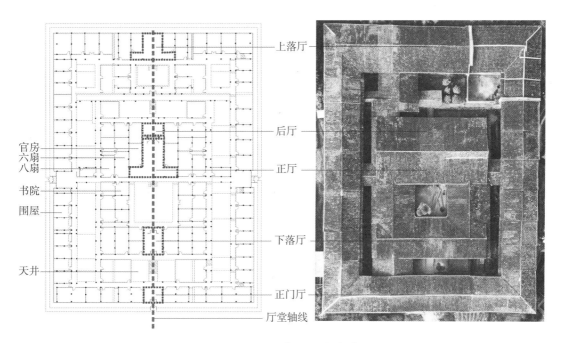

图1　昇平庄空间结构解析

永泰庄寨与其周边的山林、农田共同构成的村落文化景观，体现了传统农耕社会背景下的人地关系，是其地域空间识别性表达的另一重要层面。庄寨作为村落规划组织、宗族聚居的建筑单元，与周边的农田、丘陵等形成和谐的景观关系。在选址层面，永泰庄寨注重风水考量，在洋尾村爱荆庄（图2）和白云村竹头寨（图3）的建造中，皆体现参考山形地势、风水气穴等观念，结合屏障与动植物寓意，选择建造场所。

图2 爱荆庄

## 2.村民情感与认同的建构

永泰庄寨是村民情感维系、形成身份认同的重要场所。村民通过祭祀祖先、编制族谱等行为表达尊宗敬祖的共同观念，传承与创造共同的集体记忆，维系家族成员身份的认同感。由于地缘关系，借由生存协作、信仰仪式、民俗活动等途径，不同家族之间的村民长期交往，确立起地域性的身份认同，呈现出更高的精神价值。在当代，传统村落由维持生计的家园转变成心灵的家园和港湾，是离开村落的人们

图3 竹头寨

的精神家园。

　　对于村民而言，遗产的重要意义表现在，位于这个特定的场所空间中，可以通过地点、物件等唤起或关联更大范围的社会经历、共有的集体记忆等，同时在这里，可以通过这些地点与物件串联起一个又一个家族或村落的故事，为后代提供一种关于过去生活与经历的历史。在传统社会中，庄寨兼具祖庙功能，每年特定节气与庆典会祭祀先祖。而现代社会中，一些年轻人在人生的重要时刻，如结婚时，依然会回到庄寨举办酒宴、告慰祖先，也展示了庄寨作为当地公共活动空间的重要作用。庄寨的建筑装饰与楹联内容体现了家族内部的道德教化观念，以家文化的形式对传统文化教育形成重要补充。

## 三、从价值认知到《导则》编制

### 1. 深入田野，认知价值

永泰庄寨是永泰先民在长期生产生活过程中形成的智慧结晶，承载并传承着永泰人的文化传统、精神信仰、传统工艺等。因此，研究团队深入永泰乡间，深入到每一座庄寨中，同庄寨中上至八秩老人下至总角孩童交流、访谈，感悟不同人群对庄寨价值的思考。在村落中，到传统工匠的家中登门求教，请工匠带领团队走访具有代表性的庄寨，现场讲解庄寨的地域性特征构造与建造仪式；到庄寨修缮施工的现场，请工匠展示永泰本土工匠技艺与庄寨重要节点的构造。调研团队对26位大木工匠、小木工匠、土石工匠、地理（风水）先生传统工匠开展了数十次访谈，在永泰乡间调研过程中，记录永泰匠艺与建筑特征，加强对永泰庄寨传统建造工艺的理解，逐步深化对永泰庄寨核心价值的认知，这是对永泰庄寨实现从价值认知到保护实践的第一步。

图 4　村民访谈　　　　　　　　　　图 5　以传统工匠为主体的《导则》评审会

### 2. 编制《导则》，指导保护

在认知庄寨价值的基础上，编制《永泰庄寨保护修缮导则》作为庄寨保护与修缮工作的技术与管理依据，指导庄寨的保护实践。永泰庄寨建筑体量庞大、遗存数量较多、尚有许多庄寨未列入官方的保护名录，如果严格按照文物建筑修缮技术标准和"招标—设计—修缮"的流程，靠使用政府资金、采用文物修缮技术标准修缮全部的庄寨是不现实的。加之当前城乡发展、人居方式等社会大环境的变化，庄寨不再以居住作为主要功能，其社会功能也随之变化。若不考虑现实条件与社会功能，片面强调保护修缮的技术标准，忽视当代人对庄寨的生活需求和精神需求，会导致修缮行为破坏庄寨的价值。

《永泰庄寨保护修缮导则》正是在平衡遗产保护理念方法与地方社会需求中产生的，基于庄寨的核心价值，辩证看待庄寨保护与修缮中价值载体的变与不变，推动保护实践。《导则》旨在合理引导族人的自发修缮力量，在《中华人民共和国文物保护法》等相关法律法规的要求、《古建筑保养维护操作规程》等技术标准的指引下，根据庄寨的核心价值、典型的永泰建造工艺、现状问题的紧迫程度等，编制一套实用性强的保护修缮规范，对自发修缮行为加以指导、规范。

通过对庄寨的价值认知，识别出庄寨保护的主要价值载体，包括：（1）体现祖先信仰与家文化的位于中轴线的厅堂空间；（2）由垒石夯土墙、角楼、跑马道等共同组成的最具代表性的防御体系；（3）代表地域性匠艺的大木体系、装饰、彩绘等地域性工艺成果。《导则》重点关注上述内容。

**3.看图说话，注重应用**

在《导则》编制过程中，注重实用性，以修缮图纸的绘制为重点，尊重工匠的阅读习惯，采用手绘步骤分解图、手绘三维图等方式，辅以照片和口语化的说明文字等形式表达成果，确保信息传达能够简洁明了、清晰无误，让第一线的修缮工匠看得懂、用得上，保证导则的指导意图能够得到最大程度贯彻，真正落到实处。

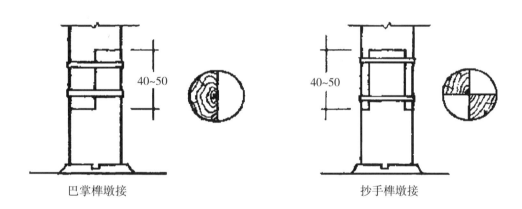

巴掌榫墩接　　　　　　　　　　　抄手榫墩接

图6　建筑制图中的墩接表达方式

"看图说话"是《导则》的一项主要特征，是以本地工匠与村民为中心的文化遗产保护方法的探索。在文化遗产价值认知与保护实践中，主体是谁，是一个很关键的问题。庄寨的保护，特别是以族人为主体，聘请工匠参与修缮的庄寨保护，离不开他们的参与。以"巴掌榫墩接"工艺为例，在祁英涛著的《中国古代建筑的保护与维修》（图6）与黄雨三主编的《古建筑修缮·维护·营造新技术与古建筑图集》都对这种墩接方式采用立面图加剖面图的建筑学方式进行表达。但是，传统工匠施工时使用篙尺，采用一套独特的传统符号系统，遵循传统建造工艺。他们其中的一大部分没有接受过建筑学相关的教育，最主要的需求就是直观展示出这项技术的工艺流程。《导则》在绘图表达时，将墩接的过程分解为5个步骤，逐一说明每个环节的要点，让工匠、村民都能够直观看懂墩接的具体流程与操作步骤（图7）。

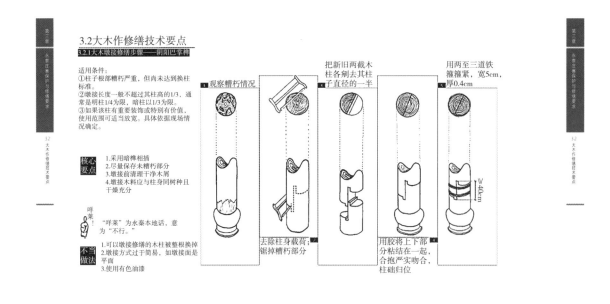

图7 《导则》中的墩接工艺表达

**4.携匠修编，双向互动**

《永泰庄寨保护修缮导则》不是学术界对民间修缮高高在上、不顾实际的指挥，而是以国家相关技术规范和永泰传统工艺为基底，在编制过程中与工匠不断互动，逐步形成的成果。经过长时间的田野调查、工匠座谈与回访，在与工匠平等的交流中，反复打磨修缮技术的每个指导条文。这一过程中，向本土工匠普及文物修缮的原则和理念，实现学界与民间的良性互动。

（1）工匠作为主体举办《导则》评审会

《导则》编制的中期评审会，除了邀请福建本地专家参与评审与指导外，还邀请了10名永泰本地工匠参加，涵盖了大木工匠、小木工匠、土石工匠等多个工种。在评审会上听取导则的初稿内容后，每一名工匠都进行了发言，畅谈对于《导则》各项技术的意见，提出了"庄寨修缮中尽量在厅堂的屋顶使用老瓦，必要时可以将围屋等部位的老瓦用于厅堂屋面修缮""使用田地里耕作层以下的白土夯筑土墙效果更好"等建议，均在经过补充调查后，列入《导则》的修缮规范之中。

（2）在修缮施工现场个别沟通、听取建议

除了采取正式会议的方式听取工匠意见外，还通过个别沟通的方式，前往行动不便的老工匠家中、施工现场等场所，征询未能参会的传统工匠意见，并逐页询问工匠是否能够看懂其中的每一项技术细节。对于重要的修缮工艺，请求工匠参照《导则》中的修缮方式加以复述。如果复述内容符合编制思路与技术要求，则该图纸予以保留；若复述内容与《导则》规定不同，则进一步询问是哪里看不懂，并有针对性地在后期加以修改。例如大木工匠陈步佃师傅提及，"文本中应当在显眼的位置写上适用条件"；土石工匠提出，"修补夯土墙时，可以在墙裂的地方注入三合土，用于补缝"。这些建议在《导则》编制、排版等方面提供了指向性明确的建议。

（3）按照工匠反馈意见不断完善图纸

在完成一轮较大的修改后，再次到施工现场、老工匠的家中，将新的《导则》内容请老工匠们审读。通过与工匠的不断沟通，一次次的修改图纸，让《导则》更加符合地域性匠艺特征，也让更多工匠能够理解、实用。

## 四、结语与展望

永泰庄寨保护所形成的政府引导、村民自发组织、传统工匠参与的机制，体现了以村民和工匠的价值认知为基础，充分利用本地资源和地域传统匠作技术体系进行修缮的方法，是乡村遗产保护的重要路径。《永泰庄寨保护修缮导则》的编制，是以村民诉求和工匠实际应用成效为导向的修缮技术规范，体现了庄寨修缮从价值认知到保护实践的整体思路。

为使《导则》让村民和工匠真正"看得懂、用得上"，在编制过程中，首先深入田野与村民和工匠开展广泛深入访谈，识别永泰庄寨遗产价值的主要载体，在平衡遗产保护理念方法与地方社会需求的基础上开展编制。为确保实用性和信息传达简洁准确，《导则》采用手绘步骤分解图和手绘三维图等作为主要呈现方式，通过"看图说话"，让一线工匠最大程度理解和贯彻技术指导。举办工匠评审会和收集反馈意见，多次打磨修改，以这种携匠编修的方式，实现了研究与保护实践的双向互动。对于乡村遗产建筑本体的保护修缮研究具有普适性的启示意义。

## 参考文献

［1］单霁翔：《乡土建筑遗产保护理念与方法研究(上)》，《城市规划》，2008年第12期，第33-39、52页。

［2］劳拉·简·史密斯著，苏小燕，张朝枝译：《遗产利用》，科学出版社，2020年。

［3］陈志华等：《楠溪江中游乡土建筑》，汉声杂志社，1993年。

［4］孙华：《传统村落的性质与问题——我国乡村文化景观保护与利用刍议之一》，《中国文化遗产》，2015年第4期，第50-57页。

［5］石鼎、杜晓帆：《乡村遗产的类型与特征——基于人地关系变迁的思考》，《中国文物报》，2019年3月16日第6版。

［6］陆地：《建筑遗产保护、修复与康复性再生导论》，武汉大学出版社，2019年。

［7］杜晓帆、初松峰、林鋆澎、王一飞：《从价值认知到保护实践：永泰庄寨》，知识产权出版社，2019年。

# 乡村振兴在福建

王胜熙　　陈舒洁　　许为一*

**摘要：**为响应党"优先发展农业农村，全面推进乡村振兴"的口号，全国各地都涌现了许多乡村振兴发展的新思路、新模式和新方法。福建省是乡土遗产保护的大省，也面临着乡村振兴与可持续发展的重大机会与重要任务。本文介绍了福建省近年来在乡村振兴方面的工作内容、工作重心和所取得的阶段性成果进行介绍和总结，为全国实施乡村振兴提供"福建经验"。

**关键词：**乡村振兴　可持续发展　传统村落保护　福建经验

## 一、介绍

2017年，党的十九大报告提出了"乡村振兴战略"，强调乡村振兴对传承中华优秀传统文化、建设美丽中国的重要作用。2020年，党的十九届五中全会提出"优先发展农业农村，全面推进乡村振兴"的口号。为响应这一号召，各地都涌现了许多乡村振兴发展的新思路、新模式和新方法。

福建省是乡土遗产保护的大省，拥有76个国家级历史文化名镇名村，位列全国第二；494个国家级传统村落，位列全国第六；200个省市级历史文化名镇名村；1193个省级传统村落；其中包含历史建筑9108栋，位列全国第二。面对着如此丰富的乡村特色文化与遗产资源，如何对其进行保护、利用和活化，实现乡村地区的振兴与可持续发展，是福建省面临的重大课题之一，也是福建省农村工作的重中之重。

## 二、传统村落保护的实践工作

传统村落是不可再生的乡土文化遗产，是我国民族文化宝贵的"基因库"，更是乡村振兴与可持续发展的"主力军"。对传统村落的保护工作，护住了历史之根、文化之魂，是福建省乡村振兴工作中最重要的内容之一。目前，福建省传统村落保护工作主要包含以下几点内容。

---

\* 王胜熙，福建省乡村振兴研究会常务副会长、省住房和城乡建设厅原一级巡视员。

陈舒洁，福建工程学院教师。

许为一，福建工程学院教师，中国文物学会古村镇专业委员会副秘书长。

（一）加快保护立法，健全组织机构，及时建档立项

2017年4月，福建出台了一系列传统村落保护的条例规划，包括《福建省历史文化名城名镇名村和传统村落保护条例》、省级《历史文化名镇名村保护与发展规划》《传统村落和历史建筑、特色建筑保护发展"十三五"规划》以及有针对性的《保护和整治指导意见》《保护和整治导则》《古建筑保护定额》等文件。福建省住房和城乡建设厅成立了城乡建筑风貌管理办公室，各市县也陆续成立了名城委、古村落保护办公室等专门管理机构。这为传统村落保护提供了法律和政策的保障。另外，福建省对494个传统村落试行了"一村一档"，并通过历史建筑普查得到8.8万栋历史建筑线索。同时，历史建筑认定、公布、保护标志牌设立、定线路图和建档工作也在稳步推进中。

（二）高强度治违，高要求保护，高起点规划

在普查摸底的基础上，福建各地通过将各级文物保护项目纳入保护名录、挂牌立碑、日常巡查、网格化监管等方式，形成综合保护体系，实施科学规范的保护管理。同时，注重根据村落不同的定位进行高起点、高要求的规划，比如以居住为主的村落建设项目以改善人居环境、完善基础设施和公共服务为主，以旅游发展为主的村落则以完善旅游服务设施为主，因地制宜推进保护发展。

（三）立足本地资源，探索活化利用，推动文化传承

为挖掘传统建筑特色语汇，福建省先后编制出版了《福建村镇建筑地域特色》《福建省地域建筑风貌特色》《福建省传统民居类型全集》《中国传统建筑解析与传承（福建卷）》等，对福建传统建筑进行深度解析。另外，福建委托厦门理工学院编制《传统建筑活化利用导则和图集》，指导各地探索对传统建筑进行活化利用，以利用促保护。

除此之外，省内各村镇积极引进"新村民"，进行村落建筑的修缮和文化旅游产业的开发。比如宁德市屏南县引进的艺术家林正碌和瑞典籍华人程美信等，通过开展油画创作、摄影、电影基地等活动，吸引了大批"新村民"前来驻扎，为老村注入了新的活力。一些地方通过丰富乡村旅游文化内涵，培养出能支撑传统村落可持续发展的特色产业，实现传统村落保护、改善民生和社会发展的共赢，让传统村落焕发出新的生机活力。

（四）多元化筹措资金，拓宽融资渠道

从2014年起，福建省级财政每年投入6000万元，重点扶持10个名镇名村和传统村落保护发展，2017年起增加到每年1.1亿元，扶持数量也增加到15个。福建各市县也加大财政投入，并积极引导社会资本和村民投工投劳，累计投入保护发展资金50亿元以上。除此之外，福建省充分探索发挥社会资本的作用，召开政银企对接会，通过PPP（Public-private Paternership）等模式，引导大型企

业、金融机构和其他社会资本投入。如泉州市永春县打包获得国开行贷款13亿元，用于村庄保护和建设。

### （五）传统村落保护的成功案例

福建省传统村落保护的成功例子有很多，其中福安市潭头镇南岩村和宁德市屏南县龙潭村的案例最为典型和突出。

#### 1. 南岩村

南岩村位于潭头镇东部区域中心。2016年前，在村人口不到150人，村集体经济收入不足1万元。村庄山高路远，交通不便，产业较薄弱，但是南岩村却拥有丰富的文化遗产。首先是红色文化，南岩村作为闽东二三革命时期安福县上中区苏维埃政府旧址，保存有第5次反"围剿"时所建粗山战壕，国民党飞机轰炸点，叶飞、曾志等革命家的指挥驻地等红色遗址。其次是古建筑文化，村内有两处共42座古厝民居建筑，第三是闽王文化，南岩村先祖系闽王王审知九世孙，村民大多姓王。2019年2月，时任福建省住房和城乡建设厅副厅长的王胜熙再一次回到了南岩村，与父老乡亲们座谈，确定了南岩村"研学、文创，带动乡村旅游"的发展定位。

为带动产业发展，南岩村探索发展村集体经济合作组织。一是通过清产核资将村内山、水、田、园、林、房、宅基地等资源纳入合作社管理；二是通过依法依规和群众认可、程序规范原则组织确认村民的社员资格；三是全村公推10位言行公正、热心公益的小组长入户宣传。村内所有产业向经合社缴纳资源费，由经合社统一对外经营，村民人人有分红，实现了集体经营效益与个人收益的有机结合。经济联合社，是乡风文明建设的重要平台，也是完善乡村治理结构的重要补充，有能力带领全村走向共同富裕目标。

产业提升方面，南岩村挖掘红色文化、古民居建筑文化等文化资源，与大中专院校、团委和少工委等单位合作，拓展研学产业，等打造"研学村"。农业方面，在改良传统茶叶、太子参种植产业之外，引进山核桃、红心猕猴桃、红米、黑米等新品种的种植。此外，与阳光学院团队合作，利用南岩房前屋后山野花草、百年古井等天然资源，开发了手工草本皂等系列产品，形成南岩一大产业。

如今，走进南岩村，村落青山环抱、林竹摇曳，一座座青砖黛瓦、飞檐斗拱的古建筑出现在眼前，42座形态各异的明清建筑，错落有致地分布在村子四周。村子里，文创民宿、书院、咖啡屋、手工皂坊散落其间，不时有游人驻足流连、打卡拍照。昔日"难言村"，今朝变身网红"魅力村"。

#### 2. 龙潭村

龙潭村位于宁德市屏南县。2017年以前，龙潭村的户籍人口有1400多人，但由于村民常年外出务工，村里仅有200多人留守，多为老人和儿童，成了名副其实的"空心村"。龙潭村是省级历史文化古村，存有很多明清时期的老屋子，但缺乏修缮，残垣断壁，根本没法居住。面对乡村人口外流、产业凋敝、老屋荒废、文化式微等问题，2017年5月，当地政府开始积极推行村落文创计划，龙潭村开始实施文创产业助推乡村振兴计划，引进文创和专业设计人才，组建民间工程队，先后对60余栋古宅进行重新设计和修复。村委会动员将荒芜老宅"变废为宝"、外来新村民开始"认领"租赁老宅，并制定了"认租15年"的项目规划。在保留夯土墙、黛瓦木构的传统面貌之外，认租者用自己的文创能力打造书吧、工作室、民宿、咖啡屋、美术馆等。同时，通过"人人都是艺术家"文创项目，教授村民拿起画笔进行油画创作。村民通过抖音、微博等自媒体方式，吸引外出的村民返乡创业，农副产品得以增值；外来新村民30余户。近两年每年还有逾20万人次前来观光，龙潭村以文创带动了乡村旅游、推动了减贫工作的开展。仅仅3年前还是沉寂的古村，迎来了数字化时代的乡村振兴。

图1　南岩村风貌与特色活动

龙潭村以"党委政府＋艺术家＋村民＋古村＋互联网"乡村振兴模式，大力发展文创产业，推动传统村落保护，助力精准扶贫，繁荣农村文化事业，改变村民精神面貌，带动村文化旅游。这种文创旅游减贫经验成为乡村振兴的典范，为老区旅游减贫提供了可操作、可推的样本。2019年12月，屏南县入选住建部"美好环境与幸福生活共同缔造"活动第一批试点县，而龙潭村则成为了全省乡村振兴及传统村落保护发展的典范。

图2　龙潭村风貌与特色活动

## 三、探索乡村治理机制

乡村治理机制的建设，是实现乡村全面振兴的重要基石，也是满足人民群众美好生活需要的必然要求。为了更好地提高乡村治理水平，福建省创新性地推出了全员经济合作社（以下简称"经合社"）机制，激发农民的积极性和主动性，有效地推动了乡村振兴工作的发展。

### （一）经合社的定义和机制

经合社指的是以一个行政村或自然村为单位，通过村集体清产核资、村民资格认定并全员加入，逐步流转整合闲置宅基地、农房以及田地、林地等资源注入，由经合社统一对村内社员和对外开展合作投资、开发、运营，把村集体做大做强。全员经合社是全村资格社员共同参加的经济组织，每个社员平等投入一定的股金成为股东，社员投入占经合社70%股份，集体资产占30%股份，经合社利润归全民所有，经合社按照现代企业制度运营。

经合社在村两委的领导下开展工作，经合社的发展大纲和年度工作计划要经过理事会或社员代表大会通过，报村两委同意后，再报乡政府备案。经合社在实施工作计划中有发生计划变动，需经经合社理事会或社员代表大会通过后，报村两委审定（图1）。

### （二）经合社的意义

实行经合社制度的建制村，村内所有产业向经合社缴纳资源费，由经合社统一对外经营，村集体有收入、村民人人有分红，实现了集体经营效益与个人收益的有机结合，凝聚了村民共建意识。全村全员股份经济联合社，起到了产业发展的火车头作用，是乡风文明建设的重要平台，也是完善乡村治理结构的重要补充，有能力带领全村走向共同富裕目标。

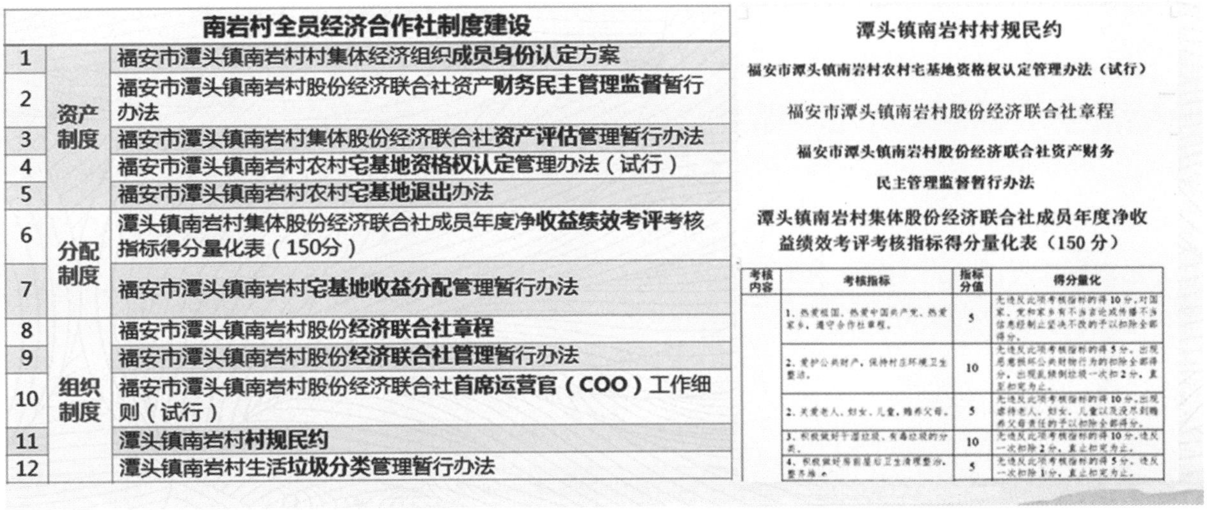

图3　南岩村经合社制度建设与村规民约

## 四、福建省乡村振兴研究会及其工作

2020年，为响应党"优先发展农业农村，全面推进乡村振兴"的号召，福建省乡村振兴研究会在省委、省政府的支持下于福州成立，是国内首家从事乡村振兴研究的省级社团组织，也是推进福建乡村振兴战略实施的重要智库和推介平台。

### （一）队伍制度建设

福建省乡村振兴研究会现有会员460人，主要来自省内高校、科研机构、机关事业单位、乡村基层一线、企业和社会组织。研究会下属乡村产业、乡村建设和乡村文旅三个专业委员会，分别挂靠省农科院、福建工程学院和福建农林大学，旨在聚集更多高层次人才，在乡村振兴各领域发挥更大作用。福建省乡村振兴研究会成立以来，坚持以习近平新时代中国特色社会主义思想为指引，开展了多次党建学习活动和专题学习会，并与中共福建省委党校、福建行政学院联合举办会员培训班，全面提高会员对乡村振兴的认识水平。

### （二）理论研究与学术交流

福建省乡村振兴研究会成立后，积极开展了一系列理论研究与学术交流活动，包括主办了"产业激活乡村——琅岐乡村振兴之路探索"和清流县老区苏区乡村振兴研讨会等2场大型研讨会；举办了以科研成果和项目经验报告分享为主要内容的7场学术主题沙龙；指导了"新时期村镇规划""全国乡村振兴硕博研习营"等12场学术交流活动；征集并成功立项了开放课题15项。福建省乡村振兴研究会的专家和会员们还积极在各期刊杂志发表文章，分享有关乡村振兴战略实施的经验、感想、理念与方法，以期为福建省乡村振兴战略实施提供理论支撑和智力支持。2022年5月，潘征会长在《农民日报》刊登的《以新发展理念引领乡村振兴》文章中，提出了"四新"理念，即"明确新要求，培育新主体，发展新产业，形成新机制，打造新空间"，为福建省乡村振兴工作下一步的发展指明了方向。

同时，福建乡村振兴研究会还紧贴时代潮流，利用互联网、大数据等新技术手段，拉近与群众之间的距离，让乡村振兴工作真正与基层群众紧密相连。2021年，福建省乡村振兴研究会与省政府发展研究中心联合组建课题组，自主研发并发布了"福建省乡村振兴热度指数"，利用互联网采集公众对乡村振兴工作的主观感受与评价，旨在对全省各地乡村振兴战略落实情况进行科学评价和引导，促进全省乡村振兴工作高水平的推进和高质量的发展。

### （三）调研咨询服务

除了理论研讨和学术交流活动，福建乡村振兴研究会还努力为乡村基层提供相关的咨询服务。2021年上半年，组建了专家服务团，先后赴福建省9个设区市，32个县（市、区），68个乡（镇、街道），150

个村（社区）开展乡村振兴调研咨询服务活动，并提出书面咨询报告，受到基层欢迎和好评。福建省乡村振兴研究会在这些活动中详细考察了不同地区的乡村自然文化资源的状况和特点，并在此基础上，提出了有针对性的乡村振兴与提升建议，具有很强的实用性和操作性，为福建省各个村镇走出个性化、差异化的乡村振兴之路起到了至关重要的作用。

## 五、总结与展望

乡村振兴是我国实现"两个一百年"奋斗目标和中华民族伟大复兴中国梦的必然要求，具有重大现实意义和深远历史意义。福建省通过多样化、创新化、细致化的手段和方法，在保护传统村落、提高乡村治理水平、建设乡村振兴智库与推广平台三个方面下功夫，在乡村振兴工作中取得了一定的经验与成就。未来，福建省将继续深化和推进以上方针方法，为农村地区的振兴和可持续发展而继续奋斗。

# "共同缔造"理念在传统村落保护发展中的应用研究

## ——以驻村规划师在大利村的实践为例

高朝暄　单彦名　姜青春[*]

**摘　要：** 自2012年传统村落保护工作开展以来，从中央到各地都非常重视传统村落保护，"留住乡愁"成为乡村建设的重要目标。但在传统村落的保护建设过程中，地方和村民经常会面临一些困难和困惑，比如怎样协调村落保护和村民改善需求的矛盾？保护规划具体实操难以落位，建设项目孰先孰后，具体操作的步骤是什么？由于传统村落的多样性和独特性，在其保护建设过程中，更需要责任规划师对其进行身临其境，对其进行点对点的"辅导"，使其绽放独特魅力。

**关键词：** 传统村落　保护建设　责任规划师

## 一、研究背景

与一般文物和遗址类遗产不同，传统村落中既有大量宝贵的文化遗产，同时又有渴望现代便利生活、需要经济发展的诸多村民，如何协调传统村落的保护要求？同时，如何在保护的基础上，改善各项设施，满足村民的发展诉求，使村落的主人——村民满意，生活的更加舒适便利，从而意识到家园的价值，更愿意留下来，保护她呢？笔者在贵州省榕江县大利村进行了实践探索，引入责任规划师制度，让规划师从"局外人"到"村里人"，责任规划师长期驻场引导建设，试图从村民视角来看待传统村落保护发展和建设，"定制"可行的保护建设方案，进一步带动村民亲自参与自己的家园建设，从中引发责任感与荣誉感，使传统村落保护传承可以持续地、长久地进行下去。

大利村是一个隐匿在中国贵州省黔东南州深山之中的侗族村落，距榕江县城约40分钟车程。大利村具有多项国家级称号：2012年被公布为第一批中国传统村落；2013年入选为联合国教科文组织世界文化遗产预备名单"侗族村寨"的构成单位之一；同年，被国务院公布为第七批全国重点文物保护单位；2014年被公布为第六批国家级历史文化名村。大利村以其独特的选址格局、建筑形式、生态环境、农业

① 单彦名，中国建筑设计研究院有限公司，城镇规划设计研究院，副院长，教授级高级规划师。
　　高朝暄，中国建筑设计研究院有限公司，城镇规划设计研究院历史所室主任，高级规划师。
　　姜青春，中国建筑设计研究院有限公司，城镇规划设计研究院历史所规划师。

图1　大利侗寨整体风貌

景观及民族传统，有机地组成了一个完整的侗族文化价值体系。

　　大利村选址于地势较高的平坦山谷中，以鼓楼和萨坛为中心，鼓楼是村内集合议事、信仰活动的重要场所，萨坛是侗族祭祀母系祖先萨玛的地方，鼓楼和萨坛是侗寨社会、文化、政治的中心。整个村落沿水系顺山势自由延展，寨门和花桥构成村寨的边界，反映出侗寨依山傍水的典型民族村落文化景观。村民生活仍延续着传统的生活方式，民居多为吊脚木楼和木构地屋，布局得体，错落有致。民居建设方案主要由墨师依据主人的需求选定建造地点，建造过程仍采用村民互助的形式。建筑就地取材，充分利用空间，体现了侗族的生活智慧和审美观。

## 二、问题探析

　　在这个中国最有代表性的侗寨中，随着村落旅游的发展，大量游客涌来，村民的收入提高了，但村落传统环境发生改变，传统生活方式面临着巨大冲击。

### 1.维系村落基本生活的生态环境面临巨大压力

　　随着传统产业结构的变化和村民改善居住条件的愿望，村内近年有大量的建房需求，但村寨建设用地已饱和，部分村民在填埋村内水塘进行建设，对村寨的生态环境和整体风貌造成一定负面影响。现代

图2　大利鼓楼坪

图3　木构地屋

生活方式和旅游发展对村落水系带来压力，给排水管网系统的铺设导致传统用水方式改变。游客增多、垃圾量大，环境污染，传统水系的生态空间逐渐减少，原有连贯的水循环系统断链，生态环境逐渐恶化。

**2.现代生活设施和传统风貌保护之间面临矛盾**

在国家和贵州省的一系列村庄环境整治提升和安全防灾等工程要求，以及现代材料的推广应用下，大利村内近年逐渐增加了电表、消防栓、PVC排水管等等现代设施，虽然方便了村民生活，但是在设计和施工方面未进行与村寨风貌的协同设计，导致村寨风貌略显杂乱。主要表现在：现代电力电信线路、卫星天线等设施仅考虑使用的架设的方便，线路空中交织、杂乱。村落部分主要道路用水泥铺砌，部分建筑采用现代的栏杆、围墙等形式，铺设的污水干管并未有效连通户内及污水处理设施等等。

**3.外来人的视角制定的改造方式不被村民认可**

在开展工作之初，设计人员认为没有厨卫空间的农宅生活一定是"痛苦"的，于是从规划编制时，从改善村庄环境卫生、改善村民生活品质的角度出发，对现有农宅进行改造，在农宅内部增设"厨卫"的空间。但是由于没有充分考虑到贵州的村落在数百年形成演进的过程中，村民已经形成了自己的认知和生活习惯。在侗族人眼里，厕所置于家中是非常"不吉利"，甚至"肮脏"的东西，所以在贵州的侗寨中，传统建筑只是居住的场所，不会设置厕所空间。虽然方案进

图4　水塘污染

图5　新建筑侵占水塘

图6　村民饮用水受到环境污染

图7　村落中的电表

图8　现代突兀的墙板材料

图9　现代排水管

图 10　鼓楼坪旁闲置的公厕

行了认真细致的设计，并经过多次宣传讲解后，劝动三户同意作为厨卫空间改造的示范点，但是在推进过程中，最终还是因为认知的原因失败了。这说明以外来人的视角进行改造，往往是行不通的。在传统村落保护建设中，一定要充分尊重到村民的居住和生活习惯。

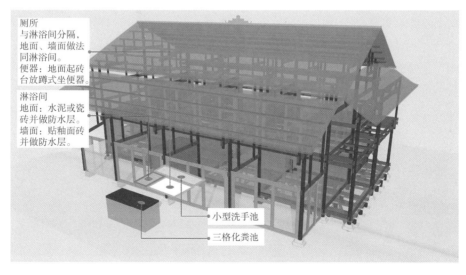

图 11　卫生间改造设计方案

## 三、解决之道

由于以上种种问题,项目在推进过程中难以有效实施,项目组先后前往项目地多次与当地政府、居民和建设单位进行沟通,决定派驻1-2名规划师驻扎大利村对村内规划建设和村落整治进行现场指导。在驻村指导过程中,责任规划师与村民吃住在一起,试图去了解村民的真实需求;同时与地方工匠一起工作,了解当地建造的工艺技法,力求做到将村民需求、地方技艺与保护规划要求结合起来,解决现代风貌不协调的问题。通过组织公益活动、加强宣传引导、参与村民代表会议等多种方式,影响村民积极参与到共建过程中。

**1.浸入村庄,尊重村民意愿和村庄实际,梳理建设项目**

村庄建设,规划先行,传统的规划编制一般仅有2-3次的入村调查,调查的内容往往只关注于村落的空间形态、物质遗存、产业发展等情况,对于生活在其中的老百姓,缺乏深入的交流,出现只见规划不见"师"的尴尬局面,这样的规划难以落地,也不被认可。

为真正摸清村民的想法,了解他们的需求,做一个可实施的规划,责任规划师与村民同吃同住了2个多月,通过长时间浸在村落中与村民茶余饭后"闲谈"、向村民学习传统工艺做法、对施工现场进行技术指导,责任规划师逐渐获得了村民的认可。满足村民的尊重需求后,村民与责任规划师建立了互信互利的沟通模式。责任规划师也经过长时间的沟通交流,真正掌握了村民的真实需求。保证在村落的整治实施过程中,始终坚持以村民为主、以需求为导向的基本原则,实现建设美好家园的共同目标。

图12 责任规划师向村民了解情况

**2.标本兼治，从微空间整治入手，恢复村落原生态空间**

大利侗寨作为一个山地型村落，经过先民的历年修建，形成了精密运转的生态水系统，山泉水及岩层井水通过地表河渠集流，经村民生活使用后汇入梯田及堰塘进行自然净化，之后通过水渠汇入河流中。但是现代的管网系统正在替代原有的水循环方式，水系坑塘被废弃。村落中农宅建设不断侵占水系坑塘，传统水系的生态空间缺乏有效维护，水循环系统出现断链，村落的传统环境日益恶化。

责任规划师通过多日的观察和分析，重新梳理了水循环系统，提出保护水源、对已污染的水体进行净化、疏浚淤积的水塘和沟渠、对水系缺乏连通的部分增设水渠，使大利村水系重新良性运转。同时整理河道两侧建筑立面和环境空间，修补河道护坡。净化水塘，采用植物生态净化，恢复传统排水。

图13 村寨水塘环境整治

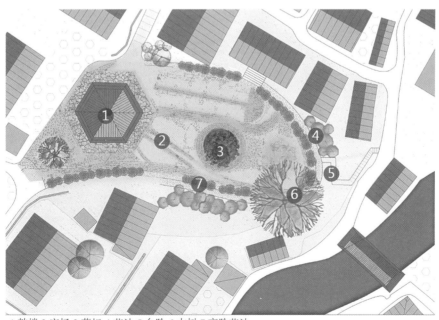

1.鼓楼 2.广场 3.萨坛 4.花池 5.台阶 6.古树 7.高阶花池

图14 鼓楼坪的整治方案

同时，责任规划师首先从提升安全性出发，选取村落中心的鼓楼坪和小学后的空地环境进行设计。鼓楼坪建于村中的一块高地之上，距地面有4米左右的高差。鼓楼坪作为村落的象征，是游客必到之处，也是每周村民代表例会之所，随着游客逐渐增多，鼓楼坪的安全隐患也逐渐凸显出来。同时鼓楼坪作为村落的信仰和形象中心，也是村民希望改造提升的场所。借此机会，村民在责任规划师的指导下，在鼓楼坪临空一侧砌筑了石质围墙，并栽植花木，避免村民和游客过近靠发生危险，这样的设计也得到了村民的广泛支持。

**3.传承工艺，发现传统材料之美，用地方做法改造村落**

随着村落功能和村民生活习惯的改变，村内急需布置电线、安设路灯，但是村落街巷空间有限，又有要与文物整体风貌协调的要求，路灯的设计方案之前做了几轮，迟迟没有定案。责任规划师经过对村落空间环境的分析和照明需求的判断，并从村民的日常箩筐编制的工艺中获得灵感，设计出具有地方特色的竹编、竹筒雕刻的路灯，经防火处理后，悬挂与民居屋檐下。在减少路灯杆对有限街巷空间干扰的同时，形成乡土特色照明灯饰，既有本土气息，也传承了村民的传统工艺，此外，垃圾桶也采用与当地风貌协调的木桶形式。这些方案都获得了当地村民的认可，并很快作出了样品。

图15　村民编制的箩筐

图16　用村寨内的材料和工艺作出的灯具

同时责任规划师通过与当地工匠的技术交流，充分了解地方的工艺做法，将当地工匠会的做法、原生态的手法，运用传统街巷的修复、现代建构筑物的风貌整治、以及猪圈、牛棚、围墙等现代构件的改造中。在此过程中，不仅对降低村民对现代建筑材料的依赖，村落的原真风貌得到保护，同时责任规划师带领和引导本村匠人参与，不仅节省经费，也使得传统工艺得以传承和发扬。

图17　采用天然石材或石材垒砌的方式来改善猪圈

图18　采用传统铺砌方法，改善村民出行环境

**4.活动带动，进行公益宣讲，提升村民自豪感及荣誉感**

在短短的两个月驻村期间，规划师不仅带领本地村民加工制作具有本土特色的竹编、手绘麻纸、竹筒等用作照明灯饰。而且还利用每周的村民例会时间为当地居民进行公益讲座，宣传垃圾分类方法。并组织暑假中的孩子进行清理垃圾的工艺活动，组织村民清理河里的泥沙及杂物。在这过程中，老百姓看着通过自己的努力变清的河水，变好的环境，更加爱护自己的家乡，也会及时制止游客乱扔垃圾、破坏环境的行为。

图19　责任规划师组织孩子清理垃圾

## 四、责任规划师制度要求设计师从"专项选手"转变为"全能选手",成为政府和村民的"好帮手

在乡村建设中,责任规划师承担的角色是非常多样的。在政府官员的眼中,设计师是实现乡村蓝图的一支笔,乡村建设一般由镇、区级政府部门组织开展工作,政府不了解实际情况和村民意愿,有时可能提出与村集体村民需求相冲突的设计任务。但是实际过程中,规划师需要解决的是村内部的各种实际问题,直接面对村集体、村民个人的需求。在某种程度上,一些村集体不愿将村内问题展示给上级政府,与规划师沟通时也会隐瞒部分信息;由于村民对规划师缺乏信任,在合作过程中不愿表达内心真实的意愿。

在这过程中,责任规划师如果缺少与村民的沟通,设计成果一定是不接地气的,施工过程一定是困难重重的,规划师需要用更多时间、精力、智慧协调这些冲突,因此建立规划师与村民的互信非常重要,在这个过程中,规划师需要转变角色,获得村民的支持和理解。通过对传统文化的挖掘和宣传,利用修缮的传统建筑作为多功能馆,积极开展摄影展、故事会、各类仪式等多种方式,加强村民的自豪感和荣誉观。

建设以人为本的乡村,是政府、村民、规划师等多方协商共治的共同目标,责任规划师以规划方案为核心,充分征求村民意见,引导村民从"观望"逐步转向"关注",继而转向"主动参与"。村民为主体是关键,通过责任规划师的组织发动和培训引导,可以有效激发村民建设美丽家园的内生动力。

## 参考文献

[1] 高宜程、董浩、王凡:《基于共同缔造的村庄规划实践探索——以北京市顺义区沮沟村为例》,《城乡建设》,2020

年第9期，第60-62页。

［2］贺雪峰：《治村》，北京大学出版社，2017年。

［3］卢丹梅、曾晨好、赵建华：《社会网络视角下的乡村共同缔造路径探索——以广东河源中村村为例》，《城市发展研究》，2020年第5期，第33-40页。

［4］吴明明：《新时代下云南乡村规划方法初探——以腾冲荷花镇坝派村为例》，昆明理工大学，2018年。

［5］杨梅：《美丽乡村建设背景下的村庄规划体系创新研究——以北京市延庆区大吉祥村为例》，《小城镇建设》，2017年第7期，第16-25页。

［6］李郇、彭惠雯、黄耀福：《参与式规划：美好环境与和谐社会共同缔造》，《城市规划学刊》，2018年第1期，第24-30页。

# 基于文化生态保护区的古村镇乡村振兴：以大理为例

苏俊杰　　王卓臻*

**摘　要：** 文化生态保护区将非物质文化遗产及其自然环境和人文环境进行整体性保护，这既与乡村振兴中的文化振兴相契合，又对古村镇的全方位振兴有促进作用。本文以大理文化生态保护实验区的建设为例，从产业发展、文化繁荣、生态保护、组织建设四个方面阐述文化生态保护区建设对乡村全方位振兴的促进作用，也分析了其中存在的困难。

**关键词：** 文化生态保护区　乡村振兴　非物质文化遗产　大理

## 一、乡村振兴与文化生态保护区

实施乡村振兴战略，是党的十九大做出的重大决策部署，是决胜全面建成小康社会，全面建设社会主义现代化国家的重大历史任务，是新时代"三农"工作的总抓手[1]。非物质文化遗产（非遗）与乡村振兴有着内在联系。2021年4月通过的《乡村振兴促进法》在文化繁荣篇强调："各级人民政府应当采取措施保护农业文化遗产和非物质文化遗产，挖掘优秀农业文化深厚内涵，弘扬红色文化，传承和发展优秀传统文化"[2]。2021年发布的《关于进一步加强非物质文化遗产保护工作的意见》中指出："在实施乡村振兴战略和新型城镇化建设中，发挥非遗服务基层社会治理的作用，将非物质文化遗产保护与美丽乡村建设、农耕文化保护、城市建设相结合，保护文化传统，守住文化根脉。""进一步推动非物质文化遗产助力乡村振兴。"[3]非遗可以并且应该成为为衔接脱贫攻坚与乡村振兴的抓手已经在国家层面成为共识。

以非遗保护为目的的文化生态保护区对于古村镇乡村振兴的实现具有促进作用。文化生态保护区是"以保护非物质文化遗产为核心，对历史文化积淀丰厚、存续状态良好，具有重要价值和鲜明特色的文化形态进行整体性保护，并经文化和旅游部同意设立的特定区域"[4]。文化生态保护区在两个方面与乡村振兴契合。首先，两者都强调"全面"的概念。"整体性保护"是文化生态保护区建设的理念之一，指既要保护每一项非遗的所有构成要素，也要保护所有非遗和与之发生发展有关的人文环境和自然环境。而乡村振兴则包括乡村产业、人才、文化、生态、组织振兴，是全方位的振兴。其次，文化生态保护区与乡村振兴中的文化振兴内

---

* 苏俊杰，云南大学民族学与社会学学院、云南省非物质文化遗产研究基地（云南大学），副教授、主任。
王卓臻，云南大学民族学与社会学学院，硕士研究生。

容基本吻合，同时又对全方位振兴有促进作用。保护区所要保护的内容，除了被列入各级名录的非遗项目之外，还包括这些非遗得以存在的人文环境和自然环境，例如文物、生态、民风、民俗等，这些同样是乡村振兴中文化振兴、生态振兴的内容。基于此，文化生态保护区建设的相关文件强调"要推动国家级文化生态保护区建设与服务精准扶贫、乡村振兴战略相衔接，促进地方经济社会文化协调发展"[5]。

## 二、文化生态保护区助力乡村振兴的大理实践

### 1. 文化生态保护区推进乡村振兴的优势

文化生态保护区可以助力乡村振兴中的产业、文化、生态、组织等方面，下文将以大理文化生态保护实验区为例，阐述这些促进作用的实现方式。大理文化生态保护实验区（以下简称：实验区）于2011年由原文化部批准设立，2017年正式建设，保护区范围与大理州行政区划一致，包括12个县市及13个世居民族。实验区的建设工作主要包括非遗项目的保护以及名录体系的完善、非遗传承人的认定和管理、保护利用设施的建立以及整体宣传工作。在近五年的实验区建设中，大理州的各级非遗项目与传承人得到了较好的保护与发展，与此同时，试验区建设还对当地的产业发展、文化繁荣、生态保护和组织建设产生了积极影响，助力脱贫攻坚的完成和乡村振兴的开展。

（1）产业发展

文化生态保护区的建设对于乡村的旅游和文化产业发展具有极大的促进作用。文化生态保护区虽以保护为主题，但是鼓励通过传统工艺的振兴以及非遗旅游的发展，带动就业，助力群众增收。以大理市周城村为例，周城村是云南省最大的自然村，不仅是"白族扎染艺术之乡""云南省省级历史文化名村"，同时还是云南省第一批省级"民族传统文化生态保护区"，是整体性保护开展较早的村落。璞真白族扎染有限公司是周城村内运营较早也较为成功的非遗文化企业。在扎染传承人段银开、段树坤夫妇的共同经营以及实验区项目的扶持下，建设成为大理州传统工艺工作站。公司采用"公司+农户"的模式，带动村民参与扎染订单生产，实现就业与增收。同时，通过建立"璞真白族扎染博物馆"，向游客提供扎染体验旅游（图1），带动了周城村的扎染非遗体验旅游发展，涌现了诸如"蓝续扎染"等由当地人创立的企

图1 外国客人在璞真体验扎染（2018年，苏俊杰摄）

业。如今，周城村有白族扎染体验作坊15家，年接待游客60多万人，带动就业3000多人，实现年销售7000多万元，共同推动了周城村扎染产业和旅游业的繁荣发展。

（2）文化繁荣

文化生态保护区的建设对乡村振兴中文化繁荣的助力是最直接的。文化生态保护区的建设以非遗保护为核心，保护区的各项工作都离不开对优秀传统文化的保护传承以及乡村精神文明建设。以大理州巍山县的国家级非遗"彝族打歌"为例。巍山县政府组织编写了《民族歌舞进校园》教材，将彝族打歌与课间操相结合；其次，先后公布了七个彝族打歌传承示范点，为村民学习彝族打歌提供便利；此外，通过举办三届彝族打歌比赛，为打歌队伍提供交流的平台[6]。在2021年的调研中，大理州非遗中心主任介绍："广场舞以前跳的大多数是流行歌。但这几年不同，这几年现在开始有当地特点了，像我们这边跳的霸王鞭多了，跳彝族打歌的多了。"彝族打歌通过这些工作成为当地居民喜闻乐见的日常文化活动，并在这一过程中丰富了村民的活动选择，实现了优秀传统文化的保护与传承。

（3）生态保护

"加强乡村生态保护和环境治理""建设美丽乡村"是乡村振兴对生态保护方面的要求。文化生态保护区同样强调对非遗所依存的自然环境加以保护。保护区在建设过程中保持传统建筑的整体风貌，保护自然环境，这些措施将有助于乡村振兴中生态保护任务的实现。以大理市喜洲古镇为例。喜洲古镇是白族重要的聚居区，同时也是热门旅游景区，保留有全国重点文物保护单位——白族传统民居建筑群，以及国家级非遗项目——白族民居彩绘。在旅游业发展的同时，当地遵循实验区对传统民居、建筑以及自然环境保护提出的严格要求：一方面，维持古建筑的历史风貌并严格控制新修建筑的风貌，使其与喜洲古镇的整体风格保持一致；另一方面，对稻田土地进行管控，保留了大片的田园景观。如今的喜洲古镇

图2　彝族打歌活动（来源：大理文化生态保护实验区数据库　杨鸿摄）

图3　喜洲古镇早市的游客与当地人（苏俊杰摄）　　　　图4　游客经过喜洲古镇的稻田（苏俊杰摄）

呈现出传统与现代结合的乡村田园景象，古镇内游人与居民和谐共处，古镇外的稻田里游人在田野里拍照打卡，共同构成了文化生态保护区"见人见物见生活"的现实写照。

（4）组织建设

整体性保护是保护区所秉持的核心理念，这需要建设单位设立统一的管理委员会或搭建多方沟通机制，例如政府各部门间、政府与企业间、政府与社区间的沟通机制等。这些协调机制的运作有利于提高地方政府的多元文化治理和服务能力，完善乡村文化治理体系。以大理为例，大理州为推进实验区建设成立了实验区各级建设领导小组，12个县、市全部成立了非遗中心。同时，为加强企业、政府与传承人的联系，政府鼓励行业协会的创立。在2021年调研期间，不仅大理州非遗保护传承协会在创议中，周城等地也在商议成立针对某项非遗的行业协会。这些机构的设立增强了各乡镇政府与企业、社会组织和传承人的联系，便于将这些主体纳入到文化治理主体中，提高地方的文化治理能力，完善乡村文化治理体系。

**2.文化生态保护区推进乡村振兴的困难**

（1）实验区建设与乡村振兴的联动机制薄弱

虽然大理文化生态保护实验区的建设可以从诸

图5　薄技在的羊毛毡和甲马文创产品
（苏俊杰摄）

多方面推进乡村振兴，但是这种促进作用往往是作为实验区建设的"副产品"出现。当前乡村振兴与实验区建设工作尚未建立起联动机制，主要责任单位间缺乏直接、高效的沟通，只能通过间接的方式相互配合。在2021年调研期间，大理州非遗中心主任提到："非遗在乡村振兴中的作用非常大，但是非遗中心管不了乡村振兴，现在是多头管理"。如果非遗中心能够以更加直接、全面的方式参与到州的乡村振兴工作中，那么实验区助力乡村振兴的效果将有更加明显的提升。

（2）传承人参与能力不足

通过非遗的利用带动产业发展需要传承人具有较强的市场运营能力，包括设计能力、阐释能力、营销能力等，但显然不是所有的传承人都具备。以手工技艺类非遗为例，文创产品被认为是将传统手工艺推向现代市场的有效手段，因此，很多传承人利用自己掌握的技艺开发文创产品。但在调研中发现，许多传承人设计的文创产品不能很好地与市场结合、贴合消费者的需求。在调研中，作者先后从大理周城的"芸作""蓝续"、喜洲古镇的"薄技在"等非遗品牌的主理人口中听到类似"产品的创新很难""不知道如何与市场结合"这样的表述。可见，如何将非遗与市场需求相结合形成产业是摆在诸多传承人面前的难题。

## 三、总结

### 1.作为社区发展途径的非遗

文化生态保护区之所以能够参与乡村振兴，原因在于作为保护区核心的非遗对于乡村的发展有着全面的推动作用。多年来，政府部门、部分专家学者及非遗工作者将非遗视作静态的等待保护的"对象"，而忽略了非遗具有的活态性特征，以及非遗与人、社区的密切联系。这种观念既是受到物质文化遗产保护理念影响的结果，同时也是对传统"真实性"的一味追求所导致的[7]。事实上，联合国教科文组织尤其强调非遗在实现可持续发展方面的作用。2015年UNESCO发布的《非物质文化遗产与可持续发展》报告，从包容性社会发展、环境可持续性、包容性经济发展、和平与安全四个维度说明"非遗能够有效地为实现各个维度的可持续发展做贡献，同时满足可持续发展的和平与安全的先决条件"[8]。在中国语境下，非遗保护工作应当成为乡村振兴、文化强国战略、地方经济和社会可持续发展的"途径"，而不应该作为一个静态的、孤立的保护"对象"。

### 2.对文化生态保护区之外地区的启示

自2007年我国首个国家级文化生态保护区——闽南文化生态保护实验区成立至今，全国已先后成立24个国家级文化生态实验区。相较于我国广袤的乡村面积而言，这24个保护区与实验区只囊括了其中的一部分。尽管如此，文化生态保护区的思路和理念仍然可以为其他地区所借鉴。

从思路看，保护区的主旨就是要通过非遗保护促进人和社区的综合发展。文化生态保护区的十六字目标"遗产丰富、氛围浓厚、特色鲜明、民众受益"中的民众受益直指社区居民的参与感、获得感和幸福感的增强。强调民众受益，是因为非遗是由人所创造的，非遗的保护与传承工作最终都应该指向创造它们的人，只有如此，非遗才能够获得延续发展。另一方面，由于非遗是在民众的生产生活实践中产生的，只有人的持续参与才能够保证遗产丰富、氛围浓厚和特色鲜明的目标的实现。因此，通过产生于人的非遗来促进人和社区的综合全面发展是保护区的初衷所在。

从理念看，文化生态保护区与以往文物保护最大的不同便是从单项保护走向整体保护。整体性保护的推行是因为非遗并非独立存在的事物，还涉及人地关系和社会关系。国外已经有不少学者从人、物、地方的动态关系来探讨文化遗产的概念和形成过程[9]，非遗，自然也是人、物质、环境综合作用下产生的文化现象。同时，整体性保护要求保护单位具有更强的资源整合能力和工作协调能力，从而使得非遗保护工作可以同政府的其他工作，如乡村振兴、教育、社会发展等相协调，在合力共治中实现多重目标。

## 注释

[1]《中共中央国务院关于实施乡村振兴战略的意见》，《人民日报》，2018年2月5日第1版。

[2] 见《中华人民共和国乡村振兴促进法》，资料来源：http：//www.npc.gov.cn/npc/c30834/202104/8777a961929c4757935ed2826ba967fd.shtml。

[3] 见《关于进一步加强非物质文化遗产保护工作的意见》，资料来源：http：//www.gov.cn/zhengce/2021-08/12/content_5630974.htm。

[4] 见《国家级文化生态保护区管理办法》，资料来源：http：//www.gov.cn/xinwen/2018-12/25/content_5352070.htm

[5] 见文化和旅游部关于贯彻落实《国家级文化生态保护区管理办法》的通知，资料来源：http：//www.gov.cn/xinwen/2019-03/19/content_5374953.htm。

[6] 见《上关不仅有花，还有它——大理文化生态保护实验区白族服饰传习所》，资料来源：http：//dlwhsjk-szwhg.chaoxing.com/portal6/category/read/？id=2032

[7] 苏俊杰，Conceptualising the Subjective Authenticity of Intangible Cultural Heritage（非物质文化遗产主观真实性的概念构建），International Journal of Heritage Studies（遗产研究国际期刊），2018年第24卷第9期。

[8] UNESCO. Intangible cultural heritage and sustainable development.2015.详见联合国教科文组织：https：//unesdoc.unesco.org/ark：/48223/pf0000243402。

[9] JONES S，JEFFREY S，MAXWELL M，HALE A，JONES C. 3D Heritage Visualisation and the Negotiation of Authenticity：the ACCORD Project[J]，International Journal of Heritage Studies，2017，24（4）：333-353。

# 建设千家乡村博物馆背景下，"乡村振兴与古村镇"的实践与思考

## ——以浙江省天台县大横村为例

汤春山*

**摘　要：**天台是一个传统的农业地区，古村落分布较广，民俗和民间文化遗产十分丰富，在浙江省文旅厅宣布建设1000家乡村博物馆的背景下，如何抓好天台的乡村振兴村镇历史文化保护和发展，具有十分重要的意义。本文从数字化改革，制定规划，创新政策，建立机构，合理利用进行阐述，提出了自己的观点。

**关键词：**建设乡村博物馆　乡村振兴与古村镇　浙江实践与思考

近日，浙江省文旅厅印发了《推进文化和旅游高质量发展服务共同富裕示范区建设行动计划（2021～2025年）》。《计划》明确，实施博物馆质量提升"一十百千"计划，争创1家世界一流博物馆，建设国内领先博物馆10家，国家等级博物馆总数达100家，建设乡村博物馆（展示馆）1000家。经过前期对天台县部分古村镇的调研，笔者认为，仅天台县大横村，就可考虑筹建至少四家专题馆：分别是汤学楚戏剧艺术纪念馆、中国佛石博物馆、天台抗战纪念馆、台州民营经济发展纪念馆。

天台县位于浙江省东中部，以境内天台山得名，东连宁海、三门，西接磐安，南邻仙居、临海，北界新昌。距省城杭州223公里，到宁波141公里。天台山脉由县西向东北蜿蜒，西南绵亘大雷山脉，形成四面环山，中部较平坦的丘陵盆地。

天台山"佛宗道源，山水神秀"，佛道文化源远流长。佛教的"天台宗"和道教的"南宗"都创于天台山。国清寺是天台宗的祖庭，桐柏宫是道教南宗的祖庭，天台被誉为东方的"耶路撒冷"。

## 一、条件与基础

### 1.大横村概况

大横村位于三合镇，地处天台县城东南部，距城关16公里，南北均以高山围绕，形成水往西流的

---

\* 汤春山，浙江省衢州市博物馆副馆长、文博研究员。

天台特色地貌。上三高速横贯全镇，并在镇区还有出入口，具有明显的交通和区域优势。大横村共有大横和东明塘2个自然村组成，全村1030户，3297人。全村主要工业以橡胶经济为主，是全镇最早的"亿元村"。虽然历经风雨，但大横村街道巷陌的格局，及部分民居仍保存完好。村口树龄达500年的大樟树（当地人称"抱娘樟"）依然枝繁叶茂，大横溪上的清代石拱桥（图1）虽已废弃多年，桥身几乎全被植物覆盖，倒也成为一道别致的乡村景观。

天台民居，多聚集而居，形成村落，不少村落按宗族组织，一村一族或一村数族。大横村以汤姓为多，据《大横村志》记载，南宋时由青田迁徙而来，其他姓氏如陈、应、叶等。村落总体朝南向阳，民舍一般朝南或东南，利于采光通风，有"屋朝南，儿孙福"之谚。也有忌正南者，认为正南为神庙所向，住宅宜朝向微偏。传说住宅格局，富户多取院堂式，前庭后园，环以围墙，入门为庭，升阶为堂，正中为堂屋，两侧为居室，一般不开大窗，称"明厅暗房"。天井称为"道地"或"门堂"。也有数户成一院落的。楼屋一般取畚斗楼式，垂檐出桷，楼后不开窗。农家大多为平屋或矮楼。就地取材，多数木结构。山区常以泥土垒打成墙，或以块石、卵石砌墙，平原多砖墙或片石墙（图2、3），许多民居为浙东四合院形式，采用有台州特色的石窗（图4），具有很强的浙东地域建筑特点。

天台是一个传统的山区农业地区，古村落数量较多，民俗和民间文化遗产十分丰富。然而，在"活化"利用方面并没有形成属于自己的特色产业，人们往往只是到此游一趟，对于古村落的印象只停留在古色古香的建筑、柔和的水乡。对天台县三合乡大横村而言，如何打造出有自身特点的特色古村镇？笔者认为：抓住浙江省文旅厅新建1000座乡村博物馆的

图1　大横溪清代石拱桥

图2　大横村民国汤氏民居天井、片石墙

契机，以三合乡大横村古村落为依托，挖掘当地特有的历史、人物、自然资源，筹建汤学楚戏剧艺术馆、中国佛石博物馆、天台抗战纪念馆、台州民营经济发展纪念馆，走可持续发展的文旅融合、研学之路，具有天生的历史文化优势和产业优势。在乡村振兴中，做好古村镇历史文化遗产的传承保护，创新发展，突出乡村特色、地方特色，让"望得见山，看得见水，记得住乡愁"这一"天人合一"理念，在古村镇保护工作中得到体现。

## 2.汤学楚戏剧艺术馆

图3　大横村民国汤氏民居天井、片石墙

图4　大横村民国汤氏民居——天台石窗

大横籍戏剧编剧汤学楚研究员（1932年12月—2015年3月），是浙江省20世纪50年代戏剧编剧的代表人物。曾创作有越剧《泪洒相思地》《龙凤锁》《二度梅》《沈清传》《回春缘》等几十部戏剧作品，多部作品在戏剧演出市场上连续演出几百场，场场爆满，曾获"国际新剧目奖"、"田汉戏剧奖"，和顾锡东、钱法成、魏娥、胡小亥、沈祖安等被《中国戏曲志》誉为新中国成立后浙江省七个半剧作家之一。一生从事戏剧创作60余年，顾锡东先生曾评价说"衢州汤学楚资格最老，写戏最早。在五十年代便是杭州剧作家代表人物，到衢州许多年钟情于戏剧创作，热情如旧，好多佳作取材新颖，构思独特，文笔流畅，雅俗共赏。其故事性较强，为观众写戏而从不孤芳自赏。"汤老先生是大横村新中国成立后第一个大学生，是当地著名乡贤。可考虑修复汤氏民居，作为汤学楚戏剧艺术馆馆舍，传播中国优秀历史文化、传统文化。

### 3.中国佛石博物馆

据天台县委提供的资料，天台佛石，又名宝华石，百花石，花乳石、花药石、花蕊石，主要分布在天台宝华山。唐宋时期便名声远扬，元代画家王冕始力创用花乳石刻章。至明清时期，渐渐淡出人们的视线。2012年，天台佛石研究会成立，他们从档案馆、博物馆找到大量记载天台宝华石的资料。

2013年10月，西泠印社社务委员会认定，主产于浙江省天台县三合镇大横村的"天台佛石"宝华石为"印石之祖"。为此，中国美术学院教授，西泠印社执行社长、中国印学博物馆馆长刘江向天台县有关方面题赠"印石之祖"，并落款："天台宝华佛石，早在元代已开采使用"。

蔡树农、钱迈平等印石专家一致认为，天台山宝华石完全可以与传统的"四大印石"之鸡血石、青田石、寿山石、巴林石媲美，并与它们一起形成"五朵金花"。

近年来，研究会每年都会举行专题研讨会，通过走出去和请进来，天台宝华石的知名度不断扩大，"印石之祖"的品牌效应初步形成。目前，研究会正在筹建一块约一万平方米的石文化园，建一个集"参观、交流、研讨、交易"为一体的石文化交流平台，打响"印石之祖、佛石之乡"的品牌。

**4.天台抗战纪念馆**

抗战期间，因交通等原因，天台未曾被日军占领，民间至今流传着"天台天保佑，仙居仙保佑"的传说。但是，当日寇侵占了大半个中国的时候，天台百姓积极响应政府号召，报名参军，上前线杀敌。当年男丁人口只有10多万人的"济公故里"天台县，先后有7000多血性男儿同仇敌忾，组建天台抗日志愿兵团，共赴国难，浴血奋战，抵御外侮，谱写了一曲壮丽的凯歌。出现了兄弟争服兵役，父子同时报名的感人事迹，1939年，天台成为全省抗日征兵模范县。当时，大横及周边村子有一百多农家子弟参军，奔赴前线，可选择修改有代表性的古建筑，筹建抗战纪念馆，用于爱国主义教育。

**5.台州民营经济发展纪念馆**

大横籍民营企业家代表人物汤友钱，20世纪80年代初，从手工作坊起步，经过几十年奋斗，企业发展成上市公司——祥和实业。也是同期温、台地区民营经济发展的一个缩影。可考虑将其第一代老厂房旧址，开辟成台州民营经济发展纪念馆。

## 二、方案与建议

**1.发挥数字经济优势，做好顶层设计，推进数字化改革**

充分利用数字化手段消除城乡、地区发展差距，发挥数字化改革对共同富裕的放大、叠加和倍增效应。打造基于大数据的"数据采集+监测评价+决策实施+市场反馈"的闭环体系，为促进共同富裕提供数据分析和决策支撑。抓住建设1000家乡村博物馆（展示馆）的契机，完善文物、非遗手工艺作品、美术作品捐赠奖励制度，拓展藏品入藏渠道，鼓励群众向博物馆、纪念馆无偿捐赠藏品。

**2.加强田野调查，制定保护规划**

包括民俗学、风水学、历史学、非遗、村史等方面；制定古村落历史文化遗产和自然资源保护规划是保护工作的前提，更是传承的基础，要实行统一规划、统一管理，做到规划区内规划一张图、审批一支笔。由政府主导，组织规划和实施，实行文物、国土部门前置审批（至少应做到征求文物部门意见），对不符合遗产保护规划的项目，发改部门不予立项，规划部门不予选址，国土部门不予供地，确保规划区内所有项目按规划实施。

制定保护规划，应做好以下几方面工作：一是明确保护对象。村镇历史文化遗产是在村镇地域空间范围长期积淀形成的历史文化，主要是指古村落、古建筑、文保单位、文物藏品等；历史上与该村落有关的名人以及他们在村落内的活动情况等；民俗文化，包括地方文艺、民间风俗、饮食文化等。二是划定保护范围。对各级文保单位要划定绝对保护范围和重点保护范围。同时规划中要有保护的有关要求，要跳出村域概念，考虑与自然环境的协调，考虑与周边村、镇的整体联动规划；编制手段上，尽量引入竞争机制。三是结合不可移动文物"三普"成果，对村镇保护和整治规划的现状进行调查和分析。

### 3. 创新保护政策

以政府为主体，创新保护政策。遵循市场经济规律，确保文保单位的中心地位，是有效保护文物古迹，保护村镇历史文化遗产的必然选择。制定保护政策时，应慎重分析村镇中各个历史或纪念性文物建筑的内涵，整理建筑背后的故事，分级保护，使古村落保护和文保单位的保护协调统一。唯有如此，才能避免只孤立地保护几个文保单位，而对作为文保单位背景的成片的传统古村落进行"建设性"破坏。只有把历史文化延续性保护、建筑文脉合理继承，空间高度控制等措施和确保文保单位中心地位这一重点进行有机组合实施，才可能实现对传统古村落的有效保护。

作为浙江省级历史文化名城的天台，拥有众多的古村落资源。然而，体量庞大的文保单位、传统街区、古村落毕竟不是一件可收藏于橱间的古董。文保单位维修、古村落的改造、非物质文化遗产的传承都需要投入大量的资金。这笔经费从哪里来，按照传统的投资体制，全部由政府负责解决，显然不现实。那么，是一味地坐等上级拨款，还是在坚持以公共财政投入为主的同时，积极探索出一条符合当地实际的筹资渠道？笔者认为历史文化遗产的保护经费应以公共财政投入为主，同时多渠道引进资金，鼓励社会资本参与项目保护和建设。纯公益性项目，以财政拨款为主，政府直接投资；适合市场化运作的项目，可通过减免土地出让金、减免基础设施配套费、减免企业（个人）税收、实行土地划拨、政府补偿等方式予以优惠。

### 4. 建立专家咨询机构

在乡村博物馆建设中，从村镇历史文化遗产保护、管理角度而言，当务之急是组建大横村古村落保护专家咨询机构，为领导提供决策依据，从专业角度把关、防止和减少"建设性""保护性"破坏。如果有了一个经过相关专家论证的保护规划和方案，就会对保护思路、维修方案、管理要求等诸多方面给予明确的规范；许多问题就有可能被制止在萌芽状态或提前得到解决。笔者在2006年参加浙江省第5届文博论坛时，就明确提出《发挥博物馆优势，抓好新农村建设中衢州村镇历史文化遗产的保护》，并被收入论文集。时至今日，许多观点和建议，对其他古村落的保护仍有一定的现实指导意义。

### 5.合理开发利用

历史古村落和我国所有的农村一样，必然要走上发展的道路。除保护文保单位外，文物部门应有重点地保护若干古村落，把它们定为历史文化保护区或历史文化名镇名村并对外展示。对那些整体风貌已受到严重破坏的古村落，也应当采取有效措施从尊重历史、延续历史、传递历史的角度进行合理保护。

乡村振兴工作的快速发展，对村镇历史文化遗产的保护既带来了挑战，也带来了机遇。数量众多的文物建筑在发展旅游产业，尤其是以农家乐、乡村民宿经济为代表的乡村旅游中，越来越显示出其独特的不可替代的作用。在经历了开发初期的热潮后，许多农家乐景点相继陷入同质竞争的误区，因内容雷同、文化含量不高、配套服务脱节等因素造成游客人数下降，发展后劲不足的困难。笔者认为，大横古村落保护和建设不仅要突出物质空间的布局与设计，同时必须嫁接生态文化、传承历史文化、挖掘民俗文化。利用维修后的古建筑，举办反映当地本土文化的陈列，经营本地独有的土特名产、风味饮食、传统工艺品和民宿。结合"百县千碗"工程，做好古村落的传承与发展工作，形成自身的IP。随着张思村古村落的保护和开发利用，后岸农家乐的成功开发所引发的示范效应，目前，天台在这方面已有了良好的开端。

## 三、结语

乡村振兴和古村镇文化遗产的保护传承，创新发展。两者相辅相成，并不矛盾。习近平总书记在湖北鄂州市长港镇峒山村考察时指出：建设美丽乡村，是要给乡亲们造福，不能大拆大建，特别是古村落要保护好。村镇历史文化遗产的保护，尚是一门新兴的学科，在理论上有待深入探索，在实践中更需要不断总结。我们有理由相信：在"慎砍树、不填湖、少拆房""让居民望得见山，看得见水，记得住乡愁""要体现尊重自然，顺应自然，天人合一"的理念指导下，天台、浙江乃至全国的乡村振兴和古村落保护，必将再上一个新的台阶。

9月23日，浙江省乡村博物馆建设启动仪式在长兴县画溪街道竹元村举行。建设乡村博物馆被认为是留住乡村文化之根的一条好路子，浙江省被国家文物局列为全国三个乡村博物馆建设试点省份之一。为进一步提升全省乡村博物馆建设工作成效，努力为全国乡村博物馆建设形成可复制、可推广的有效经验，5年内建设1000家乡村博物馆的新目标，是文物系统积极助力乡村振兴战略实践和助推高质量发展建设共同富裕示范区的重要抓手，祝愿浙江省乡村博物馆建设早日取得标志性成果。

# 连州传统村落及其文化特征

黄友建*

**摘　要：**连州有十五个中国传统村落，这些村落各具特色，但都是中华传统文化与自然的完美结合，是我们共同的精神家园，在推进乡村振兴中应加以保护和利用。

**关键词：**传统村落　文化遗产　文化特征

## 一、传统村落的价值与特性

传统村落，古又称古村落，指村落形成较早，保留了较大的历史沿革，拥有较丰富的文化与自然资源，建筑环境、建筑风貌、村落选址未有大的变动，具有独特民俗民风、突出的文明价值和传承的意义，至今仍为人们服务的村落。传统村落中蕴藏着丰富的历史信息和文化景观，是中国农耕文明留下的最大遗产。

图1　丰阳镇丰阳古村吴氏宗祠

---

\* 黄友建，广东省民间文艺家协会会员、广东省珠江文化研究会会员、连州市政协副主席。

传统村落是一种生活生产中的遗产，包含着传统的生产和生活。传统村落兼有物质与非物质文化遗产特性，两类遗产在传统村落里互相融合，互相依存，在乡土建筑和历史景观中蕴存着村落灵魂性的精神文化内涵。传统村落的建筑是乡土建筑，不断地修缮乃至更新，不会是某个时代风格一致的古建筑群，而是斑驳而丰富地呈现着它动态的嬗变的历史进程，是活态和立体的。传统村落是生产和生活的基地，是社会构成最基层的单位，是农村社区。传统村落面临着改善与发展，直接关系着村落居民生活质量的提高，保护必须与发展相结合。传统村落的精神遗产中，不仅包括各类"非遗"，还有大量独特的历史记忆、宗族传衍、俚语方言、乡约乡规、生产方式等，它们作为一种独特的精神文化内涵，因村落的存在而存在，并使村落传统厚重鲜活，还是村落中各种"非遗"不能脱离的"生命土壤"。

## 二、连州传统村落概况

连州市共有自然村落一千七百多个，经广东省民间艺术家协会评定的古村落有三十一个，其中经中国民间艺术家协会评定的传统村落有十五个，是广东省获传统村落最多的县（市区）。这些传统村落都具有明显的文化遗产特性。

丰阳镇丰阳村，南唐征南元戎吴敬元的隐居地。北宋咸平三年（1000），吴敬元的孙子吴世范中了进士，后官至河南监察御史，朝散大夫。这里处处散发着古代出将入相、文治武功的中华文化气息。村中一条石板古街，连接若干小巷，古街和小巷两边的建筑，是村民生活居所，外有围墙围住，围墙加戍楼是村民防兵灾匪患的体系。道明清时期，这里又是通往湘南、桂东的古商埠，围墙外一条河卵石古街，两边林列着商铺，是迎接南来北往商客做买卖的场所。这种前店后村的生产生活相融合的特征，在这里充分显现。一幢"丰溪古庙"，坐落在商铺街中段，始建于宋代，历经修缮，庙中的石柱、木柱、门框镌

图2　丰阳镇丰阳古村古戏台

刻着楹联，柱础、门当附着精致的石雕，庙中供奉着始祖吴敬元和进士吴世范，两位文武神像。与古庙相对的，是一古戏台，每逢盛日，村中或周边村的戏班，甚至湘南在此唱祈剧。村中有三间祠堂，分别是吴氏宗祠、学忠公祠、胜求公祠。吴氏宗祠是丰阳村吴氏的众祠，门当是一对狻猊坐在矩形石块上，狻猊背着鼓，鼓的两侧镌雕凤凰呈祥的图案，鼓的内侧分别刻有"日""月"，狻猊柱础上支撑着石柱，石柱、门框镌刻着楹联，狻猊的头向前斜对视，前墙顶绘有"福禄寿全"等图。公祠为分宗祠，建筑就没那么精致了。在围墙的东、南、西、北面且与围墙相连的，是四座门楼，门洞上上分别嵌有"紫气长辉""南极星辉""奎娄毓秀""光华复旦"石匾。与门楼相连接围墙段为内圆弧，门楼外为外圆弧门台，地面用河卵石嵌贴古铜钱图案。门楼二楼悬挂着铸铁古钟，古钟刻有"风调雨顺 国泰民安"等字，分别供奉着的至圣先师、神武圣帝、南海观世音、北帝圣君。古庙、宗祠、门楼的墙壁上嵌贴着石碑，杂物间也堆放着石碑。商铺街的尽头，立着香树亭，凉亭由两列八根石柱支撑四榀木屋架，石柱内侧镌刻着三副楹联，第二排石柱内侧镌刻着建凉亭记。丰阳村还有流传千年的美味佳肴熏牛肉干，被评为广东省

图3 保安镇卿罡村龙泉井龙泉喷珠

非物质文化遗产。

大路边镇山洲村，是何、唐与张三姓合居的粤湘边陲古堡。高大坚固的古城墙和铁门楼，和《构门楼记》《本州主徐公美批语》的石碑，向人们述说着明隆庆、万历年间的社会动乱，村民建防御兵灾匪患工程，牵动着时为知州徐美的心，作亲笔批示，并莅临指导。山洲村历来重视记录，村中堆放着大量石碑，其中最引人注意的《垂鉴碑》，记录崇祯年间司弓兵贪赃枉法而受惩处，知州王立准指示"勒碑镌石，以示永久，如有仍蹈覆辙，当抚碑思鉴"。村中的康庄石街和建筑物附着的精致石雕，表明山洲村历来富裕。村前有饮虹桥、栖凤桥。

保安镇卿罡村按北斗星宿布局，东、西、南、北四座门楼分别命名为"天枢""天璇""天机""天权"，也对应这四颗星宿的位置。"龙泉喷珠"井居于村中心位置，是北斗星宿的"斗"中央。唐氏宗祠中悬挂着"金马世第"牌匾，彰显着唐氏先祖北宋时期唐元"公孙三进士"的辉煌。黄氏宗祠中悬挂着"硕德遐龄"牌匾，表明黄氏族人富裕，彰显着黄氏族人为富乐施的精神。

图4　西岸镇石兰寨村岳荣岭岳家军营垒遗址

西岸镇冲口村，有一座门楼，悬挂着"双桂坊"牌匾，据《连州志》记载："天圣丁卯（1027）科王尧臣榜，黄象元、陈铨、陈铸"，陈铨、陈铸是兄弟俩，冲口村人。"双桂"是双双折桂的意思，"双桂坊"就是纪念北宋时期，陈氏先祖"兄弟俩同榜及第"这一辉煌事件的。在离"双桂坊"不远处，有一座门楼，悬挂着"崇德坊"牌匾。陈氏宗祠悬挂着"名登仕殿"牌匾。祠堂内镶清乾隆元年的（1736）《鼎建双桂宗祠》、清乾隆四十八年（1783）《始建凉亭碑记》、清乾隆四十九年（1784）《置买尝田碑记》、清乾隆五十年（1785）《油凉亭砌地台同碑》、清道光二十六年（1846）《捐地碑》、清道光三十年（1850）的《置买碑记》、清同治元年（1867）《禁砍伐树木碑》、清光绪五年（1879）《重建宗祠碑记》各一通。宗祠总体布局完整，有鲜明的岭南艺术风格。陈氏宗祠前墙顶端作灰沙浮雕。

西岸镇石兰寨村，因村后岳荣岭而闻名。岳荣岭上有古堡遗迹，据《连州志》记载：岭上岩石有"大宋绍兴二年夏四月，岳飞大元帅由桂岭移扎岳荣岭"摩崖石刻，据《宋史·岳飞传》载：岳飞时权知潭州、兼权荆湖东路安抚都总管，奉诏剿曹成，各路大军自贺州追剿曹成至连州会师，并连州招降曹成。在"积元首著"门楼上悬挂着"旨赏顶戴蓝翎"牌匾，牌匾有小字"咸丰九年，六品候补把总黄国俊恭承"标注。在"兰桂里"门楼上悬挂着"进士"牌匾。

星子镇黄村，按"太极八卦图"布局，村中央的水井代表"八卦"图的"阴阳鱼"，村中巷道环绕水井分八个方位，按八卦分布，并在同一方位的房子的门洞上刻有同一乾坤符号，分别为八卦。黄村流传着一种名叫"十样锦"久远古老的音乐。

大路边镇凤头岭村，紧临湖南省宜章县黄沙堡，古道穿村中而过，《宋史·岳飞传》载："成率士卒十万守蓬头岭"，在本地方言中，"蓬""凤"同音。1931年1月，邓小平率红七军过连州，在凤头岭与

图5 连州镇沙坊村晒沙坊粉

有1000多人的"湖南铲共义勇队"遭遇，并发生战斗，邓小平的《七军工作报告》对此事有记录。《连州志》记载，在明清社会动荡的时期，过连州军队一队兵马往往几万甚至十万，很难想象凤头岭村是如何躲避兵灾匪祸的，据村民反映，距村不远有一岩洞，口小洞大，内可容纳几百人，常年清溪潺潺潺长流，想必此岩洞在村民防兵灾匪祸起了至关重要作用。村前有"种福亭"，村后有"知止亭"，知止亭墙壁上嵌贴着石碑，《鼎建凤头岭凉亭碑》《重修知止亭碑记》。

西岸镇马带村，是北宋时期"公孙三进士"主人翁唐元的居住地，唐氏宗祠尽显崇文精神。宗祠对面是唐朝建筑风貌的古戏台。

连州镇沙坊村，是五代连州籍进士，官至水部员外郎石文德的故乡。沙坊村流传着一种名叫"沙坊粉"久远古老的美食，被评为广东省非物质文化遗产。

龙坪镇元壁村，是五代连州籍进士，宋初官累迁刑部尚书李廷琪的故乡。村前有彩虹桥，桥头立着方形石碑，告诉人们该桥既是方便人民生活生产的需要，也是调节村风水的需要。

星子镇大元村，背靠矮山，村前碧绿溪流环绕，自然风光秀丽。黄氏宗祠供奉着昭王公，唐朝都统大将军黄师皓的神像。门楼悬挂"状元及第"牌匾，清嘉庆元年（1796）潮州籍武状元黄仁勇，与大元村有较深的宗族关系，彰显着大元村崇文尚武的精神。

星子镇澭塘村，是明清时期澭塘保所在地，宅地属燕子筑窝形，居住着南朝宋连州太守邓鲁的后裔，邓鲁首筑连州城。每年正月二十，村民都举行盛大活动，隆重庆祝邓氏宗族传统节日"二十祀封"节，纪念先祖邓鲁受封为连州太守之日。

西江镇南坪村，位青山翠谷深处，自然风光秀丽。宅地属犀牛回栏形。与东山山巅的明朝建文帝行宫（东岳行宫）遥相对望，是东岳行宫的哨站。村中还保留打醮的习俗。

大路边镇大路边村，村民绝大部分姓成。元末，成氏始祖路经此地，发现此地风水较好，便择地而居。村中祠堂较多，族谱较完整。大路边村历来崇文风气浓厚，村民中广为流传的故事是清初道南公炼字救父的故事。据《成氏族谱》载，清康熙年间（1661～1722），大路边族人成国翰致富之后，在州城十字街自置房产一处，用以作大路边村的试馆，供族人在连州备考用。清乾隆五十九年（1794），在村前成氏培英书院，供族人读书，至民国，村中子弟小学毕业者，十之八九。五四运动时，族人成宪孟是北京大学的学生干部，在北京接受先进思想。后成宪孟的儿子成崇正，带领村民闹革命，村中过半青年参加革命，大路边村成为光荣之村。

东陂镇百家城村，缘于明清的古寨，建于山间谷地，村前是广阔的四甲垌田野，一条山间溪涧自西北流进南边的山脚岩洞。李氏人家遵行"白手起家，清白传家"的古训，又在村子四周建起了城墙，把村子围成一个城堡，故取名"白家城"。"九月九拜神送神"，是白家城村除春节外最盛大的节日，已经成为固定节庆日，晚上举行"舞火猫"活动。

## 三、连州传统村落的文化特征

从连州传统村落，可以读出连州古村落的淳朴文化。

### 1. 风水特征

中国传统观念中，山之南水之北为阳。负阴抱阳要求基址坐北朝南，背后有主山称来龙山，作为背后的屏障。山势向前面两侧延伸，连接到左辅右弼又称青龙白虎山。村前有水环绕，称之为去脉。风水布局上因地制宜，就势而为，讲究美学，合乎自然。风水制局上逢空则挡，如照壁；遇冲则阻，如石敢当或泰山石敢当，也有用桥和亭调制风水。

### 2. 建筑风格

连州古建筑风格主要是湘南风格，建筑中有天井，普遍两进，也有三进甚至四进。最明显的是山墙反弓形，檐口上翘，有的置一雕品如囚牛、凤。屋脊平直，有的中置双龙戏球或双狮戏球。挑檐多平直，讲究的作鱼龙形，雕鳞纹。石柱础多圆鼓形，也有六边形，讲究的用瑞兽。多用木柱、少部分用石柱。门楣、窗扇、屏风用木雕，多数平刻，也有少部分门楣用镂刻。坎石两端石块突出墙外，墙角放防撞石块，这些石块的侧面往往雕瑞兽、或吉祥画图纹，十分精致。户对一般刻八卦符号，以乾坤为主。门楼和宗祠前墙顶端，多绘彩图并配以诗词，内容为瑞兽、八仙、福寿禄和田园风光，南宋诗人范成大的诗常被采用。清末民国时期，有少部分建筑是岭南风格。

### 3. 楹联文化

门楼、宗祠和古庙大门两侧，及每对柱均有楹联，木门木柱楹联挂木板写或镂刻，石门石柱楹联则直接镂刻石门石柱侧面。楹联表达了人民一种辟邪除灾、迎祥纳福的美好愿望，要求言简意深，对仗工整，平仄协调，字数相同，结构相同，是中文语言的独特的艺术形式，楹联作为一种习俗，是中华传统文化的瑰宝。如"丰溪古庙"的三对楹联，"庙宇宏开垂万古，英灵远播镇三连""革故鼎新庙貌巍峨观大壮，乾旋坤转神恩浩荡益同人""虎踞龙蟠喜今日崇基丕焕，凤毛麟趾翼他时锡福无疆"。仔细品读楹联，可知当地当时的文化水平。

### 4. 石碑文化

连州传统村落存放着大量的石碑，石碑的内容大部分是某某建筑物的鼎建记或重修记；也有《置买尝田碑记》，记录买蒸尝田的事、田所在位置和亩数、蒸尝田租的使用等；也有像《垂鉴碑》《禁砍伐树木碑》等的禁鉴碑。

此外还有牌匾文化、祠堂文化、族谱文化，以及娱乐、工艺、饮食、习俗等民俗文化等等。

## 四、在推进乡村振兴中加以保护与利用

习近平总书记在党的十九大报告中指出，要推动中华优秀传统文化创造性转化、创新性发展。以传

统村落为典型代表的中国优秀传统文化是中华民族共同的精神家园，是中华民族的文化基因，是我们的根和魂。保护好传统村落，既是全面建成小康社会的内在要求，又是乡村振兴、满足农民群众精神文化需求的时代要求。同时，对于促进优秀传统文化创造性转化和创新性发展，使中华民族最基本的文化基因与当代文化相适应、与现代经济发展、生态宜居、乡风文明建设和美丽乡村相协调具有重要的现实意义和时代价值。

# 明清古寨白家城村的历史、现状及保护设想

张久灵*

**摘　要：** 明清古寨白家城村，已有500多年的历史。村子周围环境优美，景色宜人，与连州市地下河5A级风景区毗邻。乡土文化丰富多彩，九月九拜神送神舞火猫极有特色，酿造米酒，远近闻名，民间传说，纯朴感人。多样化的历史遗存，见证村子深厚的文化底蕴，是广东省古村落和中国传统村落。现有门楼和炮楼各2座、宗祠有1座、古民居130多栋，以及私塾"树滋堂"、狮子寨城墙遗址、石板古道、碑刻、楹联等诸多古建筑和文物。制定保护规划，及时对该村进行保护、修缮和开发，刻不容缓。

**关键词：** 连州市　白家城　明清古寨　保护设想　修缮开发


## 一、村名由来及历史沿革

明清古寨白家城村，位于广东省清远市连州市东陂镇的东北面，距离东陂镇政府约5公里。村子建于山间谷地，村里古屋俨然，多为明清建筑，砖木结构，青砖黛瓦，飞檐翘角，门窗做工考究，图案精美。街巷多是青石板铺设，井然有序。

村子周围环境优美，景色宜人。村前是广阔的四甲垌田野，一条山间溪涧自西北流进南边的山脚岩洞，是连州市地下河的源头。村子背靠东边连绵不断的龙山山脉，山上怪石嶙峋，险峻异常；古木参天，郁郁葱葱。村子的西南方，有三个串联在一起的幽深岩洞：宝塔岩、绿翠岩、洗身岩，旁边还有一座天生的石桥，长约50米，横卧在溪涧上，是粤北独一无二的雄伟景观。岩洞和石桥紧挨着连州市地下河5A级风景区。

白家城村主要有黎、李两姓人家。黎姓人家是在明朝永乐丙申年（1416）从丰阳镇沙坪村迁移至本地居住的，比李氏人家早了五十多年。李姓人家原居住地在清远市阳山县水井乡大成江村，因大成江村人多地少，生活艰难，李氏始祖的三个儿子，跟着寡母外出寻求发展之地，途经此地，看到龙山山脉下山青水秀，环境优美，于是便在明朝成化三年（1467），全家搬迁至此地，定居下来。

在500多年的漫长岁月中，因为李氏子孙繁衍迅速，村子逐渐变成了以李氏人家为主的村庄。李氏人

---

* 张久灵，广东省清远市连州市历史文化研究会副会长。

家遵行"白手起家，清白传家"的古训，又在村子四周建起了城墙，把村子围成一个城堡，故取名"白家城"。

图1　白家城村村貌

白家城村在明朝，属连州仁内乡；清同治年间，属连州朱冈司东陂观堡；民国时期，属连县第三区东和乡；中华人民共和国成立后，属连县第三区卫民乡；1958年11月，属连阳各族自治县东陂公社；1961年10月，属连县东陂公社卫民大队；1983年，属连县东陂区卫民乡；1986年9月，属东陂镇卫民管理区；1994年至今，属连州市东陂镇卫民行政村。村子现有户籍人口700多人。村民都是汉族，世居民系为广府民系，通用方言为粤方言四会话。

## 二、乡土文化丰富多彩

### 1.九月九拜神送神舞火猫

"九月九拜神送神"，是白家城村除春节外最盛大的节日，已经成为固定节庆日。每年此日，散落各地的李氏后裔、出嫁的老少姑娘及亲戚朋友，都会回来叙旧庆贺，家家杀鸡宰鸭，煮糍蒸粉，燃放鞭炮，非常热闹。

这一天，会将村中的始祖婆神像，焚香膜拜后，送回娘家去供奉，到冬至时再接回来。晚上就是"舞火猫"活动。

舞火猫它是该村独特的民间艺术。火猫，分猫头、猫尾两部分，用竹篾扎成外形，用白布或纸张糊裱，涂上颜色，或黄、或黑，构成黄白或黑白相间的花纹，猫眼突现，猫嘴两侧镶扎铅线作胡须，獠牙披露，形象逼真，舞动起来虎虎生威。

舞火猫需要十多人参与，均头戴小斗笠，身穿短裤，脚着草鞋，在激越的锣鼓声中赤膊上阵。舞火猫需要观众烧鞭炮助兴，鞭炮烧得越多，舞猫者兴致就越高。在声如惊雷，光似流星的炮仗阵中，火猫左冲右突，闪来跳去，毫不畏惧，英勇顽强，只为博取观众的欢呼喝彩，烘托节日气氛。

**2. 酿造米酒，远近闻名**

白家城村酿酒历史久远，古老的酿酒工艺，在村中代代相传。村民使用大米酿出低度的米酒，首先是把它作为一门生意来经营；二是供自己饮用；三是用来招待八方来客；四是作为礼品赠送给亲朋戚友，自古以来，连州的地方官员，都以能喝上白家城村酿造的米酒为荣。

图2　白家城村福荫陇西门楼

### 3.民间传说，纯朴感人

（1）出米柜和出酒筒

在村子的后山上，有一块大石头上，石头上有两个小孔。传说左边的一个会出米，叫"出米柜"，右边那个会出酒，叫"出酒筒"。在饥荒的时候，人们拿碗放到出米柜小孔前，小孔会根据乞米者家庭的人数，泄漏出这个家庭够吃一天的米；把酒瓶放到出酒孔前，小孔也会流出乞酒者够喝一天的酒。乞讨者也不贪心，装完米和酒便下山了。

不知道过了多久，这一天山上来了一个外地的乞丐，觉得小孔流出的米和酒太少，认为是孔口太小，于是，他便找来铁锹，把孔口敲凿得很大，他以为把孔口凿大了，流出的米和酒就会多起来。谁知道孔口凿大了，不但没有流出更多的米和酒，反而从此再也没有一粒米和一滴酒酒流出来了。那两个小孔今天还在，只是没有米和酒流出了。

（2）石契妈。

在村子的后山上，有一块形状似人头的大石头，传说非常有灵性，能够为人消灾灭祸，自古以来，村民的孩子出生后，都会带上来认此石头做"契妈"（干妈），祈求石头保护孩子健康成长。

## 三、历史遗存，见证村子深厚的文化底蕴

白家城村现有门楼两座，"福荫陇西门楼"和"太学第门楼"。代表性的门楼为"福荫陇西门楼"，始建于明朝年间，重建于清道光丁酉年（1837）。门楼为砖阁檀架构单间二层楼建筑，通面阔三间10.07米，进深8.63米，建筑面积87平方米，硬山顶，上为阴阳板瓦面，以板瓦叠砌正脊；四角飞檐。门楼底脚用青砖青石砌筑，基础用大块青石砌筑，石角柱雕有八大法宝图案，石砌台阶，素面石门枕，楼道青石板铺就，两侧设有石桥凳；门呈券顶形，门额上镶有两块石匾，分别为阴刻的"福荫陇西"和"白家城"，无上下款；檐下彩绘花鸟人物诗词，设左右圆窗。门楼东西端接挡风墙。门楼前面有半圆形地坪，用青石铺就；地坪前是半月形水塘。

现存宗祠有1座，为"李氏宗祠"，始建于乾隆乙未年（1775），重修于道光丁酉年（1873），占地面积384平方米。

现存古民居130多栋。古民居连片建设，布局规整，从村后到村前，地势平缓，层次不明显。传统民居为广府民居，代表性民居有"太学第"，建于清朝光绪丙子年（1876），占地面积200平方米，保存完好。

现存东、西两座炮楼，均始建于同治甲子年（1864）。

现存私塾（学堂）有"树滋堂"（现叫礼堂），始建于乾隆十一年（1747）。

狮子寨城墙遗址。遗址位于村子后龙山上，有宽约2米的石板古道连接，距离村子约200米，用巨石砌筑，还有长约30米的墙体残存，修建年代不可考，主要功能是用于防匪避难，居高临下，易守难攻。

狮子寨旁边建有一条石板古道，连通大口岩，作为狮子寨守不住时的退路。

代表性碑刻有：《门楼碑记》，立于雍正五年（1727），现存于村子礼堂楼上；有《创建宗祠总碑》、《重建祖堂》立于清朝道光二十一年（1841），现存于李氏祠堂；有《重修宗祠并门楼碑记》，立于清朝咸丰六年（1856），现存于李氏祠堂。

代表性楹联"书香传一脉，祠飨报千秋"、"白立言纲立功丹青驰誉，家培俊城培杰兄弟留芳"，现存于李氏祠堂。代表性匾额有"树滋堂"，书于乾隆十一年（1747），现存于村子礼堂。

图3　白家城村李氏宗祠

该村2010年3月被清远市市委、市政府评为"生态文明村"。2010年6月被广东省爱国卫生运动委员会评为"广东省卫生村"。2011年11月被广东省住房和城乡建设厅评为"广东省宜居示范村"。2012年7月被认定为广东省第三批古村落。2014年10月被列入第三批中国传统村落名录。

## 四、保护设想

### （一）设想的由来

传统村落传承着中华民族的历史记忆、生产生活智慧、文化艺术结晶和民族地域特色，维系着中华文明的根，寄托着中华各族儿女的乡愁。但是，我国传统村落遭到破坏的状况已经日益严峻，加强传统村落的保护迫在眉睫。自2012年来，住房城乡建设部、文化部、财政部组织开展了传统村落保护发展工作，公布了5批共6799个传统村落名录，并提出了《关于加强传统村落保护发展工作的指导意见》（建村〔2012〕184号）、《关于做好2013年中国传统村落保护发展工作的通知》（建村〔2013〕102号）和《关于切实加强中国传统村落保护的指导意见》（建村〔2014〕61号）的相关要求。

传统村落是不可再生的宝贵历史文化资源。通过研究村落的历史文献及现场实地的考察，在建立对白家城村本身文化特性以及文化内涵的基础上，去编制保护规划，充分挖掘和发扬白家城村的传统文化，解构白家城村特定乡风民俗，使白家城村传承的意义进一步明晰，在保护的基础上再制定发展规划，实现白家城村社会效益、经济效益和文化效益三者的共赢。

（二）保护的原则

**1. 确保对物质文化遗产价值的尊重**

（1）坚持保护为主、兼顾发展的原则。在保护的前提下，有效地挖掘其蕴含的历史、艺术、科学价值，充分发挥传统村落的公共文化服务、精神滋养和社会教育功能。

（2）完整性、真实性、延续性原则。保护的基本要求是：保持传统村落的完整性；保持传统村落的真实性；保持传统村落的延续性。

（3）分级保护的原则。对传统资源进行分类分级保护，对不同类型的传统资源区别对待，坚持科学保护、有效利用。

**2. 保护物质及非物质历史内容的真实性**

（1）尊重传统、活态传承。尊重传统村落原有的场所精神，坚持科学保护、活态传承，保护物质及非物质历史内容的真实性。

（2）动态保护、持续发展。必须正确处理好保护、开发和利用的关系。传统村落文化是不可再生的文化遗产，在旅游开发中应注重保护性开发、可持续性发展。规范开发的力度和深度，要站在坚持文化多样性、可持续发展的高度，来对待传统建筑文化的保护。

**3. 对村民生活质量的尊重**

（1）村民参与。坚持村民参与的原则，一是要使村民认识到传统资源在历史发展过程中的重要价值，发动村民积极配合保护工作；二是利用传统村落的文化内涵和品牌效应，广泛宣传，提高游客的文物保护意识。

（2）改善生活。保护的目的，是为了保证村内的建筑遗产不受破坏，为一定历史文化时期提供真实见证。但保护活动并不是静止不动的，也不是限制村落的经济发展，相反，健康适度的旅游开发等经济活动，在展示遗产风貌和筹集保护资金等方面，不仅不会对村落造成破坏，反而会起到积极的促进作用。

### （三）保护的目标、思路和层次划分

**1.保护目标**

针对白家城村整体村落的自然和文化历史的脉络，全方位保护村落的各项自然环境要素、传统风貌格局、传统建筑特征、历史环境要素特征、非物质文化遗产特征，维护传统村落原有风貌，进一步完善生活服务配套。在不破坏传统村落精神场所的前提下，提升村落人居环境的质量。

（1）完善保护体系，梳理村落文脉。以历史文化保护为核心，保护白家城村自然的山水格局，保存白家城村物质形态文化遗产，传承非物质形态文化遗产，延续古村历史文脉，构建山水与建筑共融、文化与特色并举、保护与利用齐飞的传统村落。

（2）改善居住环境，提升生活品质。通过改善村庄生态环境，改善古村居住环境，提升居民生活品质。

**2.保护思路**

（1）坚持以人为本，重视村落的原真性保护。重视村落生活的真实性，以保护原有的人文和传统生活氛围。

（2）明确保护对象，分类分级进行保护。制定保护计划，针对性地界定重点保护对象、整体保护对象、单体保护对象等。根据不同类别的传统资源的保护需求，制定保护传承的措施。

（3）划定保护区划，建立传统保护体系。根据历史风貌状况的不同，分为核心保护区、建设控制区、风貌协调区三个部分。

（4）坚持活态传承，促进可持续性保护。注重活态传承村落的物质和非物质文化遗产，保持遗产的真实性和完整性，促进传统资源可持续的保护，延续农耕文明和中华优秀传统。

**3.层次划分**

为了便于对保护对象的认定，可将白家城村保护层次划分为村域层面、村庄层面、单体层面、非物质文化遗产四个层面。

（1）村域层面。①与村落相互依存的村域内的自然山水、自然景观和环境要素；②村域内重要天际线和景观视廊；③村域范围内，与村落集中区、不集中连片的传统建筑和历史环境要素。

（2）村庄层面。①对村落集中区风貌有较大影响的村庄周边自然山水等环境要素；②村落街巷空间的肌理；③村落的公共空间。

（3）单体层面。①传统建筑：文物保护单位、历史建筑和传统风貌建筑，以及传统建筑形制及建筑部件特征；②历史环境要素：包括古城墙、古井、古石板路、古树、风水塘等。

（4）非物质文化遗产层面。主要包括方言、民间传说、传统表演艺术、传统技艺、礼仪节庆等。

# 乡村振兴战略背景下古驿道、古村落的保护与利用

## ——以广东省骑田岭秦汉古道及沿线古村落为例

曹春生*

**摘　要：**党的十九大提出了实施乡村振兴战略，2018年中共中央、国务院印发了一号文件，决定实施"乡村振兴计划"。"乡村振兴计划"，特别强调的是对于乡村文化本身的认识，指出了"乡村振兴""古村落建筑文化的传承"等问题。乡村是中国文化的根基和基础源泉，乡村文化的承传，能有力地促进乡村文化的振兴和发展。有力地推动当地文化的传播，才能更好地带动本区域经济的发展，同时也能更好地有利于古村落文化的传承与发展。本文从在实施乡村振兴的背景下，如何挖掘本地古村落独特的文化，将其活化为旅游资源，从古村落建筑文化的传承方面进行深入思考，重点探讨连州骑田岭秦汉古道沿线的古村落建筑文化，在发展乡村特色文化产业中的当活代化途径，为推动当地区域经济的发展提供相应的方法与策略。

**关键词：**骑田岭秦汉古道　古村落　文化旅游　乡村振兴

党的十九大提出了实施乡村振兴战略。2018年中共中央、国务院印发了《乡村振兴战略规划（2018-2022年）》文件，文件指出："实施乡村振兴战略是传承中华优秀传统文化的有效途径。乡村是中华文明的基本载体。实施乡村振兴战略，深挖文化蕴含的优秀思想观念、人文精神、道德规范，结合时代要求在保护传承的基础上创造性转化、创造性发展，有利于在新时代焕发出乡村文的新气象，进一步丰富和传承中 华优秀传统文化。"

文件在关于如何发展乡村特色文化产业中指出："完成全国重点文物保护单位和省级文物保护单位集中成片传统村落整体保护利用项目。吸引社会力量 实施"拯救老屋行动"，开展乡村遗产客栈示范项目，探索古村落古民居利用新途径，促进古村落的保护和振兴。"

本文就以广东省连州市古驿道沿线的古村落为例，探索如何挖掘古村落的特色传统文化，将"古道、古村、古民居、古庙宇、古民俗"五古资源化为资产，为振兴乡村经济服务。

---

*　曹春生，广东省连州市历史文化研究会会长、刘禹锡纪念馆馆长。

## 一、对骑田岭秦汉古驿道的保护开发与利用。

### 1.挖掘骑田岭古驿道在典籍中的记载

为体现骑田岭古驿道在中国历史上的历史价值和重要意义，我们首先在各种典籍上对这条古驿道进行深入的挖掘和研究。

《淮南子·人间训》记载：秦始皇三十三年（前214）开"新道"发兵五十万分五路越岭以平南越。"使尉屠睢发卒五十万为五军，一军塞镡城之岭；一军守九疑之塞；一军处番禺之都；一军守南野之界；一军结余干之水"。秦朝的50万大军取岭南越地后，置郡县，并分兵五处戍守南海郡城番禺和五岭要冲，其中有两军戍守于五岭的大庾、骑田两岭之南的交通孔道，形成三道关隘即：阳山关、横浦关和湟溪关。其中，阳山关、和湟溪关都都位于骑田岭峤道即古桂阳（连州）境内。

骑田岭峤道是秦军利用旧楚国旧径道，凿通了从郴州沿骑田岭西麓栖凤水河谷，经临武到连州至湟水（今清远连州小北江），成为荆楚通往岭南新的道路，史称"新道"（《史记·南越列传》）。

秦末，自陈胜、吴广在大乡揭竿而起，随即群雄并起，纷争天下。龙川令赵佗从任嚣遗言，"兴兵绝新道，自备……移檄告横浦、阳山、湟溪关曰：盗兵且至，急绝道聚兵自守！"自立为南越武王（《史记·南越列传》）通过这段记载，可以看到五岭峤道，尤其是骑田岭峤道在岭南通往中原的军事上的重要地位。

在汉代吕后当权时期，因为"禁南越关市铁器"。在骑田岭道爆发了一场大的战争。《史记.南越列传第五十三》是这样记载这场战争的："高后时，有司请禁南越关市铁器。佗曰：高帝立我，通使物，今高后听谗臣，别异蛮夷，隔绝器物，此必长沙王计也，欲倚中国，击灭南越而并王之，自为功也。于是佗乃自尊号为南越武帝，发兵攻长沙边邑，败数县而去焉。高后遣将军隆虑侯灶，往击之。会暑湿，士卒大疫，兵不能逾岭。"

汉武帝元鼎四年，南越国三朝丞相吕嘉，因不满南越王和太后向汉廷上表请"比内诸侯"国，准备叛乱。这时的汉朝，国力逐渐强盛，早已有平定岭南之心。武帝于是派遣："卫尉路博德将兵屯桂阳，待使者。"《史记·南越列传五十三卷》也就是派遣路博德驻军桂阳（今连州），监视南越国。

《后汉书》卷三十三《郑弘传》载："建初八年，（弘）代郑众为大司农。旧交趾七郡贡献转运，皆从东冶（今福州），泛海而至，风波艰阻，沉溺相系。弘奏开零陵、桂阳峤道，于是夷通，至今遂为常路。"

### 2.总结提炼出骑田岭古道的历史文化价值

通过挖掘整理骑田岭古驿道在历史典籍中的记载，研究、总结、提炼出骑田岭古驿道的历史价值与现实意义。

（1）"商贸之路"促进岭南农业的发展。

秦汉时期的骑田岭古道不但是军事关隘，后来还成了商贸之路。大量中原的铁器通过骑田岭峤道进入岭南，改变了岭南刀耕火种的落的农出现状。据雍正《广东通志》记载，粤北地区早在三国时期就已经"在连州辟龙腹陂，开渠溉田五千余顷"。据《广东水利史》载，东汉时期沛相袁忠家族在连州龙口一带修筑的"龙腹陂"还是珠江水系的第一系人工灌溉渠道。

（2）"贬官之路"促进岭南文化的发展。

自秦汉以后，骑田岭峤道一直是一条岭南通往中原至京城的捷径。唐宋时期，许多著名的政治家，文学家，诗人如韩愈、刘禹锡、王宏中、张浚等都通过骑田岭峤道贬来到连州，为连州带来了中原的先进的思想和文化，连州成了百越荒蛮之地的文化之城。《广东通志》载：北宋百六十六年，全省进士一百二十七位，连州占了四十三名，连州因此有"科第甲通省"的美誉。

（3）历史价值与现实意义。

骑田岭古道作为沟通中原与岭南的重要通道，以它为缘起和桥梁，多次发生了影响中国历史的重大事件，为中国的统一做出了重要贡献，奠定了它在中国历史上的地位。骑田岭古道还积淀了深厚的历史文化，为研究岭南的开化、发展保留了丰富的历史、人文和民俗资料。

**3.对古驿道的活化与利用助推乡村振兴**

（1）引起广东省政府的重视，将古驿道纳入乡村振兴整体规划，对古驿道主体及沿途古迹进行抢救性恢复。

骑田岭古驿道的文化挖掘，引起了广东省政府的重视，省委、省政府2018年对南粤古驿道活化利用工作提出了总要求："以道兴村、古为今用"。将骑田岭古驿道纳入南粤古驿道8个示范段的总体规划之中。现在连州秦汉古道东西两线古驿道修复工程已完成95%。东线已完成石板修复约15公里，西线石板修复13公里。对沿途的三座古桥和21座古凉亭进行了抢救维修，基本恢复了原貌。还对骑田岭古驿道沿线的古村落、传统村落，进行了特色村改造建设。

（2）挖掘抗战文化元素，将古道沿线打造成为历史研学游径。

抗日战争时期，由于大城市沦陷，许多高校就是沿着这条古驿道，迁来山区继续办学。当时迁山区的学校：有广东省大、中学校学生集中训练总队，广东省文理学院、广东省文理学院附中（后称粤秀中学）广东省立女子师范、励群中学、钦州师范、侨三中、江村师范、真光女中和培英中学以及其他八间基督教会办的中学联合办一间中学名为基联中学，广东省儿教院、曹溪小学以及黄岗小学等。中山大学也设连县分教处等。

一大批著名的专家教授也随学校来到山区。当时文理学院的院长是国内有名的教育家林励儒，教师郭大力、能大仁、王越、黄友谋、张栗原等都是著名的专家学者。

学校来到山区后，利用村子的祠堂、庙宇及大的古建筑作为教学和生活之用。这些古老的建筑，大部分都保留下来了。我们便规划以这些保留下来的古建筑为点，驿古驿道为线，通过古驿道和古建筑，以线串点，创办为现代青年学子的研学游径和基地。

（3）将骑田岭古驿道及重要节点"阳山关"打造成为连接粤、湘二省历史游径的节点和纽带。

在骑田岭古道上，有一座著名的秦代关隘"阳山关"。"阳山关"自古位于两省交界处，是两省文化一个共同"符号",是两省一个重要文化碰撞和交汇点,我们通过与粤、湘两省当地党委政府文和化部门协调,加强沟通统筹规划,从文化、旅游等方面进行交流,引导商业有序的开发,使古驿道成为利于两地发展得更好助力。共同修复打造历史文化遗迹秦汉古道"阳山关",从而保障湘粤两地古驿道的活化利用及长久发展。湖南省对古驿道的重视将有利于粤湘两地的古驿道建设及活化利用,粤湘古驿道的连接有利于文化传承的一致性和延续性,有助于实现互为旅游目的地和客源输出地,最终实现以"中国古驿道"为载体,助力振兴乡村。

## 二、对古驿道沿线古村落的保护活化与利用。

在骑田岭秦汉古驿道沿线,有许多历史文化丰富的古村落,其中被国家评定为传统村落的有2个;被评定为广东省古村落的有4个。如何激活这些古村落的活力,提高村民经济收入和生活水平。发挥文化资源的引领带动作用,提高区域发展活力,促进乡村振兴。这也是我们这次修复骑田岭秦汉古驿道,推沿线农村经济发展,最终实现乡村振兴的目的。

### 1.挖掘整理各古村落的特色历史建筑和传统文化核心价值

习近平总书记曾有重要指示:要讲清楚中华优秀传统文化的历史渊源、发展脉络、基本走向,讲清楚中华文化的独特创造、价值理念、鲜明特色。

传统古村落村是中华文明独特价值体系的重要承载,识别每一个古村落的历史文化核心价值,是古村落历史文化保护承传和利用的重要前提。以骑田岭古驿道沿线的几个村庄为例。

(1)黎水村:黎水村,是广东省古村落。其传统建筑为依山缘溪而建的,一排排造型优美的,锅耳形的戍楼建筑。戍楼是明清时期为防范匪患而建的,防御性的公共建筑,因此称为戍楼。

一套完整的清代的唐氏木刻族谱雕版,代表了该村的传统文化核心价值。

(2)东村岗村:东村岗村也是广东省古村落,其传统建筑,核心价值为是座规模宏大的欧阳氏家族祠堂。因为它们是宋代宰相欧阳修的后裔,因此欧阳修文化便代表了该村的传统文化核心价值。

(3)大员村:大员村是中国传统村落,状元楼、文峰塔、黄氏祠堂、昭王庙是该村传统古建筑的代表。该村依山傍水,村前河流蜿蜒,村后树木葱茏。中国的乡村居住风水学代表了该村的传统文化核心价值。

(4)大路边村:大路边村原名为策玉村,是中国传统村落。

该村之所以名为大路边村,是因为比邻湖南,村庄就建在故驿道的要冲之地。湘南建筑的飞檐翘角,精美的木雕窗花,灰塑砖雕是该村传统建筑的特色。在中国的近代史上,各个革命时期,该村青年都有出色的表现。如著名的"五四运动"的组织者中,就有该村的青年学子,粤北地区的第一个共产党农村支部在该村建立;解放大军进入粤北的第一场激战就在该村打响。因此,红色文化代表了大路边村的文化核心价值。

**2.将古村落的核心价值由资源转化为资产，因村而异发展特色旅游助推乡村振兴**

（1）古村落、古建筑是一个地方历史文化的实物载体，是各地文化与本土文化在民间的实物见证，是当地文化的重要组成部分。如连州的古村落就是岭南最早把中原文化与岭南文化结合而形成独具特色的文化的物证，是中华文明在这一区域内的民间积淀，是岭南文化的重要组成部分。古村落的居住理念、村落布局、外行意蕴；民居建筑中精美绝伦的木雕石刻、家具陈设、画堂门联、祠堂构建等等都蕴涵丰富的历史、哲学、文学、天象、地理、宗教、艺术、民俗等文化内容，这些古老的宅院里都蕴藏着一段段古老的故事，这些都是古村落的核心文化价值所在是难能可贵的宝贵的文化资源。

千百年前，曾经的秦汉古道交通的便利，才有了如此众多的富有深厚文化底蕴的古村落；千百年以后，又因为交通的不便，古道、古村落才没有被现代的高铁、高速公路所以淹没。但是，也就是因为交通的不便利，所以这些古村落的村民们生活仍然是比较贫困的。现在政府乡村振兴战略的实施，秦汉古道的修缮，又让这些古老的村落有了焕发生机的机会。我们的工作便是如何将这些古村落的深厚的文化资源，活化成为让农村农民致富的资产。

利用古村落深厚的历史文化和山水风光，大力发展特色旅游，是使古村落的古建筑文化、历史文化，特色民俗得以活化的最好的方法。

如黎水村，就抓住该村的特色建筑戍楼和文化核心，印刷木雕版以及特色饮食豆腐宴来吸引游客，让游客们在走完古道之余，还能欣赏到古建筑的美感和雕版印刷的知识。东村岗村，则以欣赏祠堂建筑和欧阳修文化来吸引游客，大路边村，得大力弘扬红色文化。大员村则以优美的山水风光动听的历史故事作为吸引游客的兴趣点。秦汉古道沿线的几个古村落，都以自身的特点吸引游客，然后大力发展农家乐和民宿，以旅游聚集人气，带旺经济，促推乡村振兴。

（2）在发展旅游的同时，更加注重历史文化的成全与保护。

秦汉古道的修缮、沿线古村落的开发吸引了众多的游客，不但给村民带来了财富，更让村民们看到了本村历史遗存、历史文化的珍贵，加强了村民对古建筑、历史文化遗存的重视和保护，更加加强了村民们对本民族文化的自信心。村民们在开发旅游的同时，更加注重保护村落传统生产生活相关的地形地貌、河湖水系、田园风光、古树名木等自然人文景观。保持文化空间场所的景观环境和场地特征，保护传统布局形态、街巷院落肌理等，整治不协调建筑。

村民们自觉地在开发利用古建筑的同时，更加注重了对古建筑的保护。因为他们知道这些历史建筑，是他们文化的根基，发展的潜在的基础。通过保护、开发和利用，古村落得到了进一步的保护，提升了村古村落的活力，提高了村民们的经济收入和生活水平带活了，增强了这一区域的发展动力，促进了乡村振兴。

结论：通过对于广东省连州市骑田岭古驿道及沿线古村落的开发利用，我们得出一个结论，对历史文化和文化遗存最好的保护就是将其活化，在保护中加以开发利用，在开发利用中加以保护。这样才能相互促进，相得益彰。而活化古建筑及历史文化最好的方法就是文化旅游。古村落中的古建筑及其动人的故事、丰富多彩的民俗文化，铸造了旅游的灵魂，注入了旅游的活力，吸引了众多的旅游者参与，为古村落带来了经济收入。通过古驿道、古村落及历史文化带动的文化旅游，反过来也为古村落和历史文化的保护提供了经济保障，各地独具特色的区域文化，也通过旅游者得以承传和传播。通过文化旅游，为乡村带来的可观的经济收入，也是农村农民脱贫致富，加快乡村振兴的重要抓手之一。

# 浅论祠堂在乡村振兴建设进程中的作用

黄志超*

**摘 要**：文章阐述了祠堂的功能和生存状态，分析了祠堂文化在乡村振兴建设中的意义，指出了要深挖提炼传统祠堂文化，赋予祠堂新的作用和使命，使祠堂成为文化集散阵地，唤醒公共文化服务末梢神经，让优秀传统文化振兴乡村。

**关键词**：祠堂文化 乡村振兴 作用

## 一、祠堂概述

祠堂是中国宗族文化的重要载体。祠堂是中国人为祭祀祖宗或先贤的场所。从古到今，中国人对自己的家族和姓氏都有着强烈的认同感和归属感，无论他们在哪里定居都会想方设法让自己的家族和姓氏保持并流传下去，除了生理行动上的繁衍后代保持家族血脉外，还通过建立祠堂来让子孙后代铭记自己家族的一切血脉关系。在中国辽阔的土地上，从北到南，从东到西，各个村落都会建立起大大小小的祠堂来向世人表明自己家族的存在。汉代始有祠堂一词出现，当时家族的祠堂大都建立在墓地上，称为家庙。到了南宋，理学已经发展到了相当的高度，士大夫等人的家族伦理观念更加深刻。著名理学大师朱熹就在其著述的《家礼》中首先制定了祠堂的制度，由此开始，原来修建在墓地的家庙就改称为祠堂了。宋代朱熹提倡家族祠堂：每个家族建立一个奉祀高、曾、祖、祢四世神主的祠堂四龛。宗祠体现宗法制家国一体的特征，是凝聚民族团结的场所，它往往是城乡中规模最宏伟、装饰最华丽的建筑群体，不但巍峨壮观，而且注入汉族传统文化的精华，与古塔、古桥、古庙宇相映，成为地方上的一大独特的人文景观，是地方经济发展水平和汉族民俗文化的代表。宗祠记录着家族的辉煌与传统，是家族的圣殿。作为汉民族悠久历史和传统文化的象征与标志，具有无与伦比的影响力和历史价值。

祠堂，是我国乡土建筑中的礼制性建筑，是乡土文化的根，是家族的象征和中心，也是地方经济发展水平的象征和民俗文化的代表。从民俗学家的角度看，祠堂是"用自己存在的方式诠释时代文明"。作为中国民间保存最好的一种古建筑群体，祠堂留给后人许多珍贵的历史、文化研究价值。

* 黄志超，广东连州市博物馆宣教部主任，馆员。笔名夏韵，中国民间文艺家协会会员、广东省作家协会会员、广东省珠江文化研究会会员、连州市民间文艺家协会主席、连州市政协委员、连州市历史文化研究会副会长。

图1　广东省连州市黄损祠（黄尚书祠）

当前在开展乡村振兴建设进程中，祠堂变身为农村文化室、老人之家、农家书屋等，祠堂以其独特的存在演绎着现代文明。因此，在实施乡村振兴战略过程中探讨祠堂文化的社会功能和现实意义尤为重要。

## 二、祠堂的功能

祠堂的主要功能：祠堂既然是祖宗神灵聚居的地方，供设着祖先的神主，那么祭祀先祖就是祠堂最主要的功能。祭祀是族众间的一条精神联系的纽带，通过祠堂仪式活动，加强了血缘关系，联系了族众感情，强化了家族内部的凝聚力和向心力。特别是通过祭祖强调了家族内部上下尊卑伦序，宣传了以孝悌忠信为核心的伦理道德，提倡了子女对父母、子孙对祖先的孝道。这样家族的儿童成员从幼年起，长幼之序，孝悌之礼等礼仪就在其心中深深地扎下了根。

由于历史的变迁，宗族人口日益增多，很多家族不但有族祠（宗祠、总祠），支祠（房祠、分祠），而且有跨越地域的大宗祠，甚至有跨国的宗祠。祠堂就这样把不同地域的有血缘的族众紧紧地联系在一起。祠堂祭祖有季祭、节祭、生辰忌日祭等。一般来说，无论巨族或寒族，对祠祭都十分郑重。如精心安排日期，定有庄严司祭仪式，一般要读族谱，使族众了解家族的光荣历史，讲述先祖的"光辉业绩"，以励族人；还要宣读族规、家训，以教育族众；参加祭祀的人要思念祖宗遗训及其遗范，以教育自己下一代，祭毕，族人间还要行礼，后辈向前辈行礼。可见，祠堂祭祀是一个精神联系的韧带。通过祠堂祭祖活动，加强了血缘关系，联系了族属感情，强化了家族内部的凝聚力和向心力。

祠堂文化博大精深，地域覆盖面较广。每一个村庄、每一个角落，几乎每个村子里都建有祠堂，每个人心目中都有个祠堂的意识存在。人们一谈起自己的家族，自然就会联想到自己家的祠堂，那种有根有源的自豪感就会油然而生。通过祠堂可以了解家族的来龙去脉、宗族制度的变迁与兴亡，一个祠堂就是一部家族的变迁史，祠堂是宗族的精神家园。

## 三、祠堂的生存状态

长期以来，岭南祠堂遍布岭南各地，香火不断。新中国成立以后，科学文明的进步、宗祖崇拜的淡化、宗族制度的衰落，又加上"文革"的"破四旧"运动，岭南祠堂建筑遭到严重的破坏，祖宗牌位和族谱被焚毁，致使岭南很多祠堂破败不堪。改革开放以来，能够完整保存下来的大多是那些地理位置好、规模比较大，具有较高文物价值和历史价值的祠堂。这些祠堂大都已经被开发成旅游景区，很多成了爱国主义教育基地。旅游开发后的祠堂，由于得到了大量资金投入，进行维修，已恢复了原来的样子。但很多游客参观的只是祠堂建筑本身，而忽略了祠堂的基本功能和其特有的文化内涵。祠堂的房间要么对

图2　广州陈家祠

图 3  广东省连州市熊屋祠堂

外出租做生意，要么摆放着与祠堂文化没有直接关系的展品。游走在何堂中，人们已经很难感觉到祠堂内应有的那种神圣与肃穆，其背后所蕴含的文化及精神意义更无从感知，至于乡村的一些祠堂，处境更糟，很多都年久失修，破败不堪。更有甚者，一些古祠堂有价值的文物还被许多文物盗窃分子偷走卖掉。随着岁月的推移，风雨侵蚀，这些古老的祠堂会慢慢地消失在历史的长河中，寻根恳亲热的兴起使岭南祠堂有被重新重视的苗头，但它们的存在，已经没有了原来的社会基础和文化内涵。宗族观念淡化、家族凝聚力的减弱，使祠堂仅仅变成了一种象征，再加上维持祠堂存在的物力、财力的缺乏，历史的祠堂很难再回到从前的风光局面。进入新世纪，中国经济、文化建设都出现了欣欣向荣的局面，国家也大力提倡文化复兴，各地都在建立文化大区，提升文化软实力。岭南祠堂是岭南地区久远的历史进程和丰富的文化积淀的见证和体现，因此加强岭南祠堂保护是促进岭南地区文化发展的一项重要工作。在祠堂建筑的修复上，我们要按照"有效保护，合理利用，加强管理"的文物保护原则，充分运用先进的科学技术手段，尽可能再现和保持岭南祠堂建筑的原貌。我们还要合理、合法、因势利导地使用祠堂，比如在祠堂展品的陈列上既要尊重历史风俗，又要古为今用，去其糟粕，取其精华，充分展示岭南祠堂的文化价值。同时我们要进行科学研究，把岭南祠堂本身储存的博大精深的人文历史信息进行深入的挖掘，重新认识与评估、全面提升岭南祠堂的文化内涵，以更好地发挥岭南祠堂文化的重要作用。

## 四、祠堂文化在乡村振兴建设中的意义

文化是民族的血脉，人民的精神家园。文化的影响是潜移默化的，我们要深挖提炼传统祠堂文化，不断融入新内涵，赋予祠堂新的作用和使命，使祠堂成为文化集散阵地，唤醒公共文化服务末梢神经，为基层优质公共文化服务供给提供又一个途径，让优秀传统文化振兴乡村。

### 1.祠堂正为为社会安定稳定发挥着重要作用

在乡村振兴建设中，各级政府已意识到祠堂这个特殊平台，充分利用祠堂资源，挖掘祠堂文化积淀，

把祠堂变成为农村精神文明建设和先进文化传播、寻找精神幸福的阵地。在农村，群众对姓氏宗族的认同感和归属感较为强烈，许多祠堂都设立了诸如理事会、监事会、老人会等民间管理机构。其成员作为祠堂活动的"掌舵人"，为灌输新鲜血液、拓宽文化内涵、调解邻里纠纷、传播教育、文化和信息身体力行、不辞奔波。祠堂正为为社会安定稳定发挥着重要作用，成为人们的精神家园。

**2. 祠堂忆逐成为弘扬社会主义先进文化的阵地**

祠堂文化作为地方传统文化，是最具地域性特征的文化，它所承载的是千百年来历史文化的积淀和乡愁。在乡村振兴建设中，不少村两委和"最美乡贤"也不失时机地引导开展文化服务进祠堂活动，如诗文朗诵、农业技术、法律法规、文化教育、养生保健、名家讲座等多层次、多形式的活动，聚集人气，发挥祠堂文化"以德育人"功能，培育时代道德风尚，为用先进文化占领农村祠堂阵地做了有益的探索。摒弃祠堂内的菩萨、神位等东西，在祠堂举办成年宣誓仪式、尊老爱幼、移风易俗教育等宣传教育活动，不少祠堂引入功德榜、能人榜、成才榜、好样榜、寿星榜等"五榜"，评选表彰各类典型，还精心设立了村史室、家训室、电教室、图书室、阅览室、书画室、陈列室、功德榜室等，挖掘祠堂优秀传统文化元素，盘活传统祠堂文化资源，使祠堂成为开展文化教育，传播社会主义优秀文化的重要阵地；使祠堂成为名副其实的"乡村大舞台"；把祠堂办成开展村民终身教育的场所，弘扬社会主义先进文化的阵地。让更多的人走进祠堂这个温馨的港湾，提高文化素养。

**3. 开发祠堂，促进新时代文旅融合发展**

随着城乡经济社会的发展和群众生活的日趋富裕，对年代久远、保存较好、具有一定建筑文化价值、体现地方特色的农村祠堂，加以保护和整修，在一些条件成熟的地方，以祠堂为中心进行的旅游景点开发以及展览馆、博物馆的改造。要通过大量的纸媒和新媒体报道，以及图文展示等，让民众加深了对祠堂历史、文化、建筑审美价值的认识，同时也增强了村民对祠堂的保护意识。其合理的利用与开发不仅有利于文物的长久保护，还可以促进新时代文旅融合发展，拓展实现祠堂的旅游服务功能，带动乡村振兴，拉动当地农村经济的发展，对满足群众美好生活需求具有现实意义。

综合上述，祠堂已经逐渐成为农村群众性精神文明建设和先进思想文化传播的阵地。继承和弘扬祠堂文化成为研究当代乡村振兴建设的新课题。让我们充分利用祖宗留下的祠堂文化的美与礼的精华，让古老的祠堂在乡村振兴中焕发新的时代生机，通过更加深入地了解祠堂文化，能够传承并弘扬优良家风，从而真正完成乡村振兴这一既定目标。

## 参考文献

[1] 来来永胜：《祠堂的主要功能》，360个人图书馆，2019年1月10日。

[2] 李清等：《祠堂文化的社会功能及现实意义》，论文联盟，2004年。

[3] 本书编写组：《岭南祠堂》，华南理工大学出版社，2011年。

# 基于文化地域性格理论的东莞乡村风貌塑造策略*

白颖　唐孝祥　乔忠瑞**

**摘　要：** 东莞作为粤港澳大湾区的中心城市之一，当前正处于城乡融合发展建设阶段，亟待解决如何塑造城乡特色风貌的现实问题。文章基于建筑美学的文化地域性格理论，以东莞城乡建设和城乡风貌的现状调研为基础，科学归纳东莞乡村风貌类型及特点，提出水乡情韵、埔田淳风、山林绿野、滨海嘹歌、都市闲隐等五种乡村风貌类型；对东莞乡村风貌控制要素进行分级细化，构建以自然生态景观、人文景观资源、乡村建筑、公共环境、标识系统五个要素为主体的风貌要素体系，系统引导东莞乡村风貌的塑造，为城乡建设提供理论借鉴与实践参考。

**关键词：** 建筑美学　文化地域性格　东莞乡村风貌　风貌要素体系　城乡风貌塑造策略

## 一、背景

城乡融合发展是尊重客观发展规律的必然结果。2017年，党的十九大报告提出实施乡村振兴战略，建立健全城乡融合发展体制机制和政策体系。城乡融合发展能有效破除城乡二元问题，释放乡村经济活力，成了进一步推进乡村振兴战略的重要内容。目前，粤港澳大湾区的城乡建设已进入深度发展、高度融合的阶段，率先面临城乡全面实现融合的现实挑战。2019年，《粤港澳大湾区发展规划纲要》提出，大湾区要建成充满活力的世界级城市群，建设具有岭南特色的宜居城乡。2020年，广东省委和省政府印发《广东省建立健全城乡融合发展体制机制和政策体系的若干措施》，推动形成落实"一核一带一区"区域发展新格局的差异化城乡融合发展机制。东莞作为粤港澳大湾区的中心城市之一，探索城乡融合背景下的东莞乡村风貌塑造，无疑具有重要意义。近年来对于乡村风貌塑造的研究多从生态学、规划学、建筑学、景观学等单一学科的学科视角分析，主要涉及乡村生态价值与景观规划、传统村落保护、空间营建等内容[1]，本文则从城乡融合发展的视角切入，基于文化地域性格理论认知剖析阐释乡村价值，归纳东莞乡村风貌类型及特

* 基金项目：国家自然科学基金（编号：51978272）；广州市科技计划项目重点项目（编号：201804020017）。本文所采用图表均由课题组拍摄、绘制。

** 白颖，工作单位博士研究生华南理工大学建筑学院、亚热带建筑科学国家重点实验室。
　唐孝祥，工作单位教授华南理工大学建筑学院、亚热带建筑科学国家重点实验室。
　乔忠瑞，工作单位硕士研究生华南理工大学建筑学院、亚热带建筑科学国家重点实验室。

点，构建风貌要素体系，科学引导东莞乡村风貌塑造，以期为城乡融合发展背景下的城乡风貌建设提供参考借鉴。

## 二、东莞城乡建设现状及发展目标

东莞地处粤港澳大湾区和珠江三角洲城市群的重要位置，2021年已晋级为"特大城市"。为进一步强化区域性中心城市的辐射力与影响力，东莞市积极落实粤港澳大湾区规划建设工作，实施全域乡村振兴战略，推动城镇发展由外延式向内涵式转变。与此同时，东莞把农村人居环境改善与城市品质提升结合，打造城乡高质融合示范区。2019年2月，东莞成为广东省唯一的农村人居环境示范市。2020年"干净整洁村"全覆盖；开展乡风文明建设，探索推广"文明积分进万家"全民行动；率先建立50个特色精品村，达到广东省特色精品村要求。

但由于东莞快速城镇化，由此而导致的诸如乡村特色风貌欠缺、城乡资源互等缺失等现实问题也较为普遍。乡村地区是东莞市城市发展的重要空间保障，在东莞的乡村风貌现状考察中发现，建设规划盲目性、乡村风貌杂乱、人居环境有待提升等典型问题影响了东莞城市品牌的塑造，无差别的全域化城市规划管理造成了东莞城市和乡村均质混杂、城乡风貌特色缺失的现状，影响了城乡融合的高效发展（表1）。

表1 东莞乡村风貌现存问题示意图

| 规划建设盲目 | 风貌缺乏特色 | 环境有待提升 |

城乡融合发展需要城乡具有同等重要的功能价值，延续与加强东莞乡村地域的主体功能是城乡融合发展的要求。乡村是城乡品质提升的重要区域，提升乡村功能价值，需充分挖掘乡村承载的生态、历史、文化等资源，促进城乡要素合理高效流动，塑造独具特色的乡村风貌建设应实现以下发展目标：

其一，建设城乡融合的优美宜居环境

乡村是助力建设宜居宜业宜游都市的重要阵地，亟需发挥乡村资源、生态和文化优势，挖掘和活化乡村传统文化资源，发展适应城乡居民需要的多样化新型产业，促进城乡要素合理融合与流动。

其二，提升乡村风貌和景观价值

融合"山、水、林、田、海、宅等各类自然要素与人文要素，凝炼与重塑乡村特色风貌的内涵、特征，彰显独具地域魅力的乡村风貌，是焕发与提升乡村功能价值，推进城乡融合发展的重要举措。

其三，实现乡村遗产的传承与转换

乡村建设要留得住乡愁，通过建设乡村风貌区，对传统村落整体进行保护和活化利用，实现乡村文化遗产的传承与转换，增强文化凝聚力，提升文化自信。

## 三、东莞乡村特色风貌类型与特点

风貌是可观可感的风土、面貌的统一体，是构成乡村的隐形要素与显性要素的叠加显现[2]。因此，正确认识乡村风貌内容内涵必须同时把握表层与里层的要素构成。东莞东南群山环抱、西北水网纵横，在山水之间，城、田、丘、岭有机分布，空间序列上形成了由南往北山、城、江相依，由东往西田、城、海相连的独特山水画卷。同时，东莞地理位置优越，莞邑大地上广府、客家、疍家在长期生产、生活过程中，形成了各具特色的文化。在自然地理、历史、人文因素的影响下，形成了地域文化多元、空间形态多样、乡村风貌多彩的乡村环境。借鉴文化地域性格理论，从地域技术特征、社会时代精神、人文艺术品格三个维度对东莞自然地理要素、人文资源特色，传统聚落及民居形态特征等方面进行叠合分析，解读东莞特色风貌的内涵和属性[3]，对东莞乡村风貌格局提出水乡情韵、埔田淳风、山林绿野、滨海嘹歌、都市闲隐五种乡村风貌类型。[表2]

**1.埔田淳风类风貌特征：文化荟萃，历久弥新**

地势起伏悠缓，存在大量块状水田、农田，整体呈现出冲积平原的特点。村落近山、近水、近田、近路，空间格局较理想[4]。池塘、建筑、山体及农田构成一幅阡陌交通、田园如画的景象，尽显埔田古朴淳和，生态诗意的乡村风貌特色。村落与周边自然环境要素的关系融合紧密，通过村落肌理的延伸，形成与自然环境相协调的村落空间格局。

**2.水乡情韵类风貌特征：灵动秀美，依水而居**

水网密布的大地景观，有着多样化的滨水空间，灵动秀美、依水而居的水乡人家和泛舟农耕的人文风情相融合的风貌特色。村落建筑主要沿河涌或河岸等水体呈带状展开布局，呈现较明显的线性特征。村内河网纵横，建筑与水体联系密切，建筑、街巷等空间环境以水系为骨架展开布局。

**3.山林野趣类风貌特征：玉带系腰，显山透绿**

在连绵起伏的山体映衬下与溪流环绕下，客家山乡呈现山环水抱的整体格局。建筑依山就势，呈线性分布，在空间序列中呈现并列式组合。建筑类型丰富多样，有祠堂、门楼、碉楼、书室、民居等多种建筑类型。乡村景观错落有致，村落周边林田交错，生态环境怡人。

**4.滨海嘹歌类风貌特征：咸水耕种，疍歌传情**

以依山面海、海岸风情为主要风貌特色。村落整体呈背山面水、错落有致的空间结构，海岸生态大地景观、滨海人文风情丰富多样，如水上疍家文化和近代海防文化古迹等。

**5.都市闲隐类风貌特征：宜居宜业，乐游乐活**

受城镇化进程影响较大，多分布在城乡发展转型区，自然风貌一般，环境特色不明显，传统建筑数量少。强调与周边城市环境的融合，通过对建筑立面、屋顶、村落公共空间及景观的风貌塑造，提高乡村人居环境品质，打造充满活力、邻里氛围浓郁、服务都市人群休闲的乡村。

表2　东莞乡村风貌类型及特征示意图

| 埔田淳风类村庄：<br>文化荟萃，历久弥新 | 水乡情韵类村庄：<br>地势平坦，水网密布 | 山林野趣类村庄：<br>玉带系腰，显山透绿 | 滨海嘹歌类村庄：<br>咸水耕种，疍歌传情 |
|---|---|---|---|

都市闲隐类风貌特征：宜居宜业，乐游乐活

## 四、东莞乡村特色风貌塑造策略

城乡风貌融合是城乡融合发展的重要组成部分，直接反映着城乡融合在视觉感知上的呈现[5]。在城乡风貌塑造中首先应遵循促进粤港澳区域深度合作、城乡共享发展原则；其次秉持传承城乡历史文化与塑造现代风貌相融合的原则；最后应注重城市文化特色建设和乡村生活品质提升并举的原则。

在东莞城乡风貌塑造中注重物质文化遗产与非物质文化遗产的活态保护与有机传承。依托文化遗产构建东莞城乡整体空间格局，提升区域文化凝聚力，坚定文化自信，为城乡融合发展提供有力保障。借鉴世界遗产保护理论、文化结构层次理论等相关理论对东莞城乡文化遗产价值与特征进行深入挖掘与科学阐释；应用文化地域性格理论工具科学概括东莞城乡风貌特色；对影响地域特色城乡风貌的全域元素进行逐级细化分解；针对东莞城乡的不同自然生态景观（田园/水域等）、人文景观资源（传统/现代人文空间等），乡村建筑（民宅/公共建筑等）、公共环境以及标识系统五大方面，构建东莞城乡特色风貌控制体系，提出乡村特色风貌塑造策略：

### 1. 自然生态景观

自然生态环境为城乡提供独特的风貌基底[6]，为人们生产生活提供了坚实的物质保障。因此，必须树立人与自然和谐共处的理念，充分认识自然生态景观的丰富性与多样性，强化城乡建设与自然和谐的关系。城乡的自然环境所体现出来的乡土性如今越来越受到重视，应注重城乡的地形地貌、气候、动植物种类等自然要素，都能够体现自身的特点[7]。东莞自然生态景观丰富多元，拥有"山、水、林、田、湖"等多样的自然形态。对田园形态、肌理、景观等田园风貌，河流、驳岸、湿地滩涂等水域风貌以及山坡、林地等山林风貌进行针对性地梳理，塑造彰显岭南地域特征的自然景观风貌。尊重自然基底，保护生态平衡，才能形成"青山、绿水、翠林、景田、碧湖"的特色风貌景观。

### 2. 人文景观资源

东莞乡村地区历史底蕴浓郁，拥有大量且珍贵的物质文化遗产和非物质文化遗产。一方面，东莞拥有2个国家级历史文化名村，7个省级历史文化名村，6个中国传统村落，6个广东省传统村落，11个重要传统村落，2个历史文化街区，并且其整体分布呈现多集中于中东部地区的特征，如南社村、塘尾村、超朗村、西溪村等传统村落历史建筑丰富，多为明清时期古建筑群[8]；另一方面，非物质文化形态多样，包含如邓氏秋祭、黄大仙诞、赛龙舟等民俗活动。

在保护建（构）筑物实体、非物质文化遗产的基础上，应加强对建筑空间所承载的反映乡村文化景观的公共活动的保护，优先保护非物质文化遗产空间，保育传统文化空间，注重塑造现代文化空间，将文化景观作为反映乡村美好记忆的呈现，塑造独具地域文化的场所精神。通过对乡村传统文化空间、现代文化空间及非物质文化遗产空间的营造，塑造传统与现代相结合的文化景观，使文化景观成为承载乡愁的重要载体[9]。

### 3. 乡村建筑

乡村建筑类型多样，不同地域的建筑在造型、材料、色彩等方面也不尽相同。建筑风貌控制需循序渐进，分类施行。整体而言，对存在安全隐患的危房等建筑应及时评定，进行拆除；对于一般风貌的建筑应及时进行微改造或微更新，保持建筑整洁有序；新建建筑应注意突出地域特色，同时鼓励使用新技术、新生态材料等[10]。根据乡村建筑的使用性质，可分为农房、公共建筑、生产建筑三种。

农宅建筑：对于传统建筑，要秉持原真性、整体性的原则，对建筑本体主要采取修缮措施。包括传统建筑本身及其所承载的历史信息、村民记忆[11]；对于一般既有建筑，要秉持可操作性的原则，对建筑风貌主要采取清理、整治、拆除工作；对于新建建筑，要秉持协调性的原则，对建筑风貌进行把控，传承地域文化特色的同时，鼓励创新性采用新技术、新材料，创造舒适生态的使用空间。深入挖掘地域建筑的文化地域性格，在建筑单体风貌塑造中，将传统民居特色元素传承与农村建筑的功能需求相结合[12]。

公共建筑：乡村公共建筑应加强对传统建筑的修复，防止其进一步的损坏，对需要更新的部分进行适当修整，体现历史风貌。如对于祠堂等历史建筑要对照《广东省文物建筑合理利用指引》等相关文件要求进行专项保护和修复，反映传统文化与历史信息。新建公共建筑应反映时代特征，注意与区域整体功能需求相结合，同时与地区整体风貌相协调，鼓励使用新技术、新工艺。

生产建筑：生产建筑在满足功能要求的前提下，建筑高度、形式应与周边建筑、自然景观相协调，与片区整体风貌相融合。可拆除原有废弃厂区，或对其进行改造重新利用，保留功能完好的旧厂房，提高利用率，对其进行清洁、翻新工作。生产建筑应注意和周边农房及自然环境风貌的协调性，鼓励使用新技术、新工艺和生态环保材料，促进生产建筑功能整合。

### 4.公共环境

乡村公共环境整治范围较广，应覆盖村域范围内的公共场所，并且应结合当地自然和人文环境，科学合理的布局。对于公共环境的营造，既要保护和延续当地营建技艺，也要注意满足现代人审美心理、审美功能需求[13]。根据公共环境的使用分布，可主要分为四小园（小公园、小菜园、小花园、小果园）、文体活动场所、道路环境三种。重点整治"四小园"、文体活动场所、道路环境及公共厕所、垃圾收集点等卫生设施，提升乡村公共场所形象与品质，建设成为美丽宜居的乡村公共环境。

### 5.标识系统

根据标识系统的使用分布，可主要分为村入口标识、宣传栏、指示标志三种。标识系统应达到在村域全覆盖，发挥标牌、宣传栏等的信息传递及指示导览作用；标识系统应反映地域特征，尽量结合当地乡土材料，突出各个片区的片区特色形象，如埔田片区造型材质可提取广府文化传统元素，如锅耳墙、青砖墙等。运用乡村地域文化元素，建立完善村入口、宣传栏、指示标志等在内的标识系统，促进标识系统形式体现乡村特色、功能灵活实用的特征。

## 五、结语

本文在城乡融合发展的视角下以东莞城乡风貌为例，基于塑造地域特色的乡村风貌的逻辑，对东莞埔田淳风类、水乡情韵类、山林野趣类、滨海嘹歌类、都市闲隐类五种东莞乡村风貌类型深入阐释，建立东莞乡村风貌控制体系，指出应秉持可持续发展的自然生态保护理念、突出乡土性的人文景观保育理念、分类施策的建筑塑造理念、全域覆盖的公共环境创设理念、强化地域特色的标识系统引导理念这五大方面的塑造策略，为城乡高质量融合下的乡村风貌塑造提供了理论依据和实践参考。

## 注释

［1］丁恺昕、韩西丽：《基于复合生态系统理论的丘陵地区乡村景观规划》，《生态环境学报》2018年第27卷第7期，第1335-1342。孙应魁、翟斌庆：《乡村振兴背景下地域性传统村落的保护规划探究——以新疆特克斯县琼库什台村为例》，《小城镇建设》，2019年第37卷第2期，第113-119页。高珊、林融、庞书经、许昊：《传统村落综合规划的编制与思考——以平潭综合实验区山门村综合规划为例》，《规划师》，2017年第33卷，第60-64卷。王竹、钱振澜：《乡村人居环境有机更

新理念与策略》,《西部人居环境学刊》,2015年第2期,第15-19页。

[2]俞孔坚、奚雪松、王思思:《基于生态基础设施的城市风貌规划——以山东省威海市城市景观风貌研究为例》,《城市规划》,2008年第3期,第87-92页。袁青:《城乡统筹背景下的城乡风貌规划研究》,中国建筑工业出版社,2012年,第17页。

[3]唐孝祥、冯楠:《广州城市特色风貌研究的新思路》,《中国名城》,2018年第3期第43-49页。查斌:《广州城市特色风貌延续策略研究》,华南理工大学,2018年。

[4]陆琦:《广东民居:,中国建筑工业出版社,2008年。

[5]刁星:《北京昌平城乡风貌规划及实施对策研究》,《哈尔滨工业大学》,2010年。

[6]王建国:《城市风貌特色的维护、弘扬、完善和塑造》,《规划师》,2007年第8期,第5-9页。

[7]张晋:《基于适应性的乡土景观认知与研究视角探讨》,《中国园林》,2020年第36卷第3期,第97-102页。

[8]陈露平:《广东东莞九个传统村落景观研究》,华南农业大学,2016年。

[9]陆邵明:《乡愁的时空意象及其对城镇人文复兴的启示》,《现代城市研究》,2016年第8期,第2-10页。

[10]白颖、唐孝祥:《融入地域文化的广州乡村既有建筑绿色改造适宜性关键技术研究——以广州从化南平村民居改造为例》,《南方建筑》2020年第3期,第64-70页。

[11]陈利伟:《乡村振兴背景下的传统村落建筑开发与利用——评〈西南少数民族建筑景观研究〉》,《工业建筑》,2021年第51卷第5期,第222页。

[12]唐孝祥、吴思慧:《试析闽南侨乡建筑的文化地域性格》,《南方建筑》,2012年第1期,第48-53页。

[13]王东、王勇、李广斌:《功能与形式视角下的乡村公共空间演变及其特征研究》,《国际城市规划》,2013年第2期,第57-63页。

# 政府在村民自发保护与发展传统村落中的稳定秩序职能探析

## ——以广州从化为例[*]

唐孝祥　曾令泰[**]

**摘　要：** 从化位于广州北部，是广府文化核心区与粤北客家文化区的过渡地带，拥有较为典型的传统村落31座。在传统村落的保护与发展过程中，村民的自发保护行为由于缺乏政府的引导，对传统村落风貌造成了不同程度的破坏。在这种情况下，区县一级政府的稳定秩序职能极为重要，其重点在于：完善保护规划机制以构建传统村落保护和发展的规划编制秩序，建立教育机制以培育传统村落保护和发展的自主参与秩序，健全监管机制构以保障统村落保护和发展的运营管理秩序。

**关键词：** 村民自发　传统村落　保护与发展　政府职能　稳定秩序

## 引言

### 1.政府介入传统村落保护与发展的必要性分析

2017年10月，中国共产党十九大报告提出实施乡村振兴战略，为解决"三农"问题、全面激活农村发展新活力做出指引。我国传统村落的保护与发展正呈现前所未有的良好机遇，但由于村落分布广泛，数量庞大，类型多样，保护与发展工作中仍然面临诸多具体难题，在快速城镇化过程中传统村落遭到破坏的现象时有发生。

传统村落遗产公共资源属性决定了政府部门介入实施公共管理的必要性。住建部原副部长、传统村落保护专家仇保兴先生曾指出传统村落保护与发展工作"不少地方尚未列上领导的议事日程，政府的作用还未充分发挥，仍然存在的突出问题，当务之急是充分认识传统村落不可替代的独特功能，纠正各级

* 广州市哲学社会科学发展"十三五规划"智库课题资助成果《塑造广州城市特色风貌的思路与对策研究》（项目批准号：2016GZZK33）、《广州大典》与广州历史文化招标项目重点课题资助成果《广州古村落史研究》（批准号：2015GZZ05）、广东省现代建筑创作工程技术研究中心自主课题资助成果《基于民系比较的广东侨乡民居建筑文化研究》（批准号：2016AZ22）。
** 唐孝祥，汉，湖南邵阳人，博士，华南理工大学建筑学院、亚热带建筑科学国家重点实验室、广东省现代建筑创作工程技术研究中心教授、博士生导师，研究方向为建筑美学、岭南建筑理论。
曾令泰，汉，湖南洞口人，华南理工大学建筑学院博士生，研究方向为传统民居建筑。

政府尤其是基层干部破坏传统村落的错误观念与政策，更要防止少数基层干部打着'新农村建设''城乡一体化'的旗号来破坏城乡协调发展。各级政府要充分发挥正能量，履行好各自的保护历史文化遗产、让人记得住乡愁的职能，为子孙后代留住乡村记忆和宝贵的村落文化遗产。"[1]

### 2.传统村落保护与发展中政府职能作用发挥的简要评析

政府职能是指一个社会的行政体系在整个社会系统中所扮演的角色和发挥的作用。它反映了国家行政管理活动的实质与方向，是政府活动的全面概括。西方政府职能理论研究及实践主要包括了重商主义、自由主义、凯恩斯主义、公共选择学派、政府再造学派等提出的国家干预主义的政府职能理论、自由主义的政府职能理论、市场失灵、政府失灵、公共行政危机等理论。我国在政治体制、法律框架、土地所有制性质、城乡二元结构所形成的城乡差别等方面与西方国家有很大的区别，需要我们去探索"具有中国特色"的政府发挥主导职能的传统村落保护与发展道路。

我国现有传统村落保护与发展研究中较多的关注到了应发挥政府的主导作用、以保护为主兼顾发展、鼓励不同利益主体参与等等问题。对于政府在传统村落保护与发展实践中由于认识偏差和角色定位模糊而产生的政府作用缺位、越位和错位等问题较少关注，特别是探索不同传统村落保护与发展类型中政府职能作用及其具体作用机制值得进一步研究。

## 二、广州从化区传统村落村民自发保护与发展案例分析

### 1.广州从化传统村落基本概况

广州市从化区在广州大规划中属于"北优"战略，以生态保护为主，是广州乃至珠三角名副其实的后花园。全区下辖五镇、三街道、两林场共有行政村落173个，根据实地调研具有典型传统村落31座，其中入选"中国传统村落名录"的有2座。从化位于广府文化核心区与粤北客家文化区的过渡地带，西南部靠近广州市中心城区属于广府文化主导区，东北部受客家文化影响深刻，为客家文化主导区。中间部分介于二者之间，广客文化势能相当。文化形态的差异直接影响到村落的类型划分。具体来说，以村民使用语言、村落景观及民居文化等因素的差异性及趋同性，本文将从化传统村落划分为广府文化主导区、客家文化主导区和广客家文化交融区三大区域。[2][3]其中客家文化主导的传统村落有4个，广客交融型传统村落12个，广府文化主导的传统村落15个。从镇、街道的行政区域分布来看，传统村落占区传统村落总数最多的是良口镇和太平镇，均为6个，所占比例各为19.35%；其次是城郊街道、鳌头镇、吕田镇，均为4个，所占比例各为12.9%；江埔街道和温泉镇有3个村，所占比例各为9.7%；街口街道1个，所占比例为3.2%。

### 2.广州从化村民自发保护与发展传统村落产生的原因及存在的问题

广州从化区地处经济发达的珠三角腹地，长期以来宗族文化鼎盛，宗族意识根深蒂固，很多村落都是单一姓氏同族人共聚，或者几个主要姓氏组团式聚居，自组织程度较高。虽然改革开放以来受到工业

化、城镇化、市场化的深刻影响，但传统的自组织意识得到很好的传承。因此在传统村保护与发展的实践活动中，村民自主参与的主体优势很显著，加上市场经济经济利益的刺激，及民间组织的推动，村民自发保护与发展现象较为普遍。根据现场调研，从化村民自发进行保护与发展的典型传统村落有溪头村、松柏堂、殷家庄、大夫田、麻村等5座。然而由于缺乏政府层面的宏观引导，以及自身的固有的局限性，虽然村民的自我保护发展的积极性很高，但对于采取具体的措施、路径不甚理想。比如所需资金主要依靠自身力量筹集，压力较大，特别是传统村落旅游开发前期需投入的大量开发经费，村民为了尽快拿回投资，引入过多的商业过度进行开发，存在过度地消费着传统村落价值的现象。

由上可知：一方面广州从化地区传统村落保留的数量众多，类型多样，特色显著，同时受宗族文化的深刻影响，自组织力量强盛，具有较高的学术研究价值。另一方面从村民自发进行的保护与发展实践活动表明，由于从化政府没有科学编制传统村落保护发展规划，或规划编制实施欠缺，或监督管控不严，无可避免地出现了保护与发展的失序现象。这客观上需要强化政府在村民自发保护与发展传统村落中发挥稳定秩序的职能。

## 三、政府发挥稳定秩序职能的对策

对传统村落遗产资源展开有效保护是政府职责所在。在村民自发进行的传统村落保护与发展中除了保护与发展的自发性、功利性及盲目性外，同时也存在村民这一保护与发展主体经济力量单一薄弱、外部专业力量支持有限、保护发展规划目标模糊等不足和缺陷，需要政府介入传统村落保护与发展过程，以秩序为中心，建立起完善的的规划、教育、监管机制以保障传统村落的保护秩序和可持续发展。

**1.完善规划机制：构建传统村落保护和发展的规划编制秩序**

在村民自发进行的传统村落保护与发展中，完善规划机制以构建规划编制秩序是政府发挥维护秩序职能的首要前提。

如从化城郊街殷家庄村整体古村落民居群保存良好，建筑多为闲置，政府没有编制保护发展规划，村民不懂得如何保护和发展此传统古建筑资源（图3），部分民居租赁作为鸡鸭养场。城郊街大夫田村也因为政府的保护工作不到位及欠缺科学规划，村民自发保护措施不当，导致传统民居破损严重，房屋墙砖风化、天面破烂、厢房倒塌现象明显，很多房屋租赁作为小作坊，现今村中保存良好的仅有3座公祠、1座炮楼（图4）。针对同类实践问题，规划机制的完善具体包括：

（1）突出特色保护与产业发展的规划导向。传统村落风貌与特色、传统建筑规模与质量、传统文化保护与传承三个层面价值突出的村落，规划中应坚持把传统村落保护与开发利用有机结合起来，在保护的基础上，抢救挖掘历史文化遗产，利用各村的特色资源，开发传统产业，发展生态农业、生态旅游，以此形成保护、整治、开发的良性循环。有学者指出"在《传统村落保护发展规划编制基本要求（试

图1　殷家庄村建筑群现状

图2　破损荒废的大夫田村建筑群

行）》的标准化规定下，应因地制宜地分析、提炼和保护传统村落的在地特色，凸显乡土聚落文化的丰富性和多样性。"[4]针对传统产业特色明显的村落，可在村落的特色产业中注入创意文化的因素，增加产品的附加价值，实行品牌化地创新经营，从产业入手进而进行社区营造，实现传统村落的保护与发展。"文化创意产业与旅游业融合发展，正逐渐成为传统村落保护与发展的新趋势。"[5]

（2）树立发展导向与利益平衡的规划目标。传统村落保护发展规划是对村落空间的再生产和再塑造。如有学者认为："传统村落具备发展'养老村'的各方面条件。传统村落的保护与发展不能只走旅游开发一条路，'养老村'等社区式保护与发展模式是值得借鉴和尝试的。"[6]因此，传统村落规划过程和结果有可能产生"城市化"与"乡村化"的分歧，表现为"战略性的村镇发展策略与居民日常生产生活的巨大差距；规模化、程式化、短期化的建筑生产难以符合传统村落渐进式的更新原则和方法；政府主导的规划方案有序条理，却难以满足农村居民有别于城市化生活行为的实际需求。"[7]政府的"城市化"发展思想和策略具有理想化的一面，面临乡村基层现实需求，投资企业利益化倾向往往会受到冲击。因此，平衡各方利益的思路是，传统村落保护与发展的规划目标应在体现城市化发展基本导向的同时，延续乡村化特色，构建和谐乡村人居环境，促进村民和投资企业可持续发展收益。

（3）建立政府统筹与村民参与的规划方法。传统村落保护与发展涉及众多政府部门，易导致多头管理，整体协同作用较差。或多从部门利益出发，或者学科领域出发，缺乏整体性考虑。如在从化区，政府重点关注的一些"明星村"则有旅游规划、保护规划、发展规划、农业规划等规划文本，且彼此之间的内容却互相冲突或重复的情况普遍。而另外一些村落则无人关注，自然衰败（图3、4），呈现政府工作冷热不均的不平衡现象。

图3　吕田镇新联村荒废的儒林第围屋与碉楼

图4  黄沙坑村特色围屋——广裕第  王东摄

此外，村民是村落建设主体，也是受益主体。有学者通过对当下参与式乡村规划模式进行梳理，比较研究不同模式下各方利益关系、规划的适应性及局限性，并基于"资产为本"的规划理念，提炼适用于不同类型村庄的参与式规划模式，目的在于"在有限的资金及人力条件下，通过匹配村庄资源条件与参与主体，提升村民参与度及参与质量"[8]。在从化区村庄规划编制实践中，往往套用城市规划模式，忽视村民的参与而与实际需求而脱离。"村落中的乡贤精英，包括老教师、老干部等清楚村子的历史情况，且具有民间权威，能够在村落遗产的保护规划作中发挥关键作用。"[9]因此，建立村民商议决策、多个部门参与、区（县）政府统筹协调的"多规合一"规划编制机制，遵循问题导向、实用简单的原则是可行的方法和途径。

（4）坚持决策先行与确保落地的规划原则。传统村落规划编制在未明确具体需求之前，由长期从事城市规划的专业人士介入，短期内编制村庄规划，易脱离实际。"以《海淀北部地区规划（2010-2020年）》为代表的传统城市规划，采用完全城市化的方法，将各类村庄全部拆除，忽视了多样化人口对于多样化功能的需求；同时，由于规划方案仅注重空间功能的完整，忽视对建设过程中实施主体和相关配套政策的研究，造成可实施性的缺乏"[10]。在现有的传统村落保护发展规划工作中，"政府出于宏观管理需求而提出便捷性要求，或是主张开发商地产、旅游项目的经济效益，对于村民的空间活动需求往往缺乏论证和考虑，直接导致'规划规划，墙上挂挂'难以落地实施的窘况"[11]。明确规划与需求的关系、平衡普通村民与投资企业的利益诉求是政府发挥规划管理职能的一个核心问题。因此，区（县）政府应根据各村实际情况，先行做出建设性决策，依据建设决策编制乡村规划，确保规划落地。

**2.建立教育机制：培育传统村落保护和发展的自主参与秩序**

传统村落保护与发展规划编制完成后，规划实施尤为重要。在村民自发进行的传统村落保护与发展实践中效果并不理想。调研中发现，从化区传统村落中村民保护和控制传统聚落风貌的意识不强，自建房的造型、色彩、朝向和高度不一，人为破坏现象严重（如图5、6）如。如街口街道松柏堂由于部分村民自身的眼界层次局限，加上急于看见效益的迫切愿望，往往只看到当前的发展的小目标，村民在再改造自己的传统民居时肆意加建扩建，将房屋出租给外来打工人员，房屋保护状况堪忧（图7）。因此，建立教育机制以培育村民自主参与秩序是政府发挥维护秩序职能的内在要求。传统村落的教育机制建立应由政府、专家和志愿者等面向乡镇村干部及普通村民来共同完成。建立机教育机制的具体措施包括：

图5 缺乏有效管理的空心村——太平镇钱岗古村

图6 太平镇钱岗古村倒塌的民居

（1）追求自觉参与的教育目标。目前从化区大部分传统村落原居民对祠庙建筑等公共建筑的数量、功能用途、历史较为熟悉，但对村落历史了解不够深入，对建筑装饰语言、楹联牌匾的历史文化内涵理解粗浅。建立教育机制的目标和意义在于以更加多样的形式，全面教育培养村民的自觉保护意识，理解村落历史文化价值并懂得如何参与保护工作，对历史建筑开展自主有效的日常维护和管理，实现自觉保护、自主管理、自愿协作。在从化传统村落保护与发展实践中，旅游经济的介入客观上促使村民意识到传统村落历史文化价值，已经开展乡村旅游地区的村民对民居建筑、景观元素、乡村格局等形成的文化认知显然优于其他地区。

（2）开发通俗易懂的教育内容。村民长期生活或曾经生活在传统村落中，积累了天然的归属感，要唤醒村民对传统文化的敬畏、对大自然的敬畏。譬如出于对自然的崇拜和敬畏，从化区大多传统村落保留了古树，"因为古树并不仅是村落的景观环境语汇，更是传统村落中民间信仰及其生态文化价值的重要体现"[12]。开发通俗易懂的教育内容，如通过祠堂建筑的修复与保护，传播和普及传统建筑及村落风貌的保护知识，挖掘和传播传统村落文化价值，让村民认识到传统村落风貌特征及其价值所在，提升村民的保护意识、提振村民的文化自信、形成村民的自觉参与动力。

（3）采用形式多样的教育方法。"我国农村每年建筑面积在 4-6 亿平方米，而农房建设状况令人堪忧。中国的农房绝大多数是农民设计、农民自建的。根据住房和城乡建设部对全国近 10 万农户的抽样调查，约95%的农房没有设计图纸，仅凭农户功能需求或者乡村工匠经验建房，大部分农房外观呆板简陋，'火柴盒'式的农房比比皆是。一些富裕起来的农户新房不伦不类，模仿城市、国外建筑。粗糙简陋的农房建设对我国乡村风貌造成了很大影响。改变农房建设落后局面，要开展一系列艰巨的工作，包括法律法规建设、管理体系建设、工匠队伍培育、设计介入、技术标准制定和乡村建材开发推广等等。"[13]如何把知识平民化、科学生活化，是顺利开启"民智"，转变传统村落保护发展观念的重点。采取如传统村落与建筑保护知识手册，举办公益性的营造活动，在乡村小学及中学开展教学活动，发布宣传公益广告，对施工人员采取必要的知识培训和技术指导等形式多样的教育方法，使保护知识渗透到乡村生活的方方面面。如从化住建局2014年印发了农村住宅建造技术指导手册和规划指引，对于保护传统村落起到了积极的作用。

（4）发挥专业力量的教育作用。传统村落保护与发展的参与主体，有些缺乏保护知识和工作经验，有些对历史遗产的保护维修方法不正确，没能形成科学的保护技能与手段，致使产生"保护性破坏"现象。在实践工作中如果没有理论的指导和提升，传统村落的保护发展就会流于表面化、世俗化，就会失去方向。"政府要适应新形势，探索学者和各参与主体合作参与传统村落保护与发展新模式。"[14]专业学者做扎实的田野调查和理论研究，学习国外经验，挖掘传统村落的文化底蕴和历史价值，确立我国传统村落保护战略目标、标准，总结提炼传统村落保护技术、方法，提供咨询、规划、评审等服务，参与政府传统村落保护发展决策、监督过程，发挥学术研究机构专业素养，提高传统村落保护发展的研究成果、技术创新、决策监督的水平和效果。

### 3.健全监管机制：确保传统村落保护和发展的运营管理秩序

通过系统化的教育培训，传统村落保护与发展全体参与者形成了共知、达成了共识，为实现传统村落保护与发展工作有序开展奠定了良好基础。然而在村民自发进行的传统村落保护与发展实践中还出现了项目建设和运营管理无序等问题，需要建立起健全的监管机制以保障传统村落保护与发展的运营管理秩序。如良口镇溪头村村民面对乡村旅游开发改善生活质量和保护传统村落的选择矛盾时，很多村民都会选择前者。很多村民为了尽快乘乡村旅游之快车脱贫致富，将自家的老房子拆掉在原址上建新房子作为家庭旅馆，随意加建改建民居。政府虽然也出台了规划，但由于缺乏相关领域专家的咨询，致使传统村落保护与发展工作从一开始的起点就比较低，村落价值开发的过程中未能形成有效的良性互动局面，没有更为长远的宏观规划，未来的发展目标模糊。此外，由于政府监管不到位，村落格局、街巷破坏现象严重（图6）。对于上述典型问题，健全监管机制的具体措施包括：

（1）建立信息登录制度。在从化区级政府层面，虽然已将个别传统村落、少数传统建筑纳入历史文化遗产的保护评价体系，但仍然难以顾及大多数处于"自生自灭"状态的传统村落文化遗产。可以借鉴和学习国内外成熟的保护法规及相关制度，由区（县）一级政府国土规划部门或文化部门建立重点文物及历史建筑乃至传统村落作为聚落整体的登录制度，形成传统建筑及聚落要素信息系统，进而形成保护体系。信息系统具体内容涵盖建筑历史、使用现状、建筑保护和修缮过程档案等资料信息。

图7　松柏堂无序建设现状

（2）规范项目建设行为。传统村落保护与发展项目建设过程中应对传统村落的建筑、景观、公共空间等核心要素加强日常监控管理，规范监督村落保护与发展参与者的建设行为不脱离保护与发展规划要求。政府要设置专职或外聘专业人员对新建建筑，历史建筑的拆除、修缮及改造利用建设资格要进行审查，严格以历史建筑档案和保护规划为依据审批建设方案。政府派员定期监督，加强施工过程管控，及时纠正存在问题。最后要抓好工程验收审核。通过全过程监管，杜绝各类破坏传统村落建筑风貌的建设活动。

图8　溪头村周边的大量改建建筑

（3）监督商业开发运营。村民自发形成的服务乡村和游客的商业经营活动，能够在一定程度上满足外来者衣食住行的需要，但价格竞争、服务质量参差不齐等市场无序行为又极易产生负面效应，破坏乡村发展生态。"尤其是分散经营的业态，政府应重视并推动村落旅游的监管工作，统筹整合，合理开发利用，构建村落保护发展的运营管理秩序。"[15]2016年从化区政府出台了关于农家乐综合整治提升和规范管理制度，制定经营门槛，规范经营行为，推动了传统村落经济有序发展。此外，传统村落一旦开展旅游活动，对于其人流容量的控制十分重要，政府应在交通、公共服务设施、游客管理等方面通过行政力的控制，发挥指引、监督作用，防止传统村落盲目开展旅游开发。

（4）实施镇村激励约束。部分村民自发组织的传统村落活化利用活动，长期处于自我发展模式下，游离于政府的关注之外，加上传统村落的资源条件和原居民需求的多样化的，区（县）级政府要统一出台传统村落保护与发展的规范管理制度，对镇村进行激励约束。如从化良口镇仙娘溪村，具有公益性质的组织发起了祠堂修缮、博物馆式展览、农产品包装等活动，但由于其区位偏远，交通不便，因而其社会影响有限，仅限于社会组织和专业学者的研究领域，政府应给予资金补贴、动用政府媒体资源予以宣传、扶持农副产品电商销售等激励措施。此外，对检举、控告、制止破坏村落结构和历史建筑的行为给予物质和精神奖励，对违反规划进行开发建设的单位和个人责令停止停工、罚款处罚，对破坏传统村落历史保护文物的行为按照严格《中华人民共和国文物保护法》有关规定进行惩处。

## 四、结语

在村民自发保护与发展传统村落中，发挥政府的稳定秩序职能具有现实紧迫性、针对性和指导性。政府通过完善规划机制、建立教育机制、健全监管机制，以秩序为核心，充分协调传统村落保护与发展参与主体的关系，解决目前村民自发开展传统村落保护与发展工作中政府缺位的问题，更好地促进村民主体作用发挥，推进传统村落的空间环境、功能用途、社会结构、经济发展、政治环境的持续改善，实现政府协调传统村落保护与发展的管理职能，促进传统村落可持续保护与发展。

## 注释

[1] 仇保兴：《论保护传统村落中的政府作用》，《中国名城》，2015年第3期，第4-7页。

[2] 王东：《广州从化传统村落空间分布格局探析》，《华中建筑》，2016年第5期，第153-155页。

[3] 广东省内汉族民系包括广府、潮汕、客家和雷州民系，其传统文化特征同中存异。现有广东传统民居及村落研究多据此以民系分类法展开调研与分析。参见陆琦：《广东民居》，中国建筑工业出版社，2008年。

[4] 何依、孙亮、许广通：《基于历史文脉的传统村落保护研究——以宁波市走马塘村保护规划实施导则为例》，《小城镇建设》，2017年第9期，第11-17页。

［5］黄璐：《社区营造视角下的梅州客家古村落保护与更新策略研究》，华南理工大学，2012年。

［6］肖涌锋、张传信：《归园田居——传统村落开发新思路》，《小城镇建设》，2016年第2期，第94-98页。

［7］周源：《新农村建设的村庄规划和村庄管理研究》，华南理工大学，2012年。

［8］镇列评、蔡佳琪、兰菁：《多元主体视角下我国参与式乡村规划模式比较研究》，《小城镇建设》，2017年第12期，第38-43页。

［9］熊超、夏健：《村民参与式古村落保护模式研究——基于社会网络的建构》，《现代城市研究》，2016年第1期，第10-15页。

［10］谭静、王璐：《面向实施的村庄规划研究——以〈北京市海淀北部地区拟保留村庄规划发展研究〉为例》，《小城镇建设》，2017年第9期，第18-21页。

［11］文剑钢、文瀚梓：《我国乡村治理与规划落地问题研究》，《现代城市研究》，2015年第4期，第16-26页。

［12］王宾、于法稳：《新型城镇化进程中村落文明的保护与传承》，《青海社会科学》，2017年第5期，第182-188页。

［13］赵晖：《揭示乡村价值 展示乡村之美——开展田园建筑优秀作品评选的初衷》，《小城镇建设》，2017年第10期，第7页。

［14］周建明：《中国传统村落——保护与发展》，中国建筑工业出版社，2014年。

［15］闵忠荣、洪亮：《民宿开发——婺源县西冲传统村落的保护发展规划策略》，《规划师》，2017年第4期，第82-88页。

# 古村镇在乡村振兴战略中振兴发展的思考

刘炳元*

**摘　要：**乡村振兴战略是习近平总书记在党的十九大提出的全面建设小康社会，从根本上解决"三农"问题，建设美丽中国的战略决策。在乡村振兴战略中，古村镇要不要振兴发展、如何振兴发展？本文从古村镇的现状说明古村镇必须振兴发展；古村镇具有产业、生态、乡风、治理等优势，是古村镇实现产业兴旺、生态宜居、乡风文明、有效治理、生活富裕的基础；振兴古村镇要以创新发展的理念，依法、依规，从实际出发，编制好具有科学性、创新性、可行性的振兴发展规划。

**关键词：**古村镇　优势　创新　振兴

古村镇是一定的历史时期形成并发展起来的集市和村落。古村镇从中国历史断代来说，严格意义的古村镇，应该在鸦片战争以前形成并发展起来的才能称之为古村镇。但从住房城乡建设部、文化部、国家文物局、财政部《关于开展传统村落调查的通知》（2012年）界定传统村落的年代来说，"传统村落是指村落形成较早"，早到什么时候？《传统村落评价认定指标体系（试行）》定的久远度是：现存最早建筑修建年代和传统建筑群集中修建年代，在"新中国成立至1980年以前"修建的，并具备一定条件的村落，可以称为传统村落。那么，在1980年至民国初年形成和发展起来的传统村落能否称为古村呢？从《中国历史文化名镇（村）评价指标体系》（试行）的历史久远度来看，中国历史文化名镇（村）现存传统建筑、文物古迹在民初修建的，才符合中国历史文化名镇（村）的年限条件。中国历史文化名镇（村）是中国古村镇的佼佼者，国家住建部和国家文物局认定其年代下限是民国初年。因此，在民国初年之前形成并发展起来的村镇，可称为古村镇。从民初至新中国成立后的1980年形成的传统村落则不应称古村，也不应称为古镇。

古村镇最早建镇立村的年代，从公布为中国历史文化名镇（村）的各村镇的资料来看，建镇最早有两千多年历史，立村年代最长的也有一千年左右。建镇立村历史最短的，也有一百余年。古村镇建镇立村的历史悠久，历史文化积淀深厚，内涵丰富，具有历史价值、艺术价值、科学价值、经济价值、社会价值，以及利用价值，是我国乃至世界的宝贵财富。

---

*　刘炳元：工作单位为原东莞市文化局，中国文物学会专家委员会委员、中国人民解放军体育学院客座教授、副研究馆员。

乡村振兴战略是党的十九大报告提出来的，是全面建成小康社会，从根本上解决"三农"问题，建设美丽中国的战略决策。在乡村振兴战略中，古村镇要不要振兴发展、如何创新发展？是值得思考的问题。

## 一、古村镇在乡村振兴战略中必须振兴发展

我国有多少古村镇，目前还难于统计。毫无疑问，被国家住建部和国家文物局公布为中国历史文化名镇（村）的，以及各地公布为历史文化名镇（村）的，均属古村镇。还有一些镇和传统村落也有可能评为国家级或省级历史文化名镇（村）。可见，我国的古村镇应该为数不少。

**1.从古村建筑的现状来看，必须振兴发展**

古村镇具有丰富的历史文化遗产，这些历史文化遗产相当一部分都是依附于各个历史时期的建筑。文物建筑、历史建筑和传统建筑除了本体属于历史文化遗产之外，也是其他历史文化遗产的主要载体。近二三十年来，古村镇，特别是古村，其历史建筑、传统建筑，甚至文物建筑被拆除，历史文化遗产受到严重的破坏，大量古村从我国大地上消失。据冯骥才先生统计，"2001年至2010年间，全国少了90万个古村，每天有80到90个古村正在消亡"。[1]在古村受到严重破坏乃至消亡的情况下，国家住建部等几个部门发出加强保护传统村落的通知，已有四批4153个村被国家住建部、文化部和国家文物局等部门公布为"中国传统村落"，还有2646个村等待正式公布。国家财政也拨出巨款补助传统村落的保护。但传统村落的文物建筑、历史建筑和传统建筑的数量大，国家拨出的维修补助经费显然是杯水车薪。目前，且不说还未评选公布为"中国历史文化名村"的传统村落，已公布为"中国历史文化名村"的已有487个村，需要维修的文物建筑、历史建筑和传统建筑数量巨大，若加上民初以前所建的其他古村，其维修的费用确实是天文数字。这些维修经费完全依靠国家拨给是不可能的，而靠村委会和村民自费维修，目前的难度则非常大。须知，经济欠发达地区的古村集体经济十分薄弱，村民的经济收入也有限。因此，要村委会和村民个人掏钱维修文物建筑、历史建筑和传统建筑不现实。面对文物建筑、历史建筑和传统建筑需要维修的数量多，而村集体经济和村民经济收入少的情况，古村历史文化遗产则难以有效保护。古村只有振兴发展，增强集体经济和使村民富裕起来，才能从根本上解决大量文物建筑、历史建筑和传统建筑的维修经费问题。

**2.从古镇发展的状况来看，必须创新发展**

纵观古镇发展的历史，古镇是在居民集市或村民圩市的基础上发展起来的。古镇一般都是建在水路、陆路或水陆两路交通方便的地方，是当地居民或村民经商贸易之地。这些古镇在历史长河中或兴旺或衰落，有的迅速发展，有的则停滞不前。例如我国古代四大名镇湖北汉口镇、广东佛山镇、江西景德镇和河南朱仙镇就出现这种情况。汉口、佛山和景德等三个古代名镇今天已发展成为繁华的城市。而朱仙镇比之汉口、佛山和景德则落后得多。据《祥符县志》记载：朱仙镇原名聚仙镇，后因战国名士朱亥的食

邑和封地而得名，距今已有两千多年的历史，是我国最早的建制镇之一。明末清初，朱仙镇曾兴盛一时，清中期因黄河水患开始衰落，其经济社会发展状况和繁荣程度无法与汉口、佛山和景德三个古代名镇相比。朱仙镇的落后，黄河水患等自然灾害固然是一个方面的原因，但人为因素也不能不说是一个重要方面。据介绍，朱仙镇早在新中国成立之前就大量拆除古民居。近二十年来，在旅游开发方面，又缺乏创新发展的理念，重门票收入，轻综合开发，连最有名气的年画也发展不起来。从朱仙镇的实例可见，在乡村振兴战略中，必须创新发展才能振兴古村镇。

## 二、古村镇在乡村振兴战略中的优势

古村镇历史年代久远，在发展过程中难免受到水患、风灾等自然灾害和战争、火灾以及随便拆除等人为因素的影响乃至破坏，但其深厚的历史积淀还是具有独特的优势：

### 1.发展各种产业的优势

古村镇，特别是历史文化名镇（村），历史悠久，具有丰富的物质文化遗产和非物质文化遗产，是发展文化产业的宝贵财富。文化产业是以文化为内容，打造可以营销，并产生效益的行业，其包括新闻出版、电影、电视、音乐、舞蹈、美术等各种门类的艺术产品。旅游虽然不称为文化产业，但旅游离不开文化，文化是旅游的灵魂，以文化为主要内容的旅游产品，也属于文化产业的范畴。因此，古村镇的历史文化遗产，均为文化产业的发展提供条件。特别是古村镇历史文化遗产中的文物古迹和非物质文化遗产，成为文化旅游的主要资源。以众所周知的江苏同里镇为例，该镇是我国为数不多，曾以全镇作为省级文物保护单位的一个古镇。2003年被国家住建部和国家文物局公布为第一批中国历史文化名镇，退思园也被联合国教科文组织列入世界文化遗产[2]。这就说明同里的历史文化遗产相当丰富。正因为同里镇有丰富的历史文化遗产。所以，同里镇以历史文化遗产为主要内容的旅游产业也就很快地发展起来。2010年被国家旅游局评为5A级旅游景区。去年，还获得"2018中国品牌旅游景区"称号。

古村镇除了利用历史文化资源发展旅游产业之外，还有其他振兴产业的优势：

第一产业方面，在农耕社会，土地是农民赖以生存的基本资源。一般来说，古村的先民都选择有一定数量的土地从事农耕。因此，土地就成为古村发展现代农业以及发展其他产业的重要资源。

第二产业方面，古镇有不少人从事手工业，为制造业提供人才和技术。例如，广东省历史文化名镇虎门的服装业闻名全国，就是因为原太平镇有一批服装裁缝师傅支撑起服装行业。当地政府因势利导，以服装业带动电子、五金、彩印等产业，使全镇经济蓬勃发展。十多年前虎门镇就被评为"中国首届千强镇之首"。

第三产业方面，古镇的服务业有较好的基础，加上古村又有劳动力，这就为第三产业的发展提供了良好的条件。

总之。古村镇有很多振兴产业的优势，是古村镇产业兴旺的重要资源。

### 2.建设生态宜居的优势

古村镇的先民们在建镇立村之初十分重视生活、生产和繁衍的环境，在建镇立村的选址方面就很讲究。从古村镇发展的历史中看到，古镇是在居民或村民的集市或圩市发展起来的，集市或圩市基本上都选在水路交通方便、陆路通畅或水陆交通便利的地方。古村是村民生产、生活和繁衍之地，古村的始祖立村时选址讲究风水。所谓风水宝地，就是宜居宜业。先民们讲究风水，不排除含有封建迷信色彩。但也有科学道理，这就是居住环境的阳光、空气和水土。古村镇选址一般都是比较好的，平原地区的古村镇虽然无山可依，但必定有水可取。山区、丘陵地区的古村镇多数选在依山傍水的地方。古村镇的生态环境具有建设生态宜居的优势。以东莞市石龙镇为例，该镇地处东江中下游，全镇面积十余平方公里，水陆交通方便，自然生态环境基础较好。历史上虽受水患，但新中国成立后，经过治理，已成为人居环境良好的小镇。2009年在国际花园城市评选中，荣获"国际宜居城镇"的光荣称号[3]。

### 3.树立乡风文明的优势

在封建社会里，朝廷对乡村实行的是乡绅治理的管理体制，宗法制度和伦理道德成为治理乡村的思想基础。在乡村的治理中，乡规民约是维系乡村的秩序的主要依据；血缘也是维系家庭、家族和宗族和谐共处的重要关系。在乡规民约和血缘关系的习俗中，既有封建糟粕，也有优良传统。农民在长期农耕过程中形成的勤劳刻苦、勤俭节约、勤奋读书、孝敬长辈等优良传统在古村镇仍有较大的影响，对古村镇树立新时代社会主义核心价值观和乡风文明具有不可替代的作用。

### 4.加强有效治理的优势

古村镇，尤其是以血缘聚居的古村，家族或宗族辈分高的长者往往有较高的威望。在处理村中的大小事务时，长辈的意见影响力较大，村民都很尊重威望高的长辈的意见。村民尊重高威望长辈意见，也是古村治理的一种优势。因此，在古村的管理中，村党支部或村党工委，应充分发挥村中有威望长者的作用。

## 三、坚持创新发展理念振兴古村镇

古村镇的振兴发展，指导思想必须正确，依据必须充分，规划必须科学，措施必须可行。

### 1.以法律为依据创新古村镇振兴

党的十九大报告提出的"新时代中国特色社会主义思想"写入党章，在第十三届全国人民代表大会又写入《中华人民共和国宪法》。实施乡村振兴战略是新时代中国特色社会主义思想的一项内容。古村镇实施振兴战略，就是贯彻执行党章，从依法治国的角度来说，也是依法行政。古村镇在乡村振兴战略中创新发展必须依据法律、法规和中央有关通知的要求。任何离开法律法规和中央有关通知的所谓创新都是错误的。例如，有的地方为了赚钱，让商人承包文物建筑，把祠堂办成酒吧餐厅，还美其名是"活化利用"。须知，这种"活化利用"与让文化遗产"活起来"的内涵是相悖的，与《文物保护法》《非物质文化遗产法》关于"合理利用"的法定更是相违。对于文物的"合理利用"问题，2016年4月，全国文物工作会议强调"合理利用"要"适度"。因此，对文物和"非遗"利用的提法，还是依法定为妥。

**2.古村镇要编制创新的振兴规划**

乡村振兴"要坚持农业农村优先发展，按照产业兴旺、生态宜居、乡风文明、治理有效、生活富裕的总要求"，这是古村镇振兴发展的要求和目标。古村镇振兴要实现总要求，不能空喊口号，要有切实可行的措施。就全国来说，2018年9月中共中央、国务院印发了《乡村振兴战略规划（2018-2022）》这是全国性的乡村振兴规划。这个规划对实施乡村振兴战略三阶段的目标任务提出明确的要求，是全国性的乡村振兴战略规划的"总规"。各地的古村镇也应根据"总规"编制实施本村本镇振兴战略的规划。

各地的古村镇由于所处的区位不同、自然环境不同、交通设施不同、经济条件不同，就形成了业态状况、人居条件和经济收入等有很大的差异。各古村镇更需要有针对性地编制振兴发展的详细规划。目前，有一部分历史文化名镇（村）已编制了保护规划，但这些保护规划只着重如何保护历史文化遗产，而对如何振兴古村镇则很少涉及甚至没有提及。因此，即使已编制了保护规划的古村镇也要编制振兴战略规划，没有编制振兴战略规划的，更应着手编制。

保护规划与振兴战略规划是不同的，其不同之处在于：

第一，规划目标不同。保护规划主要是使历史文化遗产不受破坏，延长或传承历史文化遗产。振兴战略规划则要求在建国100周年时，古村镇全面振兴，产业强、村镇美、居民富。

第二，规划对象不同。保护规划的保护对象是历史文化遗产，主要是文物建筑、历史建筑、传统建筑和可移动文物，以及非物质文化遗产的传统口头文学及作为载体的语言；传统美术（梅花篆字）、书法、音、舞蹈、戏剧、曲艺和杂技；传统技艺、医药和历法；传统礼仪、节庆等民俗；传统体育和游艺等。振兴战略规划的对象是多元的，既有物质（其中也包含物质文化遗产）也有精神；既有山，又有水；既有传统，也有现代。

第三，规划内容不同。保护规划主要是制定历史文化遗产的保护、利用和管理。振兴战略规划则围绕如何实现总要求，最后达到产业兴旺、村镇美丽、居民富裕的最终目标而制定的举措。

古村镇振兴战略规划是古村镇振兴，实现最终目标的重要措施。编制古村镇振兴规划，必须以马克思列宁主义、毛泽东思想、邓小平理论、"三个代表"重要思想、科学发展观和习近平新时代中国特色的社会主义思想为指导，以法律法规和全国乡村振兴战略的"总规"为依据，以新的发展理念，从古村镇的实际出发，编制出具有科学性、创新性、可行性的振兴规划。

党中央提出的乡村振兴战略，是从根本上解决"三农"问题，使农民走上共同富裕道路的基本国策。古村镇不仅是我国广大乡村的一部分，而且还是乡村中的佼佼者。在乡村振兴战略中，古村镇应不失时机地以"创新、协调、绿色、开放、共享"五大发展的理念，把历史文化遗产保护得更好，让遗产活起来，使古村镇成为既有深厚历史文化底蕴，又有浓郁时代气息的产业兴旺、生态宜居、风俗文明、治理有效、生活富裕，具有中国特色的美丽古村镇。

## 注释

［1］《冯骥才回乡把脉古村保护》,《宁波日报》, 2016年4月27日。

［2］见苏州市吴江区人民政府网。

［3］中国新闻网, 2009年10月14日。

# 文旅融合背景下传统村落振兴之管见

郭桂香*

**摘　要：**传统村落便是以血缘为纽带，依托自然环境组织生产生活，并依然保持固有农耕文明的最基本的社会聚落，是一部流动的史诗，维系着中华文明的根，寄托着中华各族儿女的乡愁。在文旅融合背景下，振兴传统村落是一个系统工程，必须秉持发展理念，加强顶层设计，整体规划，活态保护，用性灵抒写好传统村落这个大诗篇中富有时代精神、地域风格的当代章节，各美其美，走出适合村落自身特点的可持续发展之路。

**关键词：**文旅融合　传统村落　顶层设计　活态保护　各美其美

## 一、传统村落的形成

翻开中国的历史，中华文明与西方文化截然不同，它是以血缘群体为基本生产单位的农作社会中衍生、发展而形成的。"以农为本的产业结构、食为政首的重农思想、礼乐规范的约束机制、休戚与共的群体观念、家国同构的宗法范式、天人合一的和谐观念、不偏不倚的中庸之道、有机农业的优良传统、精耕细作的技术体系、独具特色的丝茶文化等"[1]一直延续着。即便发展到当下的信息时代，每年国家发布的第一号文件必定是有关农业农村发展的政令。

传统村落便是这以血缘为纽带，依托自然环境组织生产生活，并依然保持固有农耕文明的最基本的社会聚落，是人与自然和谐发展的结晶，是最具生命力的社区组织，是生生不息的中华农耕文明的"活"的载体，是中华文明的优秀基因信息库，凝结、传承着泱泱华夏全民族的历史记忆、生产生活智慧、文化艺术结晶和民族地域特色，观照、反映着文明的递进；传统村落是一部流淌着生命律动、永葆青春活力的史诗，不仅维系着中华文明的根，还是寄托着中华各族儿女的心底里的乡愁，未来与远方的出发地和落脚地。

---

*　郭桂香，中国文物学会古村镇专业委员会副主任委员兼秘书长，中国文物报社编审，复旦大学研究生院特聘教授。

## 二、传统村落的四梁八柱

传统村落不是单一的建筑和建筑群，也不只是文物保护单位，而是一个从来没有中断发展之路的社区或社会聚落。它是一个具有源头活水的、多维度的综合体，具有文化的多元性和生物的多样性。其基本构成要素借用一个通俗的说法，传统村落的四梁八柱应有四大方面：自然要素、物质要素、文化要素和时间要素。

### 1. 自然要素

为人类物质文化的建立和发展提供基础条件的自然环境，包括土地、山川、湖泊、海洋、水利、森林、草原，甚至地理、气候等都是影响传统村落形成、发展的因素，有时自然因素本身的独特性，也成为某一村落区别于其他村落的标志。

### 2. 物质要素

从历史到目前，为满足人们生活需要建造的、适应自然环境的固定生产生活资料，如乡村建筑、道路、公共设置等。

### 3. 文化要素

在长期与自然环境相互作用的过程中，人们在生产生活中，通过了解自然、感知自然、利用自然、改造自然和创造生活的实践，形成了村落社会、政治、经济、宗教和乡村组织形式等方面的价值观，其表现形式就是村落中居民的传统生产生活方式、语言、宗教信仰、习俗等，看得见的实实在在的物质要素与看不见却又无处不在的文化要素互相融合、互相支撑，进而形成村落"虚实相生""情景交融"的效果。

### 4. 时间要素

传统村落不等于凝固的建筑，不是一朝一夕就能立起来的，也不是靠一两个有文化有名望的人就能造就的，它是时光的积淀，是历史的萃取、洗练和升华，是村落自形成以来所有成员的集体记忆和智慧结晶。

因此，只有在时间的长河中，融合了相当的物质要素和文化要素，才是真正的传统村落，它的文化内涵透过民居建筑、公共设施以及"人化的自然"等外在的物质存在表现出来，不仅形成村落的独特景观，同时也成就村落发展的灵魂。

在2012年8月22日住房和城乡建设部、文化部、国家文物局、财政部联合印发的《传统村落评价认定指标体系（试行）》中，规定了传统村落三大方面的指标，一是建筑评价指标、二是村落选址和格局、三是村落承载的非物质文化遗产。每一指标体系中又从定量和定性两方面、若干小指标进行评估。上述的四个方面的要素都涵盖其中。

比如，云南元阳的箐口、全福庄、麻栗寨等传统村落所独有的哈尼梯田，就是千百年来生活在哀牢山区的数十代以哈尼族为主的各族人民，巧妙地利用高寒山区"一山分四季，十里不同天""山有多高，水有多高"的特殊地理气候,用智慧镌刻在大地上雄奇瑰丽的雕塑景观。哈尼先民以惊人的智慧和勇毅在高低错落的山地间垦殖梯田,挖筑沟渠,引水入田。这重重错落的片片稻田、郁郁葱葱的座座青山、环绕其中的如银练般的条条水渠、萦回于山梁间高高低低的浓云薄雾,还有那四季不同的阳光与殊体均沾的雨露等,便构成了天地间千奇百态、变幻莫测的艺术杰作,成为举世瞩目的梯田奇观,最核心的雕塑师就是世世代代生于斯、长于斯的哈尼人民。为了有限资源的最大化地合理利用,他们还因地制宜、因时制宜、因势利导,创造性地发明、应用,形成了育种技术、筑田技术、稻鱼共生技术在内的一整套包括精耕细作在内的传统技艺,以及从开沟挖渠、用工投入,到沟权所属、水量分配、沟渠管理和维修等制度,在一系列农事活动中形成了他们特有的文化,建构出森林—村寨—梯田—水系"四素同构"的农业生态系统。

比如"冲肥法",就是哈尼人利用村寨在上、梯田在下的地理优势,顺应农时而发明的一种施肥方法。在那里,每个村寨都挖有公用积肥塘,牛马牲畜的粪便污水贮蓄于内,经年累月,沤得乌黑发亮,成为高质有机农家肥,春耕时节挖开塘口,从大沟中放水将其冲入田中。届时,男女老少纷纷出动,有的还身着盛装。大家争先恐后用锄头钉耙搅动糊状发黑的肥水,使其顺畅下淌,沿沟一路均有专人照料疏导,使肥水涓滴不漏悉数入田。肥水一路哗哗淌过,人声鼎沸,举寨欢腾,为一年中的农事隆重开启序幕。在这些村寨,平时牛马猪羊放牧山野,畜粪堆积在山,六七月大雨泼瓢而至,将满山畜粪和腐殖土冲刷而下,来到山腰,被哈尼族的大沟拦腰截入,顺水注入梯田,此时稻谷恰值扬花孕穗,需要追肥,自然冲肥正好解决了这及时之需。

再如,寨子里那各式各样的蘑菇房,同样也是利用当地丰富的山林资源和地理气候而修筑的。这些蘑菇房,以石垫基,以木为柱,土墙草顶,通常由正房、前廊(相当于正房前厅)和耳房组成。二三层

图1　云南哈尾传统村落景观

的蘑菇房建筑设计上别具匠心：前廊与正房前墙相接，耳房与正房一（两）侧相连；前廊与耳房顶部均为坚实的泥土平台，它既可休憩纳凉又可晾晒收割的农作物；正房二层全部用泥土封实，然后在高处再铺盖茅草顶，每一座蘑菇，各具个性，对内，满足家庭各种功能需求，对外，既与村寨风貌保持一致，也丰富村寨的建筑审美样式，与远处山林、云海相得益彰，和谐共处。

因此，包括82个传统村落在内、面积为16603公顷的最具代表性的集中连片分布的水稻梯田及其所依存的水源林、灌溉系统、民族村寨，构成的红河哈尼梯田，以完美地反映出一个精密复杂的农业、林业和水利分配体系，并通过长期以来形成的独特社会经济宗教体系而得以加强，彰显出同环境互动的一种重要方式，通过一体化耕作和水管理体系之间的调和得以实现，其基石是重视人与自然以及个人与社区相互关系的社会经济文化体系；以及1300多年以来仍然保持着旺盛的生命力，其结构、内涵、组成要素和环境千百年未有根本改变，为人类提供了一处几乎是极限生存条件下顺应自然，以非凡的创造力、毅力和乐观精神成就美好生活的典范等突出普遍价值而被列入《世界遗产名录》。

通过这个典型案例，可以看出，传统村落四大构成要素有机融合、相互支撑的属性。

## 三、传统村落的发展路径

在中国特色社会主义新时代，我国社会主要矛盾已经从人民日益增长的物质文化需要转化为人民日益增长的美好生活需要和不平衡不充分的发展之间的矛盾。传统村落概莫能外，同样也存在着"日益增长的美好生活需要和不平衡不充分的发展之间的矛盾"。在文旅融合背景下，统筹好诗与远方的关系，怎样走好传统村落在新时代的发展之路？

新时代的传统村落终究是村落，是一个五脏俱全的社会，它包蕴着历史，生活在当下，还要走向未来。

传统村落的魅力在于它具有丰厚的文化底蕴。其最大特点就在于它们的鲜活性和独特性。振兴传统村落是一个系统工程，涉及的因素方方面面，必须秉持创新、协调、绿色、开放、共享的发展理念，要汲取城镇化过程中"千城一面"的教训，加强顶层设计，整体规划，活态保护，将改善、提升传统村落百姓生活的品质贯穿发展的全过程。只有让世居村民在保护中享受到现代文明的成果，获得幸福，才能激发出它的内生动力，焕发出它特有的魅力，活出村庄的品质。

在某种意义上，我们的传统村落一般处于比较封闭、偏僻的环境，交通不太方便，与外界的联系也不多，受现代文明的影响不大，与其他发展地区相比，要慢上一拍半拍，有的甚至处于暂时的停滞状态，有的因为大量年轻人外出闯世界而出现空心或半空心状态，导致传统村落与落后似乎画上了等号。

传统并不代表落后。传统实际上是历代创新的理念、高新的技术的历史积淀。传统村落是先人筚路蓝缕开拓创新过程中集体智慧的留存。

　　所以，振兴传统村落，要唤醒文化自觉、增强文化自信，尊重村落的文化底蕴和资源特色；应充分认知传统村落的历史、文化、艺术、审美、科学、经济、社会、情感等多方面的价值，深入挖掘农耕文化蕴含的优秀思想观念、人文精神、道德规范，在保护传承基础上对农村优秀传统文化的创造性转化和创新性发展，有针对性地谋划出村落发展方略，加强包括物质和非物质文化遗产保护的村落整体保护，并采取相应的措施，为传统村落输入活性因子，把保护、传承和开发利用有机结合起来，把我国农耕文明的优秀文化遗产和现代文明要素有机结合起来，并赋予其新的时代内涵和表现形式，摒弃"千村一

图2　浙江松阳传统村落

图3　贵州黎平地扪洞寨

面"，保持住传统村落的"这一个"，用性灵抒写好传统村落这个大诗篇中富有时代精神、地域风格的当代章节，各美其美，走出适合村落自身特点的可持续发展之路。

振兴传统村落，要树立开放共享的理念。在信息时代环境下，传统村落的发展不是政府+村民或者政府+专家这么简单的事，需要政府、企业、专家、村落村民、媒体齐发力，以传统村落为中心搭建跨界平台。一方面传统村落通过利用信息时代各种适合于本村的先进技术和手段，吸引企业和专业人才积极参与，凝聚力量，实现资源和技术的合作，村落内外的联通，加强对村落的深层次研究，设计出创造性的发展路径和措施，让传统村落的村民、参与传统村落保护的企业及个人在振兴传统村落的过程中，获得相应的回报。

振兴传统村落，要互知互尊。建立传统村落信息中心，搭起传统村落和外界之间的桥梁，构建多元文化互知互尊的教育中心。通过它，让进入村落的人们学到正确的行为和方式，也只有通过它，传统村落才理解外界在干什么，自身当做什么，从而学会从容与尊严。以真诚、真实去保护乡村，展现乡村，发展乡村。

仍以元阳哈尼梯田为例。据媒体报道，在后申遗时代，建立在森林、村寨、梯田、水系的"四素同构"基础上的系统性保护正引领哈尼梯田走向振兴。当地政府与专业机构密切合作，通过规划，对遗产范围内82个传统村落中民居建筑层数、建筑面积、色彩格调和外观予以控制，鼓励村民用传统材料修缮蘑菇房，允许内部进行适当改造，提高采光率、清洁度和舒适度，满足村民改善居住条件的要求。同时严厉整治违章建筑及乱采滥挖行为。以绿色理念保护好森林，坚守耕地保护红线，确保原有稻作梯田面积不减；出台政策延伸产业，稻鱼共生、稻鳅共生和稻鸭共生等种养相结合，大大提高了以种植红米为主体的梯田收入，也成为辐射带动和建立南部梯田综合种养基地，"政府+企业+合作社+种养殖户"的农业模式逐渐形成，产生了一亩梯田中"百斤粮、百斤鱼、千枚蛋、万产值""一水三用、一田多收"的综合效益，由此也带动了周边。与此同时，线上线下相结合，通过电商，哈尼梯田红米销售走上高速路，还以红米依托开发出食品类、日化类等衍生品；以梯田景区为特色的农家乐、农家客栈等新兴业态，也带动当地村民就业和特色农产品、手工艺品销售，群众有了致富的新路子而展颜舒眉，村落有了发展活力而繁荣兴盛。

再如浙江松阳，坚持传统村落"活态保护、有机发展"理念，通过多策并用，尤其是老屋行动的示范，松阳村民对改造传统民居产生了热情，全县陆续有62个村264户开展民居改造，传统村落保护发展工作正由政府主导慢慢转变为"政府主导、村民主体、优秀社会人才共同参与"的发展态势。在对传统村落资源进行认真审视的基础上，松阳理出了产业经济培育的总体思路：即以传统村落为底本、以优良的生态环境为支撑、以乡土民俗风情文化为依托、以摄影写生等艺术创作为媒介，植入生态农业、休闲度假、文化旅游等业态，推动一二三产融合发展。

又如，贵州黎平地扪十多年来建了一个别开生面的生态博物馆，以地方人文资源作为保护对象的文化保存形式和工作方法，通过活态保育文化（保育内容包括过去留存的文化遗产、现在保存的文化记忆、未来变化的发展轨迹），促进当地原生态文化的保育和传承，收集整理和储存各种文化记忆，并在符合自然和人文生态保护的前提下适度地开展乡村和侗族文化的生态旅游，并重点帮助社区居民培育生态种养业和传统手工业，以推动当地社区经济的发展。

无疑，这些都不是停滞不前的案例，却可以提供借鉴、激活思想、拓宽思路。

留住乡愁，是中国梦的有机组成部分；振兴传统村落，是留住乡愁的重要途径，必须动员社会各方面力量给传统村落注入新的经济文化活力，增加村民收入，提高村民的获得感和幸福感，促进乡村文明与城市文明、商业文明的有机衔接，只有这样的乡村文明才具有稳定性和可持续性。而这一点恰恰是以文化为灵魂的传统村落保护发展中最难的，也是最重要的，希望有更多的有志有识之士投入到破解这一重大难题的宏伟事业中来。

## 注释

[1] 樊志民：《激活中华农业文明蕴含的文化基因》，《人民日报》，2019年5月15日第13版。

# 文旅融合下的古村镇保护浅见

修淑清[*]

**摘　要：**数量众多、分布地域广阔、类型多样、文化蕴涵深厚的古村镇是文旅融合发展的重要领域，应深入挖掘古村镇的特色文化内涵，避免同质化和符号化；将旅游创意产业思维和方法融入古村镇的保护和利用，突出古村镇的文化内涵和特色主题，以利于古村镇文化遗产保护和利用的可持续发展。

**关键词：**资源禀赋　特色内涵　乡土文化

在新一轮的国家机构改革中，亮点之一就是"诗与远方"携手前行。目前在全国范围内，已然开启了文旅融合发展的新篇章，文化和旅游深度融合，互促互进，共赢发展，成为时代发展的大势所趋。作为重要的文化承载地的古村镇，在文旅融合发展的背景下，既迎来了巨大的历史机遇，也面临着纷繁复杂的挑战和问题。在文旅融合过程中，关于古村镇文化遗产的保护和利用，谈几点浅显看法。

## 一、古村镇是文旅融合发展的重要领域

文化和旅游是比较泛化的概念，内涵分散和外延扩大化的趋向明显，两者之间具有高度的关联性和契合性，从2009年起"文化是旅游的灵魂，旅游是文化的载体"便是常见的表述语。在旅游深度发展阶段，文化日益成为旅游的重要支撑和引领，旅游则是文化得以呈现和向大众表达的重要载体，是发掘、弘扬、保护和传承文化的有效路径。著名经济学家于光远在《旅游与文化》一文中曾说过："旅游不仅是一种经济生活，而且也是一种文化生活……旅游是文化性很强的经济事业，又是经济性很强的文化事业。"古村镇是历史发展过程中形成的，是中华优秀传统文化的承载体，其中深蕴着重要的历史、文化、科学、艺术、社会、情感等方面的价值。古村镇的建筑遗存、自然生态、风土民俗等等许多都是优质的旅游资源，古村镇丰厚的自然和人文资源，蕴含着旅游发展的巨大空间和无限潜力，可以极大地丰富和提升旅游的文化内涵。古村镇是充满地域特色的历史文化资源，以独具价值的文化品格和魅力来诠释旅游，可以大大地提升旅游的竞争力和吸引力。在文旅融合的实施发展中，古村镇可以成为旅游的重要源

---

*　修淑清，中国文物学会古村镇专业委员会副秘书长、《中华瑰宝》杂志社专题部主任。

头，为旅游活动的开展赋予深厚的资源禀赋和有利条件。我国古村镇数量众多，分布地域广阔，类型多样，文化蕴涵深厚，是文旅融合发展中不可或缺的重要领域。

## 二、文旅融合下需深度挖掘古村镇的特色文化内涵

随着时代的发展、消费的升级，旅游的品质需求提升，已不再是简单的满足吃、住、行、游、购、娱式的观光游，而是更倾向于体验式、沉浸式、差异化的精粹式休闲娱乐，更注重旅游参与者的感受和精神需要，更加追求个性化、深度化和特色化。我国已成为世界旅游大国，旅游正由粗放式的初级发展阶段向内涵式的高级形态转型发展。在精粹化旅游需求下，古村镇的旅游发展不乏成功案例，一些古村镇抓住了旅游发展的良好机遇，突出自身的文化特色和主题，形成强劲的旅游发展优势。然而现实当中，各具特色的古村镇却并未在旅游发展中百花竞放，而是陷入了同质化的窠臼之中。许多古村镇枉费原有的历史文脉、文化底蕴和风土人情，"复制""粘贴"古村镇旅游的优秀案例，以趋同的面貌、趋同的运作模式，推出于大众旅游市场。古村镇的街巷、建筑景观等核心吸引物有着极其相似的风格，沿街店铺中的商品千篇一律，手工艺品店里销售的大致都是同一个地方生产的旅游纪念品。似曾相识的感受，使古村镇成为旅游者的一次性选择或不予接受的选择，旅游的吸引力和竞争力弱化，很容易处于门可罗雀的尴尬境地，后续的可持续发展更是无从谈起。即使暂时拥有旅游热度，繁华的表象之下也存在着长远发展的隐忧。在文旅融合中，古村镇的旅游发展，特色鲜明极为重要，应深入挖掘古村镇的文化底蕴和特色内涵，凸显资源禀赋，彰显古村镇的地域特色、民族特色和个性风格，避免旅游发展的同质化甚或符号化倾向。无论现在还是未来，能够唤起地方记忆、保留文化传承印记的古村镇，都会受到旅游者的青睐。

## 三、文旅融合下应避免古村镇与乡土文化的割裂、抽离

古村镇属于乡土文化的范畴，其自然景观、空间肌理、乡土建筑、生产生活方式、风俗习惯、精神信仰、文化娱乐等饱含乡村文化传统。随着现代科技文明的发展和社会的进步，在城市文明一元价值观的影响下，乡村生产生活方式在转变，乡村传统文化日渐衰落，古村镇及其依托的乡土文化受到城市文化的强烈冲击，地方文脉和文化传统不断受到破坏。农耕社会，小农经济模式下，乡土文明和智慧与传统社会特征紧密相连，乡村智慧在社会文化体系中处于主流地位，传统文化的土壤和根基在乡村。随着城市化的推进，农业文明向工业文明的发展转变，生于斯长于斯的人们纷纷远离乡土，城市单一文明评价体系深深影响了乡村，乡村发生了较大改变，许多富含价值的文化传统渐行渐远，在文化底蕴深厚的古村镇中，还可依稀追寻到地方文化和文化传统。费孝通先生曾对传统乡土文化特色进行过论述："中国的乡土社会中本来包含着赖以维持其健全性的习惯、制度、道德、人才，曾在过去百年中，也不断受到一种被损蚀和冲洗作用，结果只剩下贫穷、疾病、压迫和痛苦。"[1]说明乡村曾是自足的系统，乡村的落

后是不断被外部力量挤压和损毁而形成的。现代化的城市中，满是喧嚣烦躁、资源紧张、环境污染、生态系统失调等症状日益严重，人与自然之间的关系是失衡和冲突的，回归自然和人性的生活日益受到城市中人的追捧。而传统乡村生活，更重视的是人与人、人与自然之间的关系，人们追求的是人与自然的和谐相处，乡村尤其是自然和文化底蕴丰厚的古村镇成为城市中人热往的旅游目的地，城市中人热切地需要前往乡村寻找身心的慰藉。但乡土文化有其特有的灵魂和特质，不能为了吸引都市旅游者，为了契合现代都市人对乡村文化的想象，为了更加适合于都市人对于乡村文化的体验，而将古村镇与乡土文化割裂，也不应该不基于古村镇的历史文脉和地域特征进行文化抽离，将本不属于古村镇的文化传统进行牵强附会的借用。乡村自有其文化传统，并不是现代人想象的乡村。在文旅融合中，要更加理性地认识乡土文化，应增强对乡土文化传统的自信和自豪，深入挖掘古村镇本乡本土文化的独特魅力，尊重和珍惜属于本地的历史和文化，重建乡村传统和乡村生活意义，维护地方传统，努力使乡村文化仍然保持活力并可持续发展。

## 四、应将旅游创意产业思维和方法融入古村镇保护和利用

古村镇作为一种特殊的遗产资源类型，其是经由文化群体对自然景观之作用而形成的"聚居特质综合体"[2]古村镇自然景观丰富、文化根基深厚，具有巨大的资源基础发展优势。作为独具价值的旅游资源，古村镇可以提供多领域的价值内涵，可以满足旅游多样化和差异化的高品质需求。在文旅融合发展中，古村镇旅游需从简单的观光游向全域旅游转型，古村镇文化遗产的核心要素、特色民宿、农业体验、农林观光、乡村田园综合体等都可以成为古村镇旅游的热点；应融合古村镇的自然人文资源，对古村镇的价值内涵做好挖掘提炼，将旅游的创意产业思维和方法融入古村镇的保护和利用，实现和塑造古村镇的文化和精神价值，创新出更具体验性、文化性和价值性的旅游项目和产品，拓宽古村镇保护利用的发展思路和实现手段，拓展古村镇旅游发展空间，培育古村镇旅游新的增长点，实现古村镇旅游的创造性转化和创新性发展，让古村镇所蕴含的传统文化更好地融入现代生活。

文旅融合发展中，古村镇的保护和利用还存在许许多多的问题和挑战，需要时时保持敏锐。在文化和旅游的深度交融中，古村镇文化遗产必须要保持长久的生命力，要保证其持续健康发展、永续合理利用。

## 参考文献

［1］费孝通：《乡土重建》，《费孝通文集》（第4卷），群言出版社，1999年，第354页。

［2］王纪武：《人居环境地域文化论——以重庆、武汉、南京地区为例》，东南大学出版社，2008年，第202页。

# 文旅融合下的乡村振兴

## ——以文化创意为中心

杜晓东 *

**摘　要：** 在当前我国文旅融合的背景下，旅游业为文化创意提供了有效的发展载体和更广阔的空间，也为乡村振兴发挥着不可替代的重要作用。中华文化本质上是乡土文化。推动乡村振兴战略，应该围绕我国广大农村地区人的发展，改善乡居环境，提高乡村生活品质，从而输出具有人文价值的"中国人的乡居生活方式"。发展乡村文旅和文化创意产业，要找准文化定位，要有配套扶持政策和机制，注重当地村民的参与度，引导青年回乡创业，要在尊重当地历史、资源和产业特点的基础上，勇于创新，实现新型产业与地缘文化的有机结合，走全面发展的健康之路。

**关键词：** 文旅融合　乡村振兴　文化创意

旅游本质上是一种文化行为，是人在不同文化模式里的流动。旅游业的关联度强、产业链长，是一个地区文化传播的重要方式。文化创意产业是以创造力为核心的产业，强调主体文化或文化因素通过技术、创意和产业化的方式开发与营销。旅游与文化创意的自身属性为两大产业之间的融合发展提供了基本条件。文化创意是旅游业发展的灵魂和生命力，是丰富和深化旅游产品的主要途径；旅游业是文化创意的外围产业和表现形式，为文化创意提供了发展载体和空间。

党的十九大做出了实施乡村振兴战略的重大决策部署。2018年以来，我国又相继出台了《中共中央国务院关于实施乡村振兴战略的意见》、《乡村振兴战略规划（2018-2022年）》《国务院关于促进乡村产业振兴的指导意见》等政策法规。我国县城以下的广大乡村地区，因长期以来生产力水平低下，流动人口少，经济不发达，需要通过转变生产生活方式，成为环境友好型生态宜居的美丽乡村。在当前文旅融合的背景下，文化创意产业在乡村发展中尚处于初级阶段，多数乡村文旅项目的文化创意元素融入度有限，种类不够丰富，在乡村振兴中的作用还有待加强与提升。

---

* 杜晓东，北京市房山区文化创意产业协会秘书长、房山区政协委员、复旦大学国土与文化资源研究中心客座研究员。

## 一、对乡村振兴中的文化认识

文化的本质是观念形态，属于精神层面。然而，文化的作用并不限于观念形态、精神领域，人们的经济活动、制度设计、行为方式、日常生活都具有特定的文化内涵，体现着文化的作用。文化如同空气一样无所不在，凡是有人的地方，凡属人的活动范围，文化都起着特殊的作用，发挥着独特的功能。

中华文化本质上是乡土文化。中国社会是以乡村为基础，以乡村为主体，中国文化的根本即是乡村，是中国人永不可失的精神家园，是"乡愁"的所在。乡村作为人与自然之间紧密相连的共生关系的体现，维系着人与人之间互助友善、存亡相依、血脉相亲的和睦氛围，乡村提供了整个社会德业相劝、过失相规、和谐永续的基本保证。中国5000年的"人文化成"便是"以农耕为源，以村落为本，以乡村为重"，"中国文化的根本即是乡村"。中国社会"以乡村为基础，以乡村为主体"，乡村是人类社会亘古不变、永不可失的精神家园。

推动乡村振兴战略，不仅要塑形，更要铸魂。乡村振兴不是简单的脱贫致富，还要改变传统农业生产方式与产业结构。乡村振兴的重点是产业振兴、人才振兴、文化振兴、生态振兴、组织振兴。要通过发现乡村价值、重估乡村价值、输出乡村价值、重塑乡村精神，系统梳理乡村知识体系、智慧体系、哲学体系，依托乡土文化、乡里物产、乡间手艺、乡居生活，重新构建乡村与城市的价值交换，促进城市与乡村良性互动和价值联结，输出"中国人的乡居生活方式"。

## 二、找准文化定位，让文化创意在乡村振兴中成为文旅融合的助推器

文化不是门面，不是摆设，更不是装饰。地方领导者和管理者必须要从意识上真正认识到文化的功能、作用和意义。只有实现文化自觉，树立文化自信，才不会把文化当作标签和功利性的工具。

弘扬中华优秀传统文化，"要处理好继承和创造性发展的关系，重点做好创造性转化和创新性发展"。在乡村振兴的进程中，一定要对自己的文化有鲜明清醒的认知。特别是在相关项目的策划、规划以及建设过程中，要认真全面挖掘、研究和整理自己地区特有的历史文化资源，梳理其内涵、特色与文化特征，高度概括地方文化特色的时代价值，实现传统文化的创造性转化和创新性发展，从而形成整体的品牌形象与宣传体系。同时，我们要从思想高度理解乡村文化的内涵，珍惜尊重本地村民的历史记忆和美好愿望，逐步提高村民对待文化的眼光、心态、能力和习惯，用心整理、提炼本地特色并将"特色"加以保护、挖掘、传承和创新。在乡村文旅项目的规划建设中，不能仅考虑个体乡村自身的发展，还要考虑与周边区域的结合和互补，要互相提携，优势互补，协同发展，进而形成丰富多彩的乡村特色文化集群。

推动乡村旅游是乡村振兴战略的重要方式。发展乡村文旅融合，最终是为了提高当地村民的生活品质和水平，而不是让乡村只是成为城市居民和观光客们的"游乐场"。在此基础上，找到乡村旅游与文化

创意产业的契合点，实现产品融合、市场融合和营销融合，结合乡村旅游中的绿色生态、乡村文化、建筑艺术、生活方式、农业园艺等多种元素，利用创意开发出丰富多彩的文化旅游产品，满足现代人生活多样化、个性化的需求。

## 三、发展乡村文化创意产业的关键要素

乡村所拥有的自然环境、物质文化和精神文化是发展旅游的基础，也是文化创意的土壤。在我国，发展文化创意产业最核心的要素是机制、人才、资本、资源和市场，乡村也不例外。在乡村振兴中，政府部门要对文化创意产业加大政策扶持力度，创新管理体制，充分发挥政府在文化创意产业发展中的引导、支持和服务功能，通过深化体制机制改革，为文化创意产业的发展释放制度红利。同时，以人才新政推动人才结构调整，扶持当地村民创新创业，鼓励更多有志青年回到乡村，吸引城市功成身退者隐居山野，年轻自由职业者寓居山村工作。此外，还要依赖乡村资源，积极引入社会资本，服务乡村消费，吸引城市人民下乡，促进乡村文化进城。

旅游融入乡村振兴，不是初级版的农家乐或升级版的乡村民宿。要让文化创意真正融入乡村旅游，进入广义的乡村振兴布局。在深入挖掘乡村特色文化的基础上，通过实施乡村传统工艺振兴、研发民俗节庆与民间艺术活动，培育乡村手艺创意产业、乡村休闲生活产业、乡村健康养老产业、乡村"互联网"产业、乡村文创公社产业、乡村游学体验产业等乡村文化创意产业，实现创造性转化、创新性发展。例如，依托传统乡镇，发掘康养旅游，打造生活化服务的完整链条。通过一个康养者带动多个多次探亲者的到访，带动民宿、餐饮、养殖等产业发展，强化物流、投资流、资金流。只有调整当地经济和产业结构，提升乡村整体环境，逐渐实现城乡人口双向流动，深层次缩小城乡差别，优化社会和人口结构，才会让乡村振兴真正步入健康有序的发展之路。

## 四、发展文旅融合中乡村振兴的几点原则

在确立乡村文旅项目时，特别在引入新型项目或产业的时候，必须注意当地村民的态度和参与度，在尊重当地原有的文化脉络和特点基础上，借助外力，激发内力，实现新型产业与地缘文化的有机结合。

一个完整的文化村落（镇）就是一个文化聚合体。它必须具有独特的肌理结构和建筑风貌、鲜明的文化主题和浓郁的人文风情、村镇特色商业功能、满足旅游休闲功能的旅游要素、常住人口和相应的生活方式、独特性格和情调品位等多种要素，它们共同构成了乡村的文化内涵，更是评判其市场活跃指标的集中反映。纵观国内外较为成功的文旅村镇，基本都具备以下几个特征：一是特色精神地标、政治地标、社区与公共空间；二是特色名人故居、庄园农场、博物馆、文化传承与教育机构；三是特色品牌美食手工、物产市集、风俗规矩、生活方式与特色企业；四是特色仪式节庆、展会赛事与相关类别上下游

产业；五是特色自然景观、旅游民宿和生活体验。

要使乡村文化特色真正树立起来，除了需要有经济支撑和差异性概念，更需要有一批真正理解、懂得本地历史传统与民众情感的管理者和建设者，立足本地，放眼世界，扎根生活，联结社区，自觉承担起本地文化保护、传承、创新、建设和品牌营造的重要责任，并且在正视、尊重、敬惜、爱护和善待本地文化基因的基础上，培育出独特的、有品质的、可持续的地方文化。

精准化、精细化的规划和运营是乡村文旅产业发展的核心。这表现为其不仅强调单个村落的创新，也要注重群体创新，彼此相邻的村镇可以借助各种共有或关联资源塑造出特色村镇集群。各村镇的发展一定兼顾周边环境、资源和产业特点，要相互提携，强化协同发展的意识，从而形成一个各美其美、美美与共的和谐共生格局。

推动文旅融合中的乡村文化创意产业是乡村振兴中的重要探索，但不是唯一的模式。对于不具备相关能力的地区，一定避免盲目模仿抄袭。既要有开放包容的心态，积极借鉴吸收外来的优秀项目和成功经验，也要对自己的优秀文化和资源敢于坚持、坚守，能够经得起时间和困难的考验，不过多受外界干扰，努力探索适合自身的发展之路。

## 五、问题与挑战

2019年6月21日，住建部、国家文物局等部委联合公布第五批列入中国传统村落名录的村落名单，至此，目前我国共有6819座国家级传统村落，而列入省市级的传统村落就不计其数了。我们不能单纯地保护传统村落，更要强调它的生活和生存，在传统的村落里面，整体形态、结构包括产业群都需要重建以适合时代要求。在此过程中，村民有平等参与的权利。乡愁是宜居宜生产的真实写照，不能光留在记忆。保护村落不仅要是让村子变好看，更要让老百姓有钱赚。要保住传统村落的价值，最重要的是留得住人，提高村落的生产力。村落的变化来自人的变化，因此必须满足人的基本需求，在满足村民追求现代生活的前提下，考虑与之配套、相互协调的建筑或改造方案，否则传统村落难以保住，也难以发展。

乡村振兴战略实施是一项惠民的战略，要将其落实到实处，让农民成为真正的受益者，让中国广大的乡村成为最大的受益者。我国多数农村贫困地区普遍存在着区位条件和自然条件差、经济社会发展慢等问题，而且大批有一定文化知识的青年农民涌入了城市成为打工一族，乡村留守着老弱妇幼。要通过乡村振兴战略，激发有为青年回乡创业，培养更多的年轻人成为乡村文化的建设者和传承者。在注重农民参与，充分尊重农民意愿的前提下，因地施策、分类指导，有针对性地统筹好乡村的振兴发展。要使传统村落和偏远山区的脱贫攻坚成为乡村振兴的重中之重，成为国家乡村振兴进程中的中坚力量。

乡村旅游和文化创意产业可与当地扶贫工作相融合，加强对社会弱势群体的关怀。发挥旅游业劳动密集、岗位多元的特点，将扶贫、减贫纳入旅游、文创政策，将弱势群体（妇女、老年人、残疾人、少数民族）纳入旅游服务和文创手工岗位，为微型文创企业、小型旅游企业提供发展机遇。

乡村振兴最终目的是为改善乡村人居环境和提升农村生活品质，并以之吸引高素质人口到乡村工作、生活和旅游。无论什么样的乡村旅游和文化创意产品都不再是以低成本为卖点，而是尽可能做好环境设计，将自然特色和人文特色融入村镇建设，创造令人愉悦的生活工作空间。其中，文化、创意、科技和情怀将是重要驱动力，也是影响乡村振兴中文化创意产业能否成功的关键因素。

文化不关乎生死，但关乎品位、格局和发展。在乡村振兴的进程中，一定要因地制宜，培育自己的独特文化气质。在发展文化创意产业时，不盲目追求所谓的最大、最新、先进和流行，要在充分尊重依托当地历史传统、文化资源、产业特点、人文性格等要素的基础上，不断推陈出新，力求形神兼备，才能推动我国乡村走上全面发展的健康之路，才会在未来拥有源源不断的新动能和生命力。

# 乡村振兴战略下川江岸线古村落融入全域旅游产业发展路径研究

## ——以泸县境内中国传统村落新溪村、石牌坊村、玉龙村为例

陈鑫明*

**摘　要：** 川江岸线泸州段，因一江水运实，渡口、码头、集市林立，江岸古村落应运而生。古村落不仅是川江岸线文化传承的重要载体，也是乡村社会经济发展的重要支撑。随着乡村振兴战略的实施，推动了乡镇历史文化民俗风情资源与全域旅游业的融合，促进乡村旅游的发展，而且拓宽农民本地就业创业的路径，拉动了建设项目、资金、技术、人才等要素向乡村聚集，使乡村以其特色资源为优势，在生产、生活、生态与社会经济同频共振，让其成为乡村振兴的一张名片。

**关键词：** 乡村振兴　村落资源　全域旅游　发展路径

党的十九大报告提出"乡村振兴战略"和"以城市群为主体，构建大中小城市和城镇协调发展的城镇格局"。乡村文化振兴是乡村振兴战略的重要目标和必要的保障，对乡村生态、产业、人才、组织振兴具有重要的引领和推动作用。因此，推动乡村文化振兴，既要塑形，也要铸魂。乡村文化振兴要在传统农耕文明中注入现代文明元素，并与社会主义核心价值观相融合，从而实现创造性转化和创新发展。

在融入全域旅游产业发展中，必须坚持农民的主体地位，创新参与机制，重视传承和弘扬地方特色文化，坚持文化事业与文旅产业相结合，把乡村文化振兴贯穿于乡村振兴的全过程。

## 一、川江岸线（泸州段）古村落概况

在泸州136公里长的岸线上，国家级传统村落：新溪村、木格倒村、乐道村、石牌坊村、海涯村、灯盏坪村、团结村、平丰村、红军街、白沙、古纯村、堰塘村、九家沟村、玉龙村、东林观村、宋田村、芦稿村、下坝村、白村、柏香湾村、五通村、文理村、大亨村、穆村、法王寺村、天堂村、陈坪村（国家级第一批2个，第二批8个，第三批3个，第四批13个，第五批1个）。

省级传统村落：玉龙村米市街、沙基沟村、古纯村、李家大院、应石村、堰塘村、九家沟村、水洞子村、分水村、罗湾村、况场村、高峰村、鹿羊村、马村、太山村、德红村、石柱村、应石村、玉龙村、

---

*　陈鑫明，泸州移民文化研究会秘书长、地方文史研究员。

鼓楼村、清凉村、云台寺村、五顶山村、古纯村、李家大院、柏松村、斗笠村、芦稿村、先操村、长江村、法王寺村、文理村、大亨村、福田村、穆村、燕口村、流湾村、柏香湾村、临江村、五通村、下坝村、阳关村、白村、上湾村、东林观村、宋田村、玉龙村、光明村、桂花村、米市街、天堂村、保丰村、天生桥村、白沙村、青杠村、宝元村、沙基沟村、堰塘村、九家沟村、水洞子村、回龙村、五桂村、永安村、汉溪村、白马村、陈坪村、水落村（省级第一批8个，第二批53个传统村落）。

市级传统村落：三河老街村、天堂坝古村、向林厅房村。

泸州传统村落分布：

泸县国家级5个：新溪村、石牌坊村、玉龙村、东林观村、宋田村。省级传统村落7个。

纳溪区国家级2个：乐道子村、古纯村。省级15个。

合江县国家级9个：芦稿林村、下坝村、白村、柏香湾村、五通村、文理村、大亨村、穆村、法王寺村。省级传统村落19个。

叙永县国家级传统村落6个：木格倒村、海涯村、灯盏坪村、天堂村、堰塘村、九家沟村。省级传统村落10个。

古蔺县国家级传统村落5个：团结村、平丰村、红军街村、白沙村、陈坪村。省级传统村落7个。

## 二、泸县新溪村、石牌坊村、玉龙村文化资源

（一）新溪村落主街兴起于明朝正德年间，兴盛于清代和民国年间，清乾隆年间重修。1946年补建街口，因有一新开排水溪横穿主街而得名"新溪"。

新溪村，位于川南泸县，是隶属于兆雅镇的一个自然村，位于兆雅镇最南端，距沟雅镇约4公里，村落面积为1.41平方公里，人口640人。新溪村，现是安贤社区辖的新溪自然村。新溪村位于长江北岸江湾处，村外正对长江，村口与江边码头高差近百米，通过古栈道相连，山路陡峭曲折，村落整体坐落于临江陡岸顶部浅丘陵地带。由于历史上长江水运交通发达，是泸州至下游城市的转运点、水运码头。当时盛极一时，十分繁华。由于陆路交通逐渐成为主流，新溪村逐渐成为历史文化村落，水运码头的交通经济地位逐渐失去，历史文化自然沉积下来。

新溪街临街多为店铺，店铺后面房屋为古街居民居住区。古街街道长约800米，街用长约3米的青石板铺成。因年代久远，街面凹凸不平。古街两侧的建筑群呈西南至东北走向。街道两边有明清时期所建民居。民居房屋大多临街而建。传统建筑主要为明清木结构风格建筑。胡运芝民居、船商院民居、杨氏祠堂等传统建筑集中连片分布于村庄街道北面。上场口处在街口与古栈道交汇处。胡运芝民居、船商院民居均为二层民居，前店后室，内有天井，临街门面上层为吊脚雕楼，曾为木材铺和盐店，商业价值较高。杨氏祠堂是聚义祀祖之处，上场门是全街安全保障。其房屋结构为小青瓦斜坡屋面，穿木结构梁柱，

竹编泥粉墙面。临街前店后肆，体现了商业发展的特点，展示了当时的历史、文化和艺术特色。此外，还有古驿道、古船运码头、古黄桷树、古寺庙、政府办公地、医院遗存等。

新溪村的非物质文化遗产主要是新溪火龙，目前已列入省级非物质文化遗产保护名录。

新溪火龙是本地群众经过400余年的不断发展，经过传承人的发展提高形成的现在较为有体系、有套路、有舞蹈特点的传统民间表演形式。据代表性传承人王玉泉讲，新溪火龙在很早以前，当地群众在丰收时为了表达喜悦心情，用青竹和红纸糊扎成火龙并点上油纸火炬，加以表演，以示庆贺。后来，人们在遭受自然灾害时也糊扎火龙来驱鬼，求神、求雨等。新溪火龙在春节期间走村串户进行表演，以庆贺一年的丰收，乞求来年风调雨顺。每逢传统佳节，新溪火龙都要在新溪和附近表演，每年元宵节举行火龙节，开展火龙表演活动，代代相传。

物质文化：

1.胡运芝民居。2.船商院民居。3.杨氏祠堂。4.上场门与下场门（又称为寨门）。5.新溪街龙泉井。6.新溪码头驳岸。7.粮食梭槽。8.通江古驿道。9.大粮仓。10.民居建筑。11.有碉楼和酒房。12.主街"V"字形最低处建筑的排水溪。

自然遗产：

长江在村口有回沱，形如关羽的偃月刀，故此又称"双关刀"，对岸山峦称烛台。江中有形如刀状巨石，相传为明代建文帝磨剑石；街旁有一井，相传建文帝行至此喝过井水，故名"龙井"。

## （二）石牌坊村

石牌坊村位于四川省泸州市泸县方洞镇东北部，与重庆市荣昌区清江镇隔濑溪河相邻。村域面积4平方公里，距泸州市约66公里，距泸县县城约30公里，距方洞镇约1.5公里。石牌坊村在明清时属泸县观音场，民国时期屈氏家族在濑溪河边建清江场集市，石牌坊村地区又称为"清江场"。因村内保存有屈氏家族庄园石牌坊一处，故此改称为"石牌坊村"。以泸县方洞镇为中心，涵盖今方洞、喻寺、兴隆、嘉明、古桥及隆昌、荣昌两县临近乡镇，聚族而居的屈原后裔，系屈原后裔迁蜀的一支，为中华屈氏一大独立宗支，屈氏家族在方洞建立宗祠，成为一方望族。屈氏于明初洪武年间搬迁至濑溪河岸（后成屈家湾），经260年发展形成望族，至明末张献忠兵乱家国，举家迁往云贵。清初期顺治十二年，屈氏胜稳、胜达、胜乾（屈原59世孙）、天池等屈氏五房自贵州遵义迁回泸州故里屈家湾。清雍正元年，国家鼓励农民垦荒，且水田6年不收税、旱田10年不收税。屈氏家族依靠种田垦荒、挑盐，经三代人努力劳作至乾隆嘉庆年间家族壮大，又成为一方望族。清道光年间，时任知事的屈应选请来地理师和有名工匠，在这个地方建起了规模宏大的屈氏庄园。至1916年，历经屈氏几代人的营造，建成占地30余亩的屈氏庄园。包括屈氏庄园在内，清代至民国年间，屈氏家族在方洞镇共修建了48座庄园。石牌坊村内的庄园，大部分属于屈氏家族族人，例如留存至今的横房、王坳庄园等。屈氏庄园是当时周围48个庄园的中心，也是当地的经济中心。

20世纪70年代初，屈氏庄园因其规模宏大而成为继大邑刘文彩"收租院"之后的四川省第二个阶级教育展览馆而闻名巴蜀。屈氏庄园及其保留下来的红色物质和非物质文化遗产，真实记录了中国从解放战争到20世纪70年代的一段历史。

2013年，屈氏庄园被列入第七批全国重点文物保护单位，屈氏庄园的保护工作开启了崭新的篇章。

**1.物质文化遗产**

民国年间和清代修建的屈氏庄园等庄园多达16座，古街1条，民国小学1处，古井7处，明清古桥1座，古墓4处，戏楼1座（屈氏庄园内），建国初期水渠总长约1.5千米。

庄园内的石台阶、栏杆、柱石、木板上都雕刻有很多深浅浮雕，浮雕内容多以山水、禽兽、花卉、瓜果蔬菜为主要内容，具有欧式建筑风格，木刻、石刻造型生动、雕刻细腻、形态自然。建筑多用小青瓦叠空花脊，或叠脊线脚，尤其中花甚高。常用灰塑贴瓷瓦片，称"瓷片贴"，有宝瓶形、葫芦形等，不拘一格，主要以青、蓝、白等多种颜色组成图案，十分美观。

**2.非物质文化遗产**

石牌坊村历史上拥有众多的民俗活动等，体现川南大型家族庄园群文化。其中以"雨坛彩龙"最为著名，系国家级非物质文化遗产。"雨坛彩龙"盛行于明末清初，发源于地处泸县、荣昌、隆昌三县交界的雨坛乡，自古以来就有设坛耍龙以求风调雨顺、五谷丰登的习俗，雨坛乡（今已撤销，隶属方洞镇辖）亦因此得名。1985年"雨坛彩龙"被编入《中国民族民间舞蹈集成》。2006年，"雨坛彩龙"被列入首批国家级非遗名录，并获得国家主席胡锦涛亲笔点睛。2011年，"雨坛彩龙"荣获中国民间文艺"山花奖"。

## （三）玉龙村

龙溪河上游的水，汇三溪之水为湖。集水面积达80多平方公里，水域面积6平方公里，水深17米，湖长25.1公里，蓄水库存容量2500多万立方米，村以玉龙而名。

1.玉龙村名胜风景区在元通普照二山，下临马溪、龙溪、九曲溪之水，宛如一条玉龙从雪山而来。龙头在北山园，龙身在东山园，龙尾在南山园，那鬼斧神工的十八处人文景观和自然景观好似玉龙的片片鳞甲，千层碧水漫流其间。"玉龙飞起三百万"，让人感受伟人浪漫主义的色彩，而七十二岛则是"我问三溪，几时白练铺芳毯，天开一鉴，七二青螺拥玉盘"。

2.玉龙村以玉龙湖为依托，环湖路水路为骨架，形成玉龙湖自然景观一环一镇五大风景名胜区的格局。一环，即湖区环形游道；一镇，即千年立石古镇；五大主题旅游区，即玉龙景区、普照寺景区、仙佛寺景区、林青湾景区、玉龙村水上乐园。湖岸，老街古镇、人文景点，米市街、翰林府，南华宫、古戏楼、二郎神泉，古色古香；湖区，大小岛屿星罗棋布；东园、北园、西园，园苑景不同，湖光山色、碧波岚影，身临其境，绿影婆娑，人鸟共和，船鱼相随，轻舟渔歌，天工神韵，文化生态，书香自然，感悟人生，乐山乐水跃然字里行间。罗恢绪先生联云："天水飞霞，堪称泸郡无双水；岛湖揽胜，不愧川南第一村""湖光山色神来画笔，鸟语渔歌韵动诗情"。

3.走进玉龙村，揽胜龙湖，春来芳草茵茵，百花盛开，争奇斗艳；夏荷绿染湖面，垂柳拂岸，林苑诗酒篇；金秋是艺术长卷，三溪之水天上来，营造了一个碧云间；冬云如流淌，云雾浮水面，渔舟轻航，玉龙腾飞，银装把山水妆点。玉龙湖风情在灵秀、古朴、幽静、天趣，景美于诗画，湖幽于山色。

走进玉龙村的历史，从天子和尚建文到状元杨慎，从翰林院府到艾氏宗祠，从三宫九庙到万年台的戏窝子，古往今来，多少名人醉心于这片土地，而歌而咏。玉龙村神奇绝妙的文化底蕴犹如万花筒，让游人为之陶醉，被景观所折服。玉龙村是一部长长的史书，也是一幅蜀南神奇美丽的画卷，永远留在游人心田脑海。

## 三、融合全域旅游路径选择

在泸县全域旅游的理念下，将新溪村、石牌坊村、玉龙村及其历史文化、民俗风情、特色文旅资源整合与重构，在泸县龙城大旅游框架下，把乡村旅游资源优势转变为发展优势，助力乡村文化振兴、文旅产业升级重建精神家园工程。

传统村落的特色文化：

### （一）新溪村

新溪村落位于川江岸线，宋元之际为泸州神臂城后方保障、粮秣供给基地；明初有建文帝南逃路经遗迹、三剑塔、阿弥陀佛题刻、天子龙井；清康乾时因泸南贡木、贡茶、贡米转运为川江36大水码头之称，嘉庆中朝廷派大臣沿江寻帝师至此，罗府烧坊贡酒进京（今中华美酒前世）。临江岸5里有玉皇寨、中和古街、正清门、义安门、人寿门、敦厚门遗址，里半州地下通道1500米、藏兵洞、犀牛峡古迹。

村中800米街头，杨氏宗祠、前后扎子门、胡氏碉楼、船商院、粮仓、粮库、马帮房、古寺、古戏楼、水码头、12拐临江古道1200米和明清民居建筑完好。川江号子、火龙、纤道石敢当文化、水运文化十分丰富，民俗乡土文化世代传承为古村落一大特色。

1.水运文化。以抗战时期和50年代初的军运、粮运、盐运抢运为主题，以保障重庆供给为线，展现当年黄金水道上的岁月，以运烧酒至金川酒精厂，提炼高浓度酒精作替代燃料，保远征军、舵峰航线军车、飞机燃料供应，书写泸县平民抗战做出贡献华章，这是大抗战中一段红色记忆。

2.古寨文化。以玉皇寨、里半州、藏兵洞、犀牛峡为一线，古寨游、里半州地下通道探秘游、藏兵洞考古游、犀牛峡游及大中坝长江奇石览胜游，打造川江岸线文旅品牌，唱响川江岸线文化，舞动天下川江，融入长江上游国际旅游线。

3.民俗文化。以新溪场街建造之谜、船型布局解密和火龙习俗构成乡村、乡土、乡情文化链，展示临江古村镇的龙崇拜和龙文化传承与光大和创新，构建水运文化博览馆的时机已经成熟。

## （二）石牌坊村

石牌坊村，因清道光年届应选任县知事，家族为之庆贺在清江场修建功名石坊而得名（石坊位于今屈氏庄园大门前大道上）。

屈氏庄园始建于清朝道光年间，由当时任知事的屈应选选址修建，经过屈氏三代人的营造，到了屈应选孙辈屈恒升这一代，整个庄园建筑达到日臻完美的程度。庄园共占地30多亩，内外有围墙3层，庄园内有大小花厅、天井48个。该庄园以其规模大、建造豪华、碉楼雄伟而堪称川南老大，现为国务院公布的第七批全国文物保护单位。

1.打造川南民居博览馆。以展示近百年的泸县民居建筑历史、文化、工艺、美学、艺术、雕刻、绘画及中西方建筑文化融合、交流、创新等都具有历史价值、人文价值、科学价值和生态人居价值。

2.以屈氏庄园为载体，展示泸县乡绅、社会名流、贤达以举族、举家之财力经几代人前赴后继完成居家建设的人文精神和对乡党、社会影响力，为研究乡贤文化、新乡贤佐证。

3.民俗风情文化。以雨坛祈雨活动的农耕文明，二月二龙抬头风俗、雨坛彩龙及舞龙文化，助推吉祥文化与时俱进。

4.红色文化。忆五十年代征粮剿匪战斗、缅怀先烈，建设爱国主义教育基地，为民居博览馆重要内容展示。

## （三）玉龙村

玉龙村，因境内玉龙湖而名。玉龙村有竹枝词云：

千年驿站古立石，古村文化老地名。马帮往来聚人气，一方水土育名人。
南华宫下戏窝子，米市街头黄翰林。朱总饮马郎泉井，艾氏一门读书人。
玉龙飞起三百万，七十二岛天下景。湖光山色胜桃源，名门望族十八嘴。
人间天河跨渡槽，三溪水暖济万民。龙舟诗节放生会，红色文化永生辉。

这首玉龙村竹枝词把乡村文化资源而歌而咏。道出了乡土之美，人文之美，推动乡村文化振兴，既要塑形，也要铸魂。

1.玉龙村文旅特色在水，在湖，在通过千里长的渡槽引水工程，历时半个世纪以来灌溉着泸县、永川广袤的大地，造福子孙。以展示20世纪六十年代、七十年代战天斗地，汇聚三溪之水为平湖的社会主义建设引水大工程，泸县、永川两地成为鱼米之乡、天下粮仓，构建川南水利工程博览馆的条件已经具备。

2.以玉龙湖72岛旅游资源、人文景观，打造川南第一村的水景观风景区，以水生态为载体，以境内传承千年的二月二、四月八、五月初五的民俗活动为特色，传播农耕文明与现代农业的嫁接，以活动为推手，吸引大城市和周边游人到玉龙湖观水、游湖、竞渡、垂钓、健身、康养，促进玉龙村乡村之旅成为民俗文化体验和生态休闲度假的川南一张名片。

3.以历史文化名人黄绍谋的故居——翰林府，艾承庥与朱总几十年交情为红色之旅为主题，以川南戏窝子之名的立石川剧戏班和玩友会，打造川戏之乡、曲艺之乡，推动地方戏曲艺术文化的保护、传承和创新。

4.以玉龙村庙会文化为底蕴，以普照寺与建文、元通寺与龙洞为亮点，打造集山水观光、山地运动、休闲度假、生态康养于一体的川南独特的庙会文化，实现湖区文化与山水自然风光的有机融合，使泸县北部与龙城、玉蟾山、龙脑桥景区的互动，助推泸县全域旅游大格局的形成。

## 四、结语

泸县在实施乡村振兴战略中，如何达到"产业兴旺、生态宜居、乡风文明、治理有效、生活富裕"的要求，是非常有挑战性的。乡村振兴战略是一个长期的任务，"它分为两个阶段，第一阶段是从现在到2035年基本实现乡村振兴，第二个阶段是2035年到2050年完全实现乡村振兴。"笔者认为，在乡村振兴战略背景下，以中国传统村落新溪村、石牌坊村、玉龙村的文化特色资源与全域旅游融合，通过保护发展古村落，继承和弘扬乡土文化，推动乡村历史遗迹、文化、民俗风情、红色文化与乡村旅游同步发展，让乡村传统文化与现代生活有机相融、相互承接、同频共振，让传统村落历史文化焕发活力，变资源优势为经济优势。一个乡村就是一张乡村旅游名片，在三个村落构建乡村特色的博览馆，是一个乡村文化振兴的路径，也是个尝试，如果能践行，那么，三个传统村落在乡村振兴战略中不仅利用和保护起来，就活起来了。

## 参考文献：

［1］陈鑫明：《泸州传统村落系列报道》，《泸州日报》《泸州晚报》《川江都市报》《华西都市报》。

［2］陈鑫明编著：《芙蓉岛风景名胜》，泸州市龙马潭区旅游局、芙蓉岛风景名胜管理处编印，2005年。

［3］陈鑫明编著：《泸州地名史话》，中国文化出版社，2009年。

［4］陈鑫明著：《泸州传统村落》，团结出版社，2017年。

［5］泸县广播电视台、泸县文体新广局主编：《中国传统村落·立档调查名录·泸县村落（一）》，团结出版社，2017年。

［6］冯荣光：《方洞屈氏庄园》，《华西都市报》，2019年3月20日第10版。

［7］陈鑫明：《千年古镇村立石》（未刊稿）。

［8］薛宗保：《特色小镇文化旅游资源重构策略研究》。

［9］黄勇：《泸州传统村落文化重燃生命力，本土文化"志愿者"助力传统村落文化起步发展到结出硕果——改革开放见证人陈鑫明》专栏，《川江都市报》，2018年12月18日第11版。

# 新时代乡村振兴视角下保护利用古村落

## ——以龙海市埭美古村落为例

江智猛 *

**摘　要：** 我国已经进入了新时代，实施乡村振兴战略是解决城乡发展不平衡问题的必然要求，也是实现全体人民共同富裕的必然要求。保护和建设好传统古村落，不仅是乡村振兴战略的重要途径，也是加快推进生态文明建设，推动中华优秀传统文化创造性转化、创新性发展的重要内容。传统古村落是我国宝贵的文化遗产，蕴含着深厚的历史文化信息，被誉为经典的民间文化生态"博物馆"、乡村历史文化"活化石"，是中华民族优秀传统文化的重要载体和象征。着"一方水土养一方人"，传统村落承载着中国数百年甚至上千年的历史遗产和生态文化资源，蕴含相生共荣的生态关系。然而，伴随着现代社会经济发展和农村改革步伐的加快，大批古村落濒临消亡，做好保护工作迫在眉睫。因此，必须把古村落保护与乡村振兴有机融合起来，坚持保护与发展并重的原则，积极推动文化与乡村产业融合发展；树立绿色发展理念，大力建设乡村生态文明；弘扬优秀传统文化，努力营造文明健康的乡风民风；坚持共建共享共治，共同推动乡村治理体系和治理能力现代化。

**关键词：** 乡村振兴　古村落　保护利用　乡村文化

中国特色社会主义进入了新时代，我国经济发展也进入了新时代。乡村振兴战略是党的十九大提出的一项重大战略，是关系全面建设社会主义现代化国家的全局性、历史性任务，是新时代"三农"工作总抓手。"把实施乡村振兴战略摆在优先位置""让乡村振兴成为全党全社会的共同行动"。中国地域辽阔，农村区域发展极不平衡，存在着很大的异质性，这一现实国情决定了中国的乡村振兴必须立足于中国乡村的历史传统和社会现实，按照产业兴旺、生态宜居、乡风文明、治理有效、生活富裕的总要求，走出一条中国特色的乡村振兴之路。

新时代的乡村振兴，要充分考虑优美生态环境建设，利用各地区乡村的历史文化、自然环境的独特优势，结合市场需求，合理发展特色旅游文化产业，让绿水青山成为金山银山，要提升乡村文化的凝聚力，挖掘乡土文化的农耕特质和区域特色，打造乡村文化品牌。比如保护与利用古村落，古村落里房屋、巷弄、

---

\* 江智猛，系龙海市委党校常务副校长，兼任福建省民俗学会副会长、福建省楹联学会副会长、龙海市海丝文化研究会会长、中国书法家协会会员、研究员。

院落、河流、水口、古井、坟地、残垣断壁、一草一木，均是物质层面的保护利用对象，而发生于这些物质存在中的记忆、习惯、仪式、信仰、手工技艺等传统文化同样重要。古村落保护利用要与礼堂文化、农民文化乐园活动结合。乡音、方言、农家菜，说书、唱戏、赶庙会，祈福祭祖传家风，拜师学艺敬乡贤，是古村落的灵魂、血液和根脉，是村民乐享生活的常态，也应是古村落开发利用、"旅游留人"的法宝。发掘活化非物质文化遗产，延续原生态的生活气息、传统习俗和风土人情，熔铸现代先进文化，让优秀传统文化焕发生机。既要保护古村落建筑本体、整体风貌和周边环境，又要传承蕴含其间的历史文化。如何能正确处理好传统古村落保护利用与乡村振兴之间的内在联系，把新时代乡村振兴战略与传统古村落保护两项工作有机结合起来，是摆在各级政府和干部面前的一件功在当代，利在千秋的大事。

## 一、埭美古村落保存现状分析

我国传统村落是6000年农耕文明的结晶，不仅数量众多、分布广泛，而且历史积淀深厚、文化个性鲜明。传统村落大多始建于明清时期，有的可追溯到南宋时期。这些村落之所以能保存至今，就在于其具有浓郁的历史风貌、优美的自然生态环境、科学布局的人文景观、精彩纷呈的民族特色。我国自21世纪以来逐步重视对传统村落保护。目前，我国不可移动文物约有40多万处，其中近7万处各级文物保护单位中，有半数以上分布在农村乡镇，还有1300多项国家级"非遗"和7000多项省、市、县级"非遗"，绝大多数都在传统村落里。然而，在现代化、乡村城镇化、新农村建设进程中，我国传统村落不断遭受"建设性、开发性、旅游性"的破坏，近年来传统村落大量消失。加强对传统村落的保护，既有利于保持农村特色和提升农村魅力，又有利于增强国家和民族的文化自信，保持中华文化的完整多样，对实现乡村振兴、建设美丽中国具有重要意义。

埭美古村位于龙海市东园镇西部、南溪下游，距沈海高速漳州港出口仅1.5公里，距厦门、漳州市区直线距离各30公里，环抱于笔架山、大帽山、峨浪山之中，为陈姓聚居地，是由"开漳圣王"陈元光第31世后裔陈仕进在此开基立业，全村都姓陈，距今有560多年历史。埭美古厝群规模宏大，由276座古厝组成，其中有49座是明清时期的建筑，是目前福建省最大、保存最完整的闽台红砖建筑群。走进古村落，埭美村古厝的坐向、形态、大小近乎一致，从村头可以看到村尾，只要沿着房子侧门的路一直走，一定可以回到开始出发的地方。这里没有围墙的遮挡，出门是敞亮的大埕，左右是和睦的邻里。埭美古村主要有三个特点：一是历史悠久，它是在明朝景泰年间，到现在已经有560年的历史了；第二个特点是它规模比较大总的有276座；第三特点排列整齐划一，新旧有序排列，硬山式燕尾脊建筑风格，是我们闽南地区的建筑风格代表之一；素有"闽南第一村"的美誉。祖厝大多是典型的闽南四合院（二进四开间），这种房子采用木架结构，竹编墙体抹上纸根灰建造而成有利于防震，因此，埭美古民居群的古厝历经数百年、多次地震却屹立不倒，是闽南建筑史上的奇迹。一条内河如长龙玉带般紧绕村庄，从空中往下看，整片古村恰似漂浮在河面之上，形成了"绿水绕村玉带环社"的独特景观。使埭美成为名副其实的"闽南周庄"。埭尾古村四面环水，水宽十几米到二十几米不等，它实际上像建在岛屿上的，水沟起着护村的作用，这不禁让人联想起烽火战乱的古代护城河。其中，49座明清时期的古代建筑，建筑体系为"九宫建筑"，即前排横向建造9座古厝，后排再对准前排依次向后建造，古厝旁边还附带着纵向排列的三排"护厝"，根据历史记载，"九宫建筑"体系是要有显赫官家背景的家族才能建造，可见，当时埭美家族是多么的显耀辉煌。如此建筑风格以及类似于护城河功能的环村河道有人称之为"水上皇宫"。埭美古村历史悠久，文化积淀丰厚，形成了"开漳圣王"文化、理学文化、海丝文化、闽南文化多元一体文化融合，蕴含着陈家遗训、勤廉家风等优秀传统美德，是传承优秀传统文化的重要载体。已评为国家级第六批中国历史文化名村、第三批中国传统村落。

## 二、埭美古村落文化价值分析

传统村落是典型的人与空间环境交互的社会空间形态。按照"社会—空间"的辩证分析范式，传统村落反映着村民生产生活实践与村落社会结构、社会关系之间的相互作用，以及这种作用所引发的空间的发展。这种相互作用和发展的空间生产特性，使传统村落与单纯的民居建筑、古迹遗址甚至民间艺术形式这些审美对象区别开来。随着全国新农村建设步伐扩大，"美丽乡村"建设迅速成为社会主义新农村建设的代名词，引发了文化、艺术、社会学及遗产保护领域的广泛关注。对应于经济发展建设对传统村落空间和文化的破坏，计划发起者试图寻找一种新的乡村建设思路和途径，避免传统村落被简化为旅游景点或迅速被城市吞噬。以艺术家群体为主的参与者，深入农村展开生活实验，对于村落历史遗迹、乡土建筑、聚落文化、民间戏曲和手工艺的普查和采访，希望把本土文化转化为生产力，为村落带来复兴机会。其中，许多艺术家、建筑师、自然科学与社会科学专家和村民共同参与，并以政府政策和行政为中介，以艺术推动村落复兴的行动。这些极具相似性的地方个案，虽然力量薄弱，或由于专业背景和个人理念差异而引起争议，但为政府、社会团体和学界带来传统村落文化复兴的新的视角和思路。

龙海市埭美社村民都姓陈，是宋代朱熹高徒陈淳后人聚集地，村民按照祖训"一张规划管了五百年"。该村房屋建筑不逾祖制，家庭伦理不越规矩。"全村的建筑都统一规范，你看看这传统燕尾脊造型的屋脊，我们各家各户的屋脊都不能高过祖厝的屋脊。"就是这样传统的建筑规矩，保留着最古朴的规划建制。古厝排排紧连，下雨时即使不打伞，从村头走到村尾也不会淋湿。古厝群布局整齐划一，前后有机衔接，高空鸟瞰，仿佛是绿色田野里的一棵硕大红宝石。"俗话说家和万事兴，我们村就是个大家庭。正是有了'和'，我们的祖训才能传承至今。"数百年来埭美村民严守陈氏祖先禁改建筑格局的祖训，不论贫富，各家的宅基地都是一样大小，朝向统一，整个村子非常和谐。其中，埭美古村落的家风堂以"传家风家训、享家珍家誉"为主旨，以"仁、义、礼、智、信、忠、孝、悌、节、恕、勇、让"儒家传统美德为主题，设有"家和人乐""良方教子""修身持家""家誉满堂""团结友爱""丰衣足食""尊老爱幼""家和万事兴"等8个展厅，立足埭美古村建筑"和"文化，放眼龙海乃至闽南地区，通过文字、物件、图片、影音资料、3D场景等载体，从不同角度展现、弘扬闽南特色的"家风文化"。埭美古村——

这是一座拥有560多年历史的古村落，这里古厝成群、碧水环绕，被誉为"闽南第一村"。近年来，埭美古村在启动古村整村保护的同时，注重挖掘"百善孝为先、家和万事兴"的埭美家风，修建"家风堂"，讲述家风故事，传播治家格言，成为漳州市开展"好家风好家训"活动的示范样板，被福建省妇联命名为"福建省家风家教示范基地"。埭美古村位于东园镇九龙江南溪下游，全村四面环水，被称为"水上古村落"。村内古厝成群，是闽系红砖建筑文化的杰出代表，先后获第六批中国历史文化名村、第三批中国传统村落和福建省第四批历史文化名村、十大名村重点建设村、首批"五古丰登"活动示范点。在启动古村整村保护的同时，注重挖掘"百善孝为先、家和万事兴"的埭美家风，规划建设"家风堂"，讲好家风故事，传播治家格言，成为全市开展"好家风好家训"活动的示范样板，2017年3月被福建省妇联命名为"福建省家风家教示范基地"。古村内经常性开展木偶、戏钹、南音、芗剧、剪纸等"非遗"技艺表演，让群众乐享非遗独特韵味的同时，传承传统文化、传播社会公德、弘扬移风易俗。

## 三、埭美古村落保护利用策略

当前，我国社会正在全面实施乡村战略，开展了美丽新农村建设。在建设过程中，一些文化标志被清除，大量文化记忆也随之消失。这种做法人为地将两种文明割裂开来，不利于文化传承和社会发展。我们应以高度的文化自觉和文化自信，尽可能保护好具有历史价值的文化载体和环境。埭美古村落建设应按照"彰显区域特色、体现农村特点、传承优秀文化"的要求，将历史文化村落作为美丽乡村建设的重要内容，努力建设成为美丽乡村的典型代表。要抓紧解决古村落产权困扰的问题，建立和完善古村建设开发的管理工作机制；要维护古村落的整体风貌，对老建筑进行适当修缮，采取措施活化；结合传统的风俗习惯，加强古村落的文化建设；要加强对古村落周边自然环境资源的整治利用，营造自然和谐融合的氛围；要加大基础设施配套和完善。

### 1.做好建设规划，打造古村品牌

根据《中华人民共和国文物保护法》《中华人民共和国城乡规划法》《中华人民共和国土地管理法》和《历史文化名城名镇名村保护条例》《福建省文物保护条例》等法律法规的规定，结合埭美古村实际情况，在党委、政府的领导下，制定《古村建筑保护管理办法》，保持和延续其传统格局和历史风貌，维护历史文化遗产的真实性和完整性，继承和发扬优秀传统文化，正确处理经济社会发展和历史文化遗产保护的关系。禁止擅自迁移、拆除古建筑，禁止走私、盗窃、非法买卖古建筑以及构建物、附属文物；禁止擅自更换构件或故意破坏古建筑等。如有违反的，依法给予行政处罚；造成严重后果的，依法追究刑事责任。对擅自拆除古建筑的房屋业主，同时不予办理宅基地审批。在古村落核心保护范围内不得新建、改建、扩建，但必要的基础设施和公共服务设施建设经批准后可以实行。鼓励采取多途径、多渠道筹措资金加强古村落、古建筑的保护和维护。同时，做好古村落近远期建设规划，打造富美乡村示范点。培育发展休闲观光农业和乡村旅游业，打造"一村一品""一村一业"特色产业。保护传承传统建筑文化、民间文化、农耕文化、山水文化等乡村文明。

### 2.弘扬传统家风，建设和谐社会

家风是中华民族5000多年的灿烂文化所孕育的传统美德的现代传承，是我们立身做人的行为准则和社会和谐的基础。将家风锤炼成文字便成为家训或家规，家族祖宗流传下来以影响宗族后代的家训就是祖训。埭美古村是国家级历史文化名村，要在厅堂悬挂家训、族谱记载祖训、世代传承家风，使之成为润泽滋养村民最富养分的精神食粮，在传统古村落的保护与开发中，我们要继续继承与弘扬轧内村传统祖训、家训、家规的正能量，推崇良好家风，继续促进民风、政风、党风良性转化，推动社会和谐进步，确保各项事业健康发展。努力打造传承中华传统文化传统、道德风尚和伦理观念，寄托村民的生命信仰、情感依托和家国情怀的示范村。

### 3.科学开发利用，发展乡村旅游

古村落以发展促保护，与乡村振兴是保护发展古村落的最好出路，要加紧编制古村落保护规划和旅游规划，处理好开发利用与保护古村落物质文化和非物质文化原生态的关系。古村落保护与改善居民生活条件、居民追求现代化生活的意愿和行动并不矛盾。要在保护的前提下，把自来水、煤气、电力和通信设施引入各家各户，实现人居环境的现代化。只有古村落的居民生活舒适方便、有幸福感，才能真正保护好古村落。同时，要大力招引优质项目、优秀企业，依托生态、文化、旅游"三位一体"优势，做好古村落项目策划、包装、推介工作；成立古村落开发经营公司，统一创意策划、统一市场招商、统一市场销售。突出文化挖掘、故事整理、包装宣传和策划营销，用活用足"互联网＋"，将古村落整体打包，资源整合，重点推出休闲度假、农事体验、茶文化、民俗风情、影视基地等旅游产品，主推一村一品，构建融居民生产生活、休闲体验、购物旅游为一体的民俗文化村和非遗文化街。加强科技支撑，研究制定古村落保护利用标准和古建筑修缮定额编制标准；学习先进经验，培养人才；创新文化旅游营销方式，深度宣传古村落人文、艺术、历史魅力，增强全民古村落保护与利用意识，引导全社会力量积极投身于古村落保护与利用事业。

几千年的耕读文化，催生了众多古村落。古村落是我国宝贵的文化遗产，保留着丰富多彩的文化遗产，是承载和体现中华民族传统文明的重要载体，被誉为经典的民间文化生态"博物馆"、乡村历史文化的"活化石"，是中华民族优秀传统文化的重要载体和象征。实施乡村振兴战略和建设美丽乡村必须把古村落保护利用作为的重要内容，做好古村落的产业融合工作，发展品质养老、中高端民宿、创客工场、休闲文旅等产业，解决古村落空心化问题。习近平总书记在《中央城镇化工作会议》的讲话时指出："望得见山，看得见水，记得住乡愁。"对保护好古村落，建设美丽中国，提升国家文化软实力和国际影响竞争力，都具有重要的现实价值和深远的历史意义。保护古村落，记住乡愁、延续文脉，就是在重建人和环境的交融、生产和生活的互构、传统与现在的互连，是加快实现中国梦的最佳理性选择，而有原则的开发是最好的保护，也是打造美丽中国的题中之意。

## 参考文献

［1］孙九霞：《世界文化遗产保护与发展的多赢平台》，《旅游学刊》，第27卷2012年第6期。

［2］邵甬、阮仪三：《市场背景下的城市遗产保护：以上海市卢湾区思南路花园住宅区为例》，《城市规划汇刊》，2003年第2期（总第144期）。

［3］汪丁丁著：《制度分析基础：一个面向宽带网时代的讲义》，社会科学文献出版社出版，2002年。

［4］徐嵩龄编：《文化遗产的保护与经营：中国实践与理论进展》，社会科学文献出版社，2003年。

［5］丁俊清、杨新平：《中国民居建筑丛书》，中国建筑工业出版社，2010年。

［6］［美］约瑟夫·熊彼特著，朱泱等译：《经济分析史(卷一)》，商务印书馆，1994年。

［7］陈奇禄著：《民族与文化》，黎明文化事业公司，1983年。

［8］陈支平、徐泓主编：《闽南文化百科全书》，福建人民出版社，2009年。

［9］孙大章：《中国民居研究》，中国建筑工业出版社，2007年。

［10］杨昌鸣：《建筑资源的再利用策略：既存建筑更新利用》，中国规划出版社，2010年。

［11］《中国古村落旅游可持续发展研究》，豆丁网，论文库。

［12］《中国古村落旅游的现状、问题及未来策略》，中华文本库。

［13］《对传统古村落旅游开发发展的探讨》，道客巴巴网。

# 重构公共文化空间保护、传承和振兴乡土文化

## ——以东莞市石龙镇为例

丁利民*

**摘　要**：当前，中国社会快速发展，许多古村镇亟待保护，出现传统乡土文化价值认同危机。党的十九大提出乡村振兴战略，振兴乡村文化是其中重要内容。笔者从石龙镇工作经验提出要重视和重构乡村公共文化空间，更好的保护和传承古村镇优秀传统文化，进而实现乡村文化振兴。

**关键词**：公共文化空间　重构　乡土文化

党的十九大报告提出，实施乡村振兴战略。2018年2月4日，《中共中央国务院关于实施乡村振兴战略的意见》（以下简称《意见》）正式公布，提出要统筹推进农村经济建设、政治建设、文化建设、社会建设、生态文明建设和党的建设，加快推进乡村治理体系和治理能力现代化。《意见》第五部分提出"繁荣兴盛农村文化，焕发乡风文明新气象"，要求培育文明乡风、良好家风、淳朴民风，不断提高乡村社会的文明程度。

乡村振兴，首要在乡村文化振兴。笔者长期在古村镇一线从事文化文物保护和传承工作，现撰写本文分析公共文化空间对于古村镇保护的影响，探讨重构古村镇公共文化空间，振兴优秀乡土文化，留住美丽乡愁。

## 一、城乡变革巨大，乡村公共文化空间弱化，公共文化服务供给失衡，乡土文化认同出现危机

### 1. 乡村公共文化空间弱化

现代化、城镇化尤其是网络化冲击着传统乡村社会的社会意识和文化模式，传统乡村结构被瓦解、分散，乡村生活内容和生活方式逐渐向城市靠拢；大量乡村青壮年离开乡村，乡村文化主体发生改变，文化消费动力不足；乡村文化人才流失严重，制约了文化活动的开展；乡民的文化娱乐方式从公共领域退回到私人空间，公共文化参与率偏低，公共文化空间弱化，逐步萎缩丧失。

---

\* 丁利民，现就职于广东省东莞市石龙镇文化广播电视服务中心，文博馆员。

**2.政府公共文化服务供给失衡**

当前，我国公共文化资源分布不均，市、县、镇、村的公共文化占有量逐级递减，包括古村镇在内的广大乡村地区尤其缺乏公共文化服务。虽然随着一系列文化惠民工程的开展，乡村公共文化服务水平得到显著提升，但仍存在模式固化、设施落后、内容单一等问题，不能有效衔接乡民的文化生活需求。伴随经济的快速发展，以及互联网在农村地区的普及，乡村居民的文化需求更加多样，传统的公共文化服务供给模式与乡民文化消费的自主性选择之间出现结构性失衡。

**3.传统乡土文化陷入认同危机**

近来以来，特别是近40年来，随着经济社会的发展，乡村的生产生活急剧向城市靠拢；同时，由于人员流动性扩大，加之当前绝大多数古村镇在发展经济的刺激下，重开发，轻保护，外来者、外来文化与原住民、原生乡土文化之间发生激烈碰撞，弱势的传统乡土文化生存空间被挤压，陷入认同危机，其保护和传承工作面临较大困难。

## 二、公共文化空间是乡土文化的重要载体，是实现乡村文化振兴的重要基石

传统乡村公共文化空间主要是乡民在长期的生产生活、交流沟通等活动中所形成的公共场所和文化平台，主要分为日常生活型，如墟市、酒馆、街角路边、沟边树下、房前屋后等乡民日常生活的场所和场景；教育空间型，如书院、私塾等；宗亲文化活动型，如宗庙、祠堂等宗族祭祀场所等；传统文化娱乐型，如戏台、戏院、庙会及其他民俗表演空间等；还包括宗教信仰型，如寺庙、道观等宗教信仰文化设施。新型乡村公共文化空间主要指政府主导成立的公共文化机构，如政府兴建的公共文化设施和公共文化服务体系，以及各种文化惠民福利设施。另外还有一些个人、企业或社会组织自发成立的文化空间。

乡村公共文化空间并不是一成不变的，社会变革会影响其形式、内容、性质等，从而影响农村的社会结构、人际关系、文化传承等。例如宗庙或祠堂，过去主要用来宗族祭祀或其他宗族大型活动，而随着社会发展和宗族观念淡化，祠堂的社会地位和功用大不如前，许多地区的祠堂数量大大萎缩，甚至已经彻底消失。

乡村公共文化空间是乡土文化生发、传承、播散的载体，也是乡民生产生活、人际交往、信息集散的重要空间，孕育了乡民所共同认可的生活方式、风俗习惯、价值观念、行为规范、秩序体系等，是维系乡村人际关系的文化纽带，在很大程度上影响着农民物质生活和精神世界的状态。它在乡村社会治理中起着柔性管理、交往沟通、文化娱乐、教育引导、心灵慰藉的重要作用，是稳定乡村社会结构的重要基石，也是重建乡村传统、乡村生活价值，激发乡村内生文化力量、振兴乡村文化、引领乡村公共生活的重要途径。

古村镇是形成于历史年代，其聚落环境、街巷风貌、民居建筑、历史文脉、传统文化氛围保存较好，

文物保存特别丰富并且具有重大历史文化价值或者革命纪念意义的城镇、村庄。古村镇的价值在于其乡土文化体系完整、内涵丰富、特色鲜明。特定的公共文化场所是古村镇历史文化的空间载体，也是古村落的独特魅力所在。然而现实中，不少历史村镇的戏台、祠堂、书院等传统公共文化空间被闲置、荒废，日渐衰落甚至消失；同时，新型公立文化机构和服务体系建设不到位乃至缺失，造成古村镇历史文化失去依托，渐趋暗淡，故保护、建设或重构公共文化空间对于古村镇的保护工作尤为重要。

## 三、重构公共文化空间，保护、传承和振兴乡土文化的"石龙经验"

乡村文化是中国文化的重要组成部分，是中华民族文化的发展源泉之一。从普遍意义上来看，影响和制约乡村文化发展的关键因素与乡村公共文化空间和乡村公共文化生活的发达程度有密切关系。因此，振兴乡村文化首先要从培育、拓展乡村公共文化空间与重建乡村公共生活入手。下文笔者试从东莞市石龙镇的工作经验来具体谈下如何重构、拓展、培育乡村公共文化空间。

### 1.石龙古镇介绍

石龙镇位于粤港澳大湾区东莞市东北部，东江下游，北靠广州，南临深圳，毗邻香港。

石龙已有800年的悠久历史，自宋代开始这里有人定居，明嘉靖年间开墟，清乾隆升格为镇。东江穿境而过，航运极为便利，石龙在明末清初就已是岭南重镇，是东江运输的交通枢纽、咽喉之地，控制着大米和木材等主要农产品的流通。清朝末年，随着广九铁路的开通，石龙更因商业发达，而与广州、佛山、顺德陈村并称为广东四大名镇，旧称"省、佛、陈、龙"，是邻近镇〔区〕的经济、文化和商贸中心。2009年，获评"第四批中国历史文化名镇"。

石龙镇内文物古迹众多，岭南风韵浓重，拥有一个省级历史文化街区—中山路历史文化街区，各级文物保护单位和不可移动文物12处，各级非物质文化遗产代表性名录6项。近现代革命史迹遍布全镇，孙中山、周恩来、廖仲恺、蒋介石曾多次到石龙；名人辈出，孕育了黄花岗七十二烈士之一的李文甫、著名史学家张荫麟、著名建筑家林克明等著名人物；是举世闻名的举重名镇，是新中国第一个打破世界纪录的运动员陈镜开、奥运会举重金牌陈伟强、曾国强等举重名将的故乡，全镇涌现出数十位举重世界冠军和打破举重世界记录者。

### 2.石龙镇重构公共文化空间的主要做法

近年来，石龙镇以"政府主导、社会参与、多维拓展、服务共享"的文化服务理念，重构乡村文化空间，丰富、创新乡村公共生活的内涵，激活群众的文化自觉，激发乡土文化的自信，从而振兴乡村文化。

（1）政府主导，培育、改造、利用乡村公共文化空间，建立公共文化服务体系。

首先，政府要牢牢把握住文化发展方向，坚持发展社会主义先进文化。对于传统文化空间，要"取其精华，去其糟粕"，通过活化改造，实现功能转型，焕发新生命。如石龙镇西湖村将村中四座祠堂活化利用，用途改为综合文化服务中心，集图书馆、文化活动室、老人活动室为一体，让传统祠堂成为弘扬传统文化的场所；又如新维村将叶氏宗祠建设成为新维村村史馆，展示新维村和叶氏族人的发展奋斗史，增强其教育意义。

其次，政府要集中力量办大事。要以政府公立公共文化空间为核心，石龙镇将原先的广电站和文化站整合成为石龙镇文化广播电视服务中心，承担石龙镇的文化宣传、历史文化遗产的挖掘、保护和传承工作职责，成为传播现代文化的重要阵地和新乡村文化的摇篮。此外石龙镇先后成立各种文博展示空间，如2006年建立石龙举重博物馆，挖掘、展示、宣传和传承举重运动；2009年成立石龙镇博物馆，展示、宣传、研究石龙地方历史文化，开展乡土文化教育；2016年将80年历史的中山纪念堂活化、改建为石龙东征博物馆，展示东征陈炯明的革命历史，开展爱国主义、革命传统教育和党史教育。

再次，政府应从当地实际需求出发，在村（社区）建设综合性文化空间，最大满足乡民的文化需求。石龙镇通过实施"美丽村居"工程，整治、改造、建设或完善一批乡村文化空间，如篮球场、街心小公园、街道、文化广场等；市、镇、村联动，建设公共文化服务体系，打造"三十分钟文化圈"，做到镇内村（社区）综合文化服务中心全覆盖，吸引居民参与到文化活动中来，使其成为学习知识、培训技能、信息传播的载体和空间，成为社交娱乐和艺术表演的空间和场所，成为振兴乡村文化的重要节点。

（2）社会参与，扶持民间文艺团体和文化空间，激发群众的文化自觉。

大力培育乡村服务性、公益性、互助性的社会文化组织和文化空间。石龙镇积极扶持、引导民间文艺团体和文化空间健康发展，以政府购买服务的形式，鼓励他们积极开展公益文化服务活动，培养、激发群众的文化自觉和主动参与性，将社群文化建设成为新型乡村公共文化的有益组成部分和重要形式。截止2018年底，石龙镇共成立27个文体协会，常年在基层农村一线活跃，自发组织众多文化活动，吸引大量普通群众参与其中，是石龙镇社会文化建设的重要力量。

建立文化志愿服务队。面对基层文化工作人手不足的情况，石龙镇积极发动社会力量，引导群众参与公共文化建设，建立石龙镇文化志愿服务队，开展文化志愿者招募、注册，将文化骨干、文化能人、文化爱好者等吸引到文化志愿者队伍中，截止2018年12月，石龙镇共有文化志愿者203人，2018年服务78场次，累计服务超过2万余小时，确保为居民提供更加精准、便捷的公共文化服务。

引入专业社会工作机构。如石龙镇兴龙社区引入社工组织，开展非遗进社区、少儿粤剧、书画培训交流、亲子乐园、居家养老服务、残康服务等文化活动，打造"友善社区"，吸引、联合商家、企业、住户积极参与社区文化建设，成为社区文化建设发展的骨干力量，社区文化氛围浓厚，社区文化服务水平得到迅速提高。

（3）多维拓展，发展全域、立体的文化空间，助推乡村文化高质量发展。

新时代的媒体文化空间包括报刊杂志、书籍、网络传媒、新媒体、自媒体在内的大众传媒，是社会信息的主要载体，也是乡村文化建设的主要推动力。政府要主动拓展、延伸文化传媒的文化传播功能和空间。加强纸质传媒的建设，在《石龙报》开辟专版介绍石龙历史文化；提升《石龙新闻》采编制作水平，引导传播积极向上、先进的文化舆论；加快网络信息建设，维护好网络文化空间，设立政府、公立部门微信公众号，加强个人公众号的管理、规范、引导，形成传统媒体和新媒体空间融合发展，建设融媒体、全媒体文化空间。据统计石龙镇文广中心所办微信公众号印象石龙累计发布石龙文化文章786条；龙文荟累计发布文化文章543条。

（4）服务共享，提升服务效能，全社会共享公共文化。

乡村公共文化要面向全体大众，各种公共文化空间要树立服务共享理念，积极提升服务水平和服务效能，使全社会都能共享公共文化发展成果，做到文化惠民、文化乐民、文化利民、文化安民和文化强民。

目前，石龙镇历史文化得到很好的保护和传承。文物保护方面，从国家重点文物保护单位到不可移动文物，体系健全，无文物安全事故。在非物质文化遗产保护和传承方面，石龙镇深入挖掘镇内资源，积极申报各级保护名录，目前共有2项广东省级名录，4项东莞市级名录；编辑印刷发行《石龙镇第三次全国文物普查》、《美在石龙》（丛书）、《石龙历史人物》和《石龙镇非物质文化遗产》等书刊。

石龙镇文化工作欣欣向荣。在重要节日，石龙镇都举行节庆文化活动，已成为石龙镇文化活动品牌；据东莞市石龙镇文化广播电视服务中心统计，2018年石龙镇各村（社区）综合文化服务中心共开展各类文化活动100余场次，参与群众2000余人次；文艺创作成果丰硕，2018年入选或获得各类国家、省、市级文化奖项27人次；2016-2018年石龙镇博物馆年均举办展览19场，年均游客31160人，开馆十年累计游客人数超过35万，东征博物馆累计举办文艺活动50余场次，观众人数15000人次，游客参观累计超过5万人次；举办非遗传承保护宣传推广活动，如非遗进校园、进社区等，累计50余场次，受益学生1000余名；2018年购买文化服务93场次，观众53万人次之多，以粤剧粤曲为例，2018年石龙镇6个粤剧团体共演出21场次，观众人数12000人次。

## 四、结论

乡村振兴是国家未来发展战略和建设重点，文化建设是乡村振兴的重要基石。随着公共文化服务体系建设的深入，学界对乡村公共文化空间的研究也不断深入，笔者从工作地经验出发，认为当下乡村文化建设的主要任务是重构乡村公共文化空间，通过政府主导、社会参与、多维拓展、服务共享的理念，激发农民的文化自主性，创新公共文化空间运行机制，使之成为传承乡土文化、培育现代文化精神、保障村民文化权益和实现乡村文化治理的重要平台。本文对农村公共文化空间重构的探讨还有待进一步的发展和解析。

# 参考文献

［1］《中共中央国务院关于实施乡村振兴战略的意见》，《人民日报》，2018年2月5日。

［2］朱瑞兴、高春凤：《推动公共文化空间建设打造美丽乡村》，《农村实用技术》，2019年第3期，第1-2页。

［3］疏仁华：《农村公共文化的场域、空间表达与结构再造》，《安徽师范大学学报》(人文社会科学版)，2019年第1期，第91-96页。

［4］张培奇、胡惠林：《论乡村振兴战略背景下乡村公共文化服务建设的空间转向》，《福建论坛》(人文社会科学版)，2018年第10期，第99-104。

［5］马永强：《重建乡村公共文化空间的意义与实现途径》，《甘肃社会科学》，2011年第3期，第179-183页。

［6］陈波：《公共文化空间弱化：乡村文化振兴的"软肋"》，《人民论坛》，2018.07下，第15-127页。

［7］欧阳雪梅：《振兴乡村文化面临的挑战及实践路径》，《毛泽东邓小平理论研究》，2018年第5期，第30-36页。

［8］陈波、李婷婷：《城镇化加速期我国农村公共文化空间再造:理论与模式构建》，《艺术百家》，2015年第6期，第64-71页。

［9］曹海林：《村落公共空间演变及其对村庄秩序生成的意义：兼论社会变迁中村庄秩序生成的逻辑》，《天津社会科学》，2005年第6期，第61-65页。

［10］何兰萍：《公共文化生活空间与农村文化建设》，《江西师范大学学报》(哲学社会科学版)，2011年第4期，第8-13页。

［11］何兰萍：《关于重构农村公共文化生活空间的思考》，《学习与实践》，2007年第11期，第122-126页。

［12］朱春雷、杨永：《重构农民的公共文化生活空间——以鄂、豫、皖三省农村文化发展为例》，《甘肃理论学刊》，2007年第2期，第79-82页。

［13］黄文泓、安勇、尹婧：《新型农村基层公共文化空间重构探索》，《美与时代(上)》，2018年第1期，第49-51页。

［14］韩弥明、方国武：《美好乡村视角下安徽农村乡土文化建设思考》，《安徽农业大学学报》(社会科学版)，2016年第5期，第15-19页。

［15］申业磊：《农村公共文化空间的重构——以永嘉县农村文化礼堂建设为例》，温州大学，2016年硕士学位论文。

# 人类唯一幸存的最特殊的古村镇

## ——浅说卓筒井的地下营造

蒋　铭*

我们通常谈及的古村镇大多是较为宏大的地面营造，而卓筒井镇的古朴营造却是在地下，它就是卓筒井。

卓筒井，手工制盐的活化石，是在汉唐以来开凿大口径浅井的成功经验的基础上，于北宋庆历（1041-1048）年间发明的一项冲击式顿钻凿井法。卓筒井营造在北宋时期分布广泛，几乎整个蜀国皆有营造。如今遗存并活态传承至今的卓筒井主要分布于四川省大英县卓筒井镇。在卓筒井镇7个村落里，保存有18个灶房遗址、245眼老井，分布大顺灶的保护最为完好。大顺灶占地10655.8平方米，现有灶房一处、盐工住房一处、盐井3口、晒盐坝一处、晒盐（水）架一架、筒车一个、花车和羊角车20架、计量缸3个、大平坦盐锅两口、卤水储存桶4个、生产工具等共计141件。

卓筒井是一种用椎架子套铁质圜刃，以冲击式方法向地下深处开凿的小口径盐井，是人类发明最早的小口径钻井技术，比西方早800多年，它开西方绳式顿钻钻井技术的先河，揭开了人类向地下深处探寻宝藏的序幕。这种钻井技术的发明，不仅极大地提高了井盐生产的水平，更重要的是，人类在开采盐卤的过程中，发现了深埋地下的油气资源，世界的能源革命由此翻开了崭新的一页。它加速了人类文明历史的进程，加快了整个人类社会的经济迅速发展，促使了现代石油化工、航空、汽车，电力等多种工业的兴起。它解放了人类的生产力，改变人类的产业结构，把人类文明推向了一个前所未有的新时期。它在很长一个时期，影响着一个地域的政治经济和文化，并不断地扩展着它的外延，因此，我们将它确定为一个时期的文明——卓筒井文明。它开创了机械钻井的先河，是近代石油钻井之父，堪称中国古代"第五大发明"，与火药、造纸、印刷术、指南针一样，对人类产生了不可估量的贡献，载入了《中国科学技术史》《中国井盐科技史》《中国钻探技术史》。

大英保存的一整套卓筒井生产工具和一些至今仍能生产的井眼，是宝贵的宋代文化遗存，对于研究宋代钻凿工艺具有极为重要的意义。1990年被原蓬溪县人民政府公布为县级文物保护单位。1991年被四川省人民政府公布为省级文物保护单位。2006年6月卓筒井井盐深钻汲制技艺被国务院公布为首批国家级非物质文化遗产。2007年，卓筒小井被公布为第七批全国重点文物保护单位。

---

* 蒋铭：四川省大英县文物管理所所长（兼大英汉陶博物馆馆长），中国文物学会理事。

## 一、卓筒井历史沿革

卓筒小井发明于北宋庆历（1041–1048）年间。川北卓筒小井分布在蓬溪县、大英县、乐至县、乐山市等地。民国时期大量存在，解放以后逐渐淘汰。由于历史和自然的原因，目前仅大英县卓筒井镇保存有41口盐井。

《新唐书》："长江（今大英县蓬莱镇）有盐"，大英县在唐代属长江县辖地。

北宋苏轼《蜀盐说》："自庆历、皇佑以来，蜀始创'筒井'，用圜刃凿，如碗大，深者数十丈。以巨竹去节，牝牡相衔为井，以隔横入淡水，则咸泉自上，又以竹之差小者，出入井中为桶，无底而窍其上，悬熟皮数寸，出入水中，气自呼吸而启闭之，一桶致水数斗。凡筒井皆用机械，利之所在，人无不知。"

《蓬溪县志》（道光版）记载蓬溪县有盐井13所，大英县在清代属蓬溪县辖地。

民国时期设大英盐务所，属川北盐务局河边盐场管辖。当时卓筒井镇拥有108个灶房、连同宋、明、清老井计1711眼井，年产盐4000余吨，销于金堂、乐至、安岳、大足等地。目前的9灶41眼井分布在关昌、青木、快活岭、三兴、英家桥、青和等六个村方圆6公里范围内，其凿井、吸卤、煎盐等生产工艺流程依然是宋代卓筒井的基本方法，它持续近千年，生产未中断，对研究中国盐业史和钻井史具有很高的历史价值，受到盐业专家高度赞誉。

## 二、卓筒井营造的自然与人文环境

### （一）自然环境

卓筒井坐落在卓筒井镇关昌村的大顺坡半山腰，属川中丘陵地区，亚热带季风气候，四季分明，夏季多雨，冬季干燥，周围远近都是连绵起伏的山丘。卓筒井以北八百米是天灯坡，天灯坡下是农田，与天灯坡自然形成一片绿水青山的田园画面。东北方50米至500米是关昌村天灯坡与大顺坡形成的地势低缓的大沟，中间是水田，两端是农耕土地。西南方卓筒井本体及一切附属设施皆坐落于大顺坡山腰，站在大顺坡远眺一公里的西南方，可见连绵不断的九里杠山坡，坡上翠柏葱郁，与蓝天竞美。往近是低缓的大面积的良田沃土，其间还有两座低矮的山丘。西方远处是福寿宫后坡，东方向上直到寸塘口水库。两端丘陵连绵不断，野花芳草，气息诱人。沟中间是天灯河，河水潺潺蜿蜒如龙蛇，其间鱼戏虾游，白鹭欢飞，为关昌村迷人风景。

### （二）人文环境

卓筒井东北方600米是农家院落，翠竹环绕。近300米是一座横跨天灯河的小石桥，前15米是一农家，"小桥流水人家"自然成趣。西方1000米是卓筒井古镇。东北方两米是关昌村的乡村公路，500米是卓筒井陈列馆，西下方5米是另一关昌村村民院落，与另一院落形成对映的田原画卷。

## 三、卓筒井文物本体及技艺

（一）描述

卓筒井地处大英县卓筒井镇以东一公里的一大片缓坡地带。地表出露川中常见的红色粘土，为农业耕地。卓筒井现存有灶房、晒盐（水）坝、井眼。为保护卓筒井的历史真实性，卓筒井方圆一公里未作其他建设。井场、井眼、晒坝、晒盐架、灶房等均保持了它的原汁原味。

1.灶房：长20米、宽15米，面积300平方米。房为两重檐小青瓦歇山式顶，木质穿逗结构。房内前部设灶，上置盐锅，盐锅平底呈长方形，边长1.1米，卤水放入锅内烧制结晶为盐。盐锅后面是温水锅。房内后部是盐炕。盐炕为长方形，长约8米、宽2米，用石板砌成，用作最后将盐烘干。房内还置有储盐巨桶。出灶房斜对面为盐工住房和工具堆放处，长20米、宽8米，另有配房一间，皆为小青瓦单檐歇山式顶。

2.晒盐（水坝）：从灶房右拐上30步石阶即到达卓筒井晒盐坝，坝长60米、宽20米，占地面积1200平方米。坝内耸立着醒目的晒盐架，从底到顶高5米，长15米，是竹木穿逗结构的人字形支架，支架上铺满荆竹桠，顶端放置木质天船。天船底部有伸向支架两端的与支架一样长的空竹筒，竹筒上钻有两排对着支架左右晒盐架的小眼。晒盐架侧有筒车，筒车象一个圆盘，高6米，直径5米，被一根横轴穿着，在圆盘的外圈上依次安上竹筒，每个长约0.30-0.50米。圆盘的内圈安上木板，人在板上走动，促使圆盘旋转，将晒坝架下石坑中的卤水通过筒车外圈的小竹筒输送到晒盐架顶端的天船里，卤水通过天船底部接出的空竹筒的小眼喷射到荆竹桠上，卤水下滴，回流入石坑中。重复这样的操作，让卤水中的水分不断蒸发，待卤水浓度达到18-20度后，再输入滤缸过滤。坝西5米处有6根石柱支撑的小瓦房，长6米、宽4米，内设石质计量缸（器）5个、存卤水池3个。计量缸每个长2米、宽0.8米，存卤水池长5.5米、宽2米。从滤缸过滤后的卤水倒入计量缸，盛满后计数，再排入卤水池内暂存，待输往灶房烧制。

3.井眼：深井处于大顺坡一台土的坡脚下，接近坡岩，占地7平方米，井处中央，圆形，直径15厘米，宋代。井内竹制套管直径为13厘米。套管三到五年更换一次。深井深130米，井后边60厘米立两根间距70厘米，高为60厘米的石质担车架，平车、花车的中轴两端置于担车架的凹口处。平车、花车皆为圆形木质车架，车架上缠绕放篾，放篾以铁钩连接已经放入井中的汲卤竹筒。井场周围以条石砌边，地面以石板镶砌。井场四角以木质大柱撑起一个茅屋，以避日晒雨淋。茅屋与卓筒井井眼垂直对应处有一个约25厘米的圆洞，圆洞上固定竖起一个高6米的篾制引笼，为保证稳固，引笼还被三至六根长篾牵扯在地上打桩固定。提起卤水时，长10米左右的汲卤竹筒从井里伸上篾制引笼，受引笼控制，汲卤竹筒则不会偏倒造成事故。老井深约150米，占地10平方米；广井深约138米，占地8平方米。深井和老井同在一台土，相距约45米，老井居一台土中间位置。广井地处二台土边沿临乡村公路处。三口井呈一折线，形成以老井为钝角的三角形。三口井卤水浓度都比较高，且每天取卤不竭。为了把卤水浓度提高到18-20度，就产生了上述晒盐的设施设备。

（二）大英卓筒井钻井工艺流程

卓筒井采用楠竹作套管，井深数十丈，井径与套管外径相同，产量小，"一筒致水数斗"（北宋熙宁年间一斗合今天7400毫升）。卓筒井钻井工艺包括打井、散泥、下筒、修井等流程。

卓筒井一般深约130米，井口大10-13厘米（直径），占地两平方米。井址的选择是有经验的老盐工根据山的长势、岩层的长势来决定，选择井址也叫"度脉"。"度脉"不准，将打成漏井或干窟窿。

《中国古代井盐工具研究》记载：圜刃锉是现代深井钻头的鼻祖。根据明代宋应星《天工开物》的记载，卓筒井的钻凿方法是采用机械凿井的方法——冲击式顿钻凿井法，即使用一种如古代舂米的设备，利用杠杆的原理，将钻头——圜刃固定于碓头，然后足踏礁梢，带动锉头顿击井底而将岩石破碎为粉末，边顿击边加水，锉头在每顿击到一定程度之后又重新被提起，清理出井底被粉碎的岩浆，然后又作第二次顿击，如此循环往复，不断捣碎井底岩石和清出岩浆，使井身得以逐步加深，钻出一个圆形的井眼。

钻井分为打大眼、打小眼两个阶段。卓筒井的构成即大眼小眼。上层是大眼，口径15-25公分，深约50多米不等。大眼的作用是下牝牡相衔的楠竹筒（即套管）。楠竹筒的作用是隔绝洞壁上渗透出来的淡水，不许淡水进入井里。竹筒能否隔绝淡水，又是把井钻成功的关键。大眼钻至50米深，竹筒相应下50米，若不能隔绝洞壁渗透的淡水，这叫漏井，不能再钻，只有报废。隔绝了淡水就打（钻）小眼，将大杆（钻杆）顶端的大令牌头换成小令牌头，继续往下钻，直钻至100多米甚至更深，如果每天能产500-3000斤浓度7-13度的卤水就成了井。如果无卤就是选址不准叫干窟窿。

卓筒井大眼在上，下套管隔淡水，小眼在下产卤。产卤的小眼经过岁月的流逝卤水腐蚀、地层变迁，有时洞壁也要垮塌，这叫"垮匡"。岩石填塞了产卤眼，就无法汲卤。有时，一些汲卤工具掉在井里或其他人为造成的障碍这叫"屙堆"，也无法汲卤。要汲卤必须排除故障。因此产生了修治井的工艺和工具。如果故障大、难度大，要修好一口井需时间一月或数月才能完成。要保持一口不出故障产卤的井很难。

（三）制盐工艺流程

卓筒井制盐分汲卤、晒卤、滤卤、煎盐等几个程序。

筒匠用盐车（又名羊角车、花车）上的竹筒将卤水从井里汲出，卤水混浊，一般浓度在7-10度，这样的卤水咸低，耗燃料，成本高。为了把卤水浓度提高到18-20度，就产生了晒卤支条架、晒坝（也叫盐田）等晒卤工具和相应的工序。

晒坝一般长60米，宽20米。支条架一般长约20米、高5米，结构如八字型，木质穿斗，支条架上铺满金竹桠，顶端做有"天船"。天船长10米、高1米、宽1米，安放在支条架顶的中部。天船底部有伸向支条架两端的与支条架一样长的空竹筒，竹筒上钻有小眼。在支架的一侧做有筒车，筒车像一个大圆盘，高6米，直径5米，被一根横轴穿着。在筒车的外圈上依次安上竹筒，每个长约30-50公分。在内筒车圈安上木板，人在板上（内径）走动，促使圆盘旋转，将坑中的卤水通过筒车外圈的小竹筒输送到天船里，卤水通过天船底部接出的长竹筒的小眼喷洒到荆竹桠上，卤水下滴，这样水分晒去了，卤水浓度达到18-20度后，再输入滤缸过滤。

滤缸将卤水中的泥沙、杂质滤掉澄清再放入盐锅内煎盐。

煎盐的地方叫灶房，俗名叫"场火"。卤水在盐锅中经高温逐渐结晶成盐（为了使盐洁白，颗粒晶莹，在煎制中加皂角、豆浆，同时提旦。注：旦为另一种矿物质，可点豆腐），灶匠将有水分的盐舀入盐仓中，过滤掉水分再把仓中的盐撮到炕上，将水分全部烘干，即成食盐。

# 四、价值评估

## （一）卓筒小井的历史价值

卓筒井是北宋庆历（1041-1048）年间的发明，已有近千年的历史，有着悠久的历史价值，它是古代劳动人民勤劳和智慧的结晶。目前，以"凿地植竹"为特点的卓筒井仅在四川省遂宁市大英县卓筒井镇得以保留和沿袭下来，成为人类研究宋代卓筒井钻井技术唯一的实物资料。

## （二）卓筒井的科学价值

### 1.东西方钻井技术比较

| | | 中国凿井方法<br>（卓筒井） | 西方早期绳顿<br>钻井方法 |
|---|---|---|---|
| 发明时间 | | 1041-1048年 | 1808-1831 |
| 钻井原理 | | 冲击方法 | 冲击方法 |
| 提升装置 | | 绳索（竹篾）绞车 | 绳索（钢丝）绞车 |
| 动力 | | 人工踩蹬 | 人工踩蹬 |
| 井身结构 | | 竹质、木质套管 | 木质、钢材套管 |
| 钻具结构 | 缓冲装置 | 转槽子 | 活环 |
| | 钻头结构 | 圜刃（圆柱体）属横刃型的钻头 | 铲刀（扁体状）属横刃型的钻头 |
| 排泥砂装置 | | 汲筒（底端刃牛皮碗的单向阀门） | 捞砂筒（底端为球形阀） |
| 开采对象 | | 天然卤水 | 天然卤水 |
| 发明地点 | | 中国四川 | 美国宾馆夕尼亚洲 |

**2.卓筒井技术的主要成就**

（1）首创冲击式钻井方法，与近代西方绳式顿钻钻井原理相同，但比西方早750多年。

（2）首创套管隔水法与近代石油钻井中多层结构的套管原理相同，但比西方早400多。

（3）首创世界钻井史中的第一只钻头，即"圜刃"型钻头，其结构与近代石油旋转钻井中采用的鱼尾钻头结构相似，但比西方创造的第一只钻头早750多年。

（4）首创钻井技术关键工具——转槽子，其工作原理和功用，与近代西方钻井的重要工具活环相似，但比西方制造出的活环早700多年。

（5）首创提捞法采卤，其工艺技术比西方早400多年。

（6）首创康盆低压采气，在世界天然气开发史上；这一独具特色，绝无仅有的科技成果，比现代气井开采工艺毫不逊色。

## （三）卓筒小井凿井技术的历史意义和作用

1.人类第一次创造了凿井方法，取代了人工挖掘方法，揭开了人类开发储存于地下深处的矿产资源的历史序幕。

2.卓筒小井凿井技术，开西方近代绳式顿钻钻井方法的先河，导致了二十世纪西方发明近代石油旋转钻井方法的诞生。所以，中国凿井技术是近代"石油钻井之父"。

3.在盐卤凿井中发现了石油矿藏，掀起了世界性的大量勘探和开发，引起了一场世界能源的重大变革，对人类历史进程产生了极其深远的影响。

《中国井盐科技史》载：卓筒井的发明，对人类社会的文明和进步无疑作出了伟大的贡献，这种贡献无论从历史地位或者是对当今世界政治、经济、军事和科学技术的影响，堪与指南针、火药、造纸术、印刷术等重要发明媲美，它是继中国古代"四大发明"之后的第"五大发明"是近代石油钻井之父。

中国卓筒井的钻井之技术比西方早750多年，与火药、造纸、印刷术、指南针一样对人类做出了不可估量的贡献。英国科学史专家李约瑟在《中国科学技术史》一书中认为："今天在勘探油田时所用的这种钻探深井或凿洞的技术，肯定是中国人的发明，这种技术在汉代（公元前1世纪到公元1世纪）就已经在四川加以应用。不仅如此，他们长期以来所应用的方法，同美国加利福尼亚州在利用蒸汽动力以前所应用的方法基本相同"，"开创了机械钻井的先河"。注：这种钻井技术，李约瑟博士文中所谓深钻技术（Techique of Deep Drilling），显然指北宋时期中国人发明的卓筒井凿井技术，它的发明年代大致在1041-1048年间，不是在汉代，因为四川卓筒井凿井技术问世以前，都是采用人工挖掘方法，属于大口径浅井，而不是卓筒井小口径深井。

综上所述，卓筒井这一历史文物有着较高的历史价值、科学价值和独特的艺术价值，对推动人类文明的进程起到了不可估量的作用。

卓筒井古村落营造主要体现在地下，地面遗存因井而生，是人类别具特色且具有唯一性的古村落，是走向地下的文明始祖。

宋代卓筒井在今大英县卓筒井镇有大量的遗存，如古代以"老井"定名的卓筒井至今使用，更有纪念齐国宰相管仲（盐神）的"老管井"（有世代传唱的当地歌谣：管仲师兄施大贤，鲁班造车圆又圆，筒匠打水灶匠烧，烧出花盐万万担）。

2017年10月，中国文物学会古村镇专业委员会与大英县人民政府在大英共同举办了卓筒井文明与古村落保护研讨会，会议历时三天，获得论文39篇，为卓筒井文明的保护提供了理论和实践上的指导。

# 浅谈传统村落保护利用与振兴乡村经济的关系

## ——以石堰坪传统村落保护利用为例

曹健全*

**摘　要：**传统村落，是我国几千年农耕文化的缩影与写照，也是我国劳动人民长期适应自然、与自然和谐共处的历史见证。在村落里，望得见山，看得到水，记得住乡愁，是我们的美好愿景。保护利用好传统村落，助推乡村经济振兴；乡村经济发展后，又不惜投入地完善村落基础设施建设，以使传统村落保护与乡村振兴达到良性互动，是我们的追求目标和共同责任。

**关键词：**传统村落　保护　利用　乡村振兴　关系

在21万平方公里的潇湘大地上，留存、散落着许多的传统村落。作为湖南历史、文化演绎变迁的见证，这是湖南先民馈赠给后人的丰厚遗存，是湖湘文化的重要生长空间和薪火相传的根脉源头，也是探寻文明足迹、触摸历史真实的精神家园。

湖南传统村落数量众多、价值独特、丰富多彩，在我国南方古建筑中占有重要地位。这些古朴、生动而鲜活的传统村落，凝聚了湖南省各族人民的智慧和汗水，沉淀和承载了湖湘文化的价值系统、思维方式、民众心理和审美情趣，是物质文化和非物质文化的有机结合。全国首批51处国保省保集中成片传统村落之一的石堰坪村，可谓是价值突出、特色鲜明的典型代表。

石堰坪传统村落位于张家界市永定区王家坪镇东南部，距永定城区68公里，现有70多户人家。石堰坪古建筑群位于一处四面环山，中间为平地的土家族村落，其建筑群具有地方特色，别具一格，且颇具规模。石堰坪古建筑群始建于清、民国时代，建筑格局为多组合式吊脚楼群体。

近年，石堰坪传统村落经历了一场规模较大的修缮过程。修缮前，全部是小青瓦建筑屋面，由于南方雨水较多，流量较大，对小青瓦屋面冲刷严重，部分瓦面下滑漏雨；另南方山区气候昼夜温差大，而且有冰冻期，造成瓦面断裂；加之各建筑均年久失修，缺乏日常维护，导致屋面经常漏雨。梁架缺乏日常维护，尘土蛛网密布。因屋面漏雨，造成檩、椽、枋等木构件的糟朽、断裂。部分建筑梁架倾斜，梁架倾斜致前后檐木板壁整体倾斜，变形严重。木板壁、木板门、木窗变形，并存在不同程度的糟朽、开裂。部分建筑梁架中穿——穿之间为竹编壁，部分破损严重。

---

*　曹健全，湖南神匠文物保护古建园林工程有限公司董事长兼总经理、湖南神墨文化创意有限公司总经理。

笔者为湖南神匠古建园林工程有限公司一员，有幸参与张家界石堰坪传统村落古建筑的修缮工作。我公司是国家文物保护工程施工壹级、古建筑工程专业承包壹级企业资质，在湖南省文物古建和工艺美术行业中名列前茅，是湖南省唯一一家拥有特殊工艺、构件生产加工的文物维修企业。通过多年的修缮经验积累，从进驻石堰坪古建筑群修缮项目开始，公司就积极组织建立了技术过硬的修缮团队，通过协调地方党委政府等部门，多次组织村民宣传文物保护利用相关法律法规知识，向群众阐释文物保护理念。修缮过程中，我们严格遵守不改变文物原状、最低限度干预、可逆可识别等文物保护修缮原则，最大限度的保留传统村落的历史信息。

石堰坪传统村落修缮的过程可谓挑战与机遇并存。初期实施过程中，个别村民不理解，认为生活在传统村落是落后的表现，只希望拆旧建新，曾发生不少阻工现象，譬如根据木柱柱脚残损的现状，分析使用墩接修复方法本可以达到安全要求的，村民非要求整柱换新；门口自然生态的石板路，富有年代久远的沧桑感，古色古香，个别有些碎裂并不影响通行，非要让揭除铺设成现代路面。我们深知文物修复理念置入脑海，不是一时半响、一蹴而就的事情，就耐心地向村民传达文物修复理念，传达修复好传统村落后，拉动旅游从而振兴当地经济的重要性。期间，国家、省、地方各职能部门也大力引导，保护利用理念最终得到村民的理解。村民开始自觉保护本体，自觉进行文物保护法律法规的宣传，石堰坪传统村落的修缮工程得以顺利进展。

石堰坪苏木绰是土家语"祖源之地"音译，是指武陵山区土家族居住之源、文化传承和鼎盛之源，是一个泛文化区域概念。现在人们习惯将"苏木绰"代指以石堰坪村、马头溪村为中心的张家界市永定区王家坪镇、沅古坪镇等土家族人聚居区一带。石堰坪村民俗文化极其丰富，有薅草锣鼓、山歌对唱、扬叉舞、草龙灯、太平歌、哭嫁、求雨、土地戏、摆手舞、铜铃舞、花灯、糊仓等民族歌舞和农耕文化活动，其历史悠久，历来人才辈出。石堰坪村为全国首批国保省保集中成片传统村落之一，石堰坪古建筑群是全国重点文物保护单位。还先后被有关部门授予"国家土家生态博物馆""国家少数民族特色村寨""中国魅力乡村""湖南省生态村""湖南省特色旅游名村""湖南省少数民族特色村寨十强村"等荣誉称号。

农历腊月二十四，是土家族的小年。湖南卫视新春走基层直播苏木绰地点石堰坪村，698名村民和300名游客以土家传统鸡罩捕鱼活动集体欢庆小年的到来。石堰坪村部苏木绰广场锣鼓喧天，鼓乐齐鸣。30分钟的民俗歌舞暖场之后，20名由村民和游客自愿报名参赛

图1　石堰坪古建筑群

的选手拿起鸡罩，跃入塘中。各人短裤赤膊、鸡罩飞舞、水花四溅，场面蔚为壮观。借助湖南卫视新春走基层直播苏木绰传播力影响，永定区王家坪镇党委政府贯彻落实乡村振兴战略，做大做强文化旅游产业，不断推进苏木绰品牌建设。2018年，全镇接待国内外游客达42万人次，实现旅游创收4200万元，其中，石堰坪村成立了以村集体经济成分的苏木绰休闲农庄，运营石堰坪苏木绰品牌，每年定期办好土家糊仓、鸡罩捕鱼等民俗活动，累计已接待国内外游客20万人。

石堰坪传统村落的保护利用振兴了当地经济，老百姓得以安居乐业，人们不惜投入资金培育生态产品，从中获得经济回报。物质和精神生活的富足，百姓素质的提高，村民已经注重环境的维护，全面落

图2　石堰坪古建筑群

图3　苏木绰广场土家族歌舞

图4 土家族传统鸡罩捕鱼活动

实乡村秸秆焚烧治理措施，规划沟渠，深入实施水污染防治行动计划，自觉保护自然生态环境。传统村落的的保护与乡村振兴有机融合实现共赢的新模式，实现了传统村落可持续发展。

在实施乡村振兴战略的过程中，石堰坪传统村落保护与利用坚持了"抢救保护、规划先行、合理利用、反哺村落、活态传承、共建共享"的理念。百姓的居所得到了彻底改善，保持了传统村落的原真性、完整性、安全性、延续性，村民从中得到了实惠。乡村旅游发挥巨大的发展潜力，振兴乡村经济，增加了村民就业机会，产生良好的经济带动效应，推动了传统村落基础设施的改善，一定程度上助推村落的保护。

过去，一直以自然旅游资源为主的旅游目的地——张家界，人文旅游在文化内涵上挖掘不深。张家界石堰坪传统村落保护利用带动了乡村经济的振兴，已经成为当地政府第二张旅游文化名片。作为文物保护施工单位，付出了很多艰辛的努力，但看到石堰坪传统村落保护的完美成果，人民安居乐业、幸福安康，我们倍感欣慰。

# 徽墨文化古村复兴的思考

吴志轩[*]

尚逸轩在2011年初开始租赁改造婺源县清华镇花园村一栋始建于1902年的古宅九思堂，打造了婺源第一家古宅民宿，由此开启了婺源古宅民宿发展的潮流，并被婺源县政府命名为"九思堂模式"，作为古宅保护利用的代表。古宅的价值绝不仅仅只在于建筑，更重要的是依附于人、依附于地方的生活之美，代表的是中国传统乡土社会中严谨、雅致、诗意、和谐的生活方式和生活艺术。所以，尚逸轩不断深挖婺源本土文化生活，让游客深入体验访石制砚、制墨、绘伞、古道徒步、打麻糍、乡村之夜等40余项深度体验内容。

从2011年迄今，尚逸轩已经维修改造了九栋老宅，开业了九思堂、继志堂、云何堂、留耕堂、蓦然徽舍以及黟县倚南别墅六栋古宅民宿，以及务本堂尚逸徽墨工坊。但随着古宅民宿在婺源的迅速发展，越来越多的民宿只是着眼于古宅本身的维修改造和运营，却忽略了其所依托的本土文化生活。而这个才是民宿产业依托的根本，也是一个传统村落传承发展最重要的核心所在。所以尚逸轩选择了婺源县浙源乡虹关村作为尚逸轩新的传统文化村落整村发展新模式的落地点，希望在古宅保护性开发的"九思堂模式"之后，走出一条不同于景区开发的传统村落整体发展的"虹关模式"新路，既能保护本土文化生活，又能给古村落带来文化、经济、环境、社会各方面的和谐发展。

## 一、虹关村简介

虹关村于南宋建炎年间（1127–1130）由詹姓建村。建村者迁居落户时"仰虹瑞紫气聚于阙里"，所以取名"虹关"，并有"吴楚锁钥无双地　徽饶古道第一关"之美誉。

村边鸿溪水畔，一株1100余年的大樟树屹然独立。树高26米，胸径3米有余，冠幅3亩许，四季常青，植于水口处，长保村庄兴旺。古樟黛色参天，枝柯横斜，有"江南第一樟"之誉。

明清时代，虹关是徽墨的主要产地之一，周绍良先生的《清墨谈丛》载"婺源墨大约在百家以上，仅虹关詹氏一姓就有80多家，在数量上远远超过歙县、休宁造墨家，在徽墨中是一大派别"。村里的大街小巷多以墨商为名，所以虹关又有"徽墨名村"的美誉。

* 吴志轩，工作单位婺源县尚逸轩度假有限公司。

　　虹关詹氏制墨在高层次客户方面的拓展，特别是贡墨、御墨乃至恩人订制墨、收藏纪念墨的出现，极大地丰富了婺源墨的题材。从明末到民国的400年间，村里名人辈出。有给乾隆皇帝制作御墨的詹成圭；有乾隆南巡召试钦点举人，直隶州知府，死后林则徐撰写墓志铭的詹应甲；有上海四大墨号之一的詹大有；以及詹方寰、詹国淳、詹子云、詹汇川等诸多制墨名家，其名声甚至远播海外。此外，村里还有10余名文士，留下传世著作30多部。

　　虹关迄今仍然留存有古朴大气的古建群，包括玉映堂、愿汝堂、留耕堂、虑得堂、继志堂、从是堂、玉鉴堂、六顺堂、礼和堂、棣芳堂、务本堂等20余栋古宅，以及徽饶古道、大有巷、子云巷、方寰巷等古巷道。还有优美秀丽的山水田园环境、淳朴和善的民风，以及悠久古拙的传统手工艺，比如龙灯、传统家具、豆腐、竹编等等。附近有高湖山、徽饶古道、察关水口、吴楚分源等古迹胜景。

## 二、虹关徽墨现状

　　尽管拥有辉煌的历史，但不可否认，从民国之后，虹关村便开始逐渐没落，现在和诸多古村落一样，近乎空心村，村里多是老人小孩留守。尤其在徽墨文化方面，更是衰败得令人心酸。

　　从清末开始，由于墨汁的出现，传统徽墨受到了巨大的冲击，日渐衰败。尤其婺源徽墨主打大众市场，其对价格敏感度很高，所以纷纷转用墨汁。中华人民共和国成立后，各个墨号纷纷参与公私合营，婺源成立墨厂，将各家墨号都合并一起。但在20世纪90年代，婺源墨厂因为经营不善而倒闭，婺源徽墨便再无生产。

　　尚逸轩在虹关的第一家民宿"继志堂"于2014年开业。开业之初，便在宅内设置了传统徽墨体验空间，延请歙县制墨名家吴成继先生专门指导，并培训若干年轻人。2015年，尚逸轩又专门租赁一栋古宅务本堂，提供以徽墨为主，兼具纸笔砚的传统文房四宝工艺和文化体验。此外，迄今村内也有两位詹姓墨商后裔重新接续祖先制墨产业，尝试恢复祖上墨号。

## 三、尚逸轩在虹关村以往工作

### 1.徽墨文化主题民宿

　　目前，尚逸轩在虹关村租赁了四栋古宅，其中继志堂和留耕堂打造为徽墨文化主题古宅民宿，除了提供舒适雅致的居住休闲空间之外，还通过故事讲述、陈设装置、墨谱门牌等方式传播徽墨文化。

### 2.设立尚逸工坊

　　工坊内提供从点烟开始的全套传统徽墨制作工艺体验。此外，因为婺源是老坑歙砚产地，所以在工坊内也辟出相当一部分空间用于陈设和体验歙砚工艺。还有造纸、制笔、拓印、传统书信等体验。

**3.参加北京国际设计周**

2016年、2017年尚逸工坊参加北京国际设计周民艺板块，得到中华网等媒体专访，并获得北京市书院中国文化发展基金会和蜗牛民艺工作室发起的"相信青年的力量——民艺传承方案征集计划"二等奖，让虹关徽墨在沉寂数十年后又展现在大众面前，并得到广泛认可。

**4.发起"更美婺源"环境清理公益活动**

从2017年10月10日第一次活动起，迄今我们每个月的10号都安排团队在村边河道进行垃圾清理活动，以此强化村民的环保意识，并美化我们的生活环境。此活动引起了婺源县委县政府的高度重视，并在2018年10月10日起发起"拾去垃圾 拾起文明"的双拾活动，每月十号在全县推广实施。

**5.成立"乡村人类学工作室"**

2019年4月20日，尚逸轩和厦门大学人文学院共同发起成立了"厦门大学乡村人类学虹关工作室"。通过与专业机构的合作，对虹关进行整体深入的田野调查，并打造虹关本土知识电子数据库，奠定未来虹关村产业发展的文化基础，使得虹关文脉得以传承，并且相关机构或个人能够很便利地获得相关信息。

## 四、虹关整体发展思路及计划

基于虹关古村独特的徽墨文化，我们希望能够与政府以及各界力量合作，将其打造成为全国独一无二的"徽墨文化活力古村"，创造一个新的传统文化村落发展的"虹关模式"，从文化、经济、环境、社会四个方面对虹关进行提升，四位一体，和谐发展。

**1.文化**

（1）深挖徽墨文化核心。

徽墨文化是虹关村的灵魂，使之能够与数以万计的古村落形成鲜明的差异化，并以此为核心，构建自己独特的经济文化体系。为了保护、传承和发展徽墨文化，尚逸轩主要从以下方面入手：

① 强化与专业研究机构和学者的合作，进行深入文化调查研究。② 建设徽墨文化展示及体验场所和内容，包括徽墨研学基地，以及徽墨文化馆，展示虹关徽墨相关文物等，以及徽墨文创产品展示与销售。③ 与故宫合作出版《故宫收藏虹关徽墨图集》，彰显虹关徽墨的文化地位。④ 保护墨商古宅、祠堂、街巷、坟墓、烟房等遗址。⑤ 设立虹关乡贤祠，恢复虹关墨商乡贤祭祀仪式。⑥ 发展徽墨文创产业。⑦ 挖掘整理徽墨文化相关传说故事。

（2）丰富乡土文化外延。

光有徽墨文化还远远不够，毕竟徽墨文化发烧友很少，要能够留住人，并且通过经济价值推动文化发展，我们必须要有更加丰富的体验内容，提供给休闲度假客人。因此，我们还需要进一步挖掘打造乡村文化生活体验内容，吸引更多的度假游客，以之促进经济文化的良性互动。具体包括：

① 挖掘虹关板凳龙文化，以其为核心发展文创产品和特色体验。② 挖掘本地传统手工艺，帮助村民

构建传统手工体验坊，并与村民生活生产场景相结合，避免舞台化表演，包括木工坊、豆腐坊、制茶坊、小吃坊、竹编坊等等。③挖掘地方特色食品，比如豆腐、粉皮、麻糍、清明粿等，并在传统的基础上进行品种创新。④整理乡土年节民俗，并打造游客参与体验场景。

**2.经济**

经济基础决定上层建筑，只有提振乡村经济，才能发展乡村文化。对于虹关而言，要提振经济，可以从以下关键点入手：

（3）以民宿为切入点。

①在继志堂、留耕堂、水岸边等现有中高端民宿的基础上，打造极富特色的中高端民宿集群。②建立虹关乡村民宿标准，鼓励村民将空置房屋按照要求改造成乡村民宿，与中高端民宿形成鲜明差异化定位，统一运营管理。

（4）以度假体验内容为主体。

①核心徽墨文化体验内容——徽墨工坊、研学基地、徽墨文化馆、徽墨乡贤祠。②乡村生活体验——包括木工坊、豆腐坊、茶坊、油坊、竹编坊等场所体验，以及自然场景体验，如古道徒步、田园劳作、挖笋、捞鱼、野外采摘、观鸟、打麻糍、插秧等。③琴棋书画诗香花茶等文化体验活动的嫁接与引进。

根据虹关村适合开展的乡村生活、文化体验、户外运动、公益活动等，按照四季皆有主题内容的要求，梳理打造不同时间不同类型的体验活动，并按照体验的要求梳理体验流程、编制操作规范、设计相应物料、制定价格政策、确定反馈改进。同时，根据需要对村民进行相应知识与技能的培训，并对合格者给予相关认证证书，作为从事相关工作的资格证明。

（5）以文创、生态农业、养老为后续产业发展方向。

当本土文化生活度假产业发展起来之后，势必将促进虹关村文创产业、生态农业以及养老产业等后续发展，形成持续性的健康发展之路，并逐步惠及周边乡村。

（6）以合作社为组织形态。

为了争取全体村民的支持和参与，以及真正让全体村民受益，最理想的组织形态是成立村民合作社，实现全村共建、利益共享。村民合作社可以与尚逸轩成立合作运营公司，统一管理和运营村民乡村民宿、传统工坊、体验活动、餐饮场所、衍生产品等业态。开设经营项目必须整体规划，统一安排，避免恶性竞争；所有项目统一定价，统一宣传，统一管理。度假业态以村民为主提供相应服务，村民分得收入中的大部分，合作运营公司分得较少部分。所有农家客栈统一由合作社对外经营，按序安排入住。所有餐厅及农家客栈的食材由合作社统一供应，尽量选择本地生产的生态食材。以此模式保障专业运营和本土体验双重运营目标的实现，并真正实现全民受益。

（7）节庆活动策划

每年举行一届徽墨文化节，包括开烟仪式、乡贤祭祀仪式、学徒拜师仪式、徽墨文化研讨、徽墨文创产品市集等等。此外，还可以根据本地资源，逐步设立其他节庆活动或赛事，比如徽饶古道越野赛、古村实景戏剧节、四宝（笔墨纸砚）八雅（琴棋书画诗香花茶）风采季等等。

**3.环境**

乡村环境的美化与提升，是一个乡村发展的基本要求，更是对接度假客群，发展相关产业的必备条件。对于传统文化村落，我们不仅要通过各种方式美化自然环境，还可以通过对接设计力量，对乡村环境进行提升，使之更加富于地方特色和审美意境。

（1）公益美化自然环境。

① 通过调动村民及游客的参与意识，继续开展"更美婺源"环境清理公益活动。② 尤其要调动孩子们的参与，强化他们的环保意识，并带动他们的家长。③ 设计提升人文环境。④ 清理村内闲置空地，与产权业主沟通，进行设计改造，打造人文休闲空间。⑤ 村内道路指示系统及重点场所介绍图文。⑥ 对村内公共活动空间和场所进行设计提升，凸显人文氛围，提高美学品味

**4.社会**

古村是一个整体，传统乡村和睦亲切的人际关系，也是大家所向往的。促进乡村社会的和谐发展和整体幸福感的提升，才是所有工作的根本目标。

（1）全体村民共同发展。

① 村民合作社利益分享机制。② 村民通过提供服务获得回报。③ 乡村整体生活环境提升。④ 乡村群体活动组织：定期露天电影、乡村市集、村民培训、娱乐聚会

（2）对弱势群体的扶助

① 儿童助学教育：引入城市教育资源，以支教的方式开展助学活动。② 空巢老人扶助：对于空巢来人通过幸福食堂、心愿清单等形式进行扶助。③ 贫困家庭扶贫：对于贫困户定向安排相关工作和培训，使之具备贡献社会并获得回报的能力，最终摆脱贫困

## 五、"虹关模式"的关键成功要素

"虹关模式"涉及的合作方众多，关系复杂，实施难度较大。但其具有很强的代表性，国内大多数传统村落基本都具备独特的文化元素，如果能做出一个样板，其社会价值和经济价值均不可估量！

要想获得成功，我们认为必须具备如下关键要素：

**1.政府的大力支持**

政府的支持是整个计划成功的前提条件。村落的基础设施和相关文化设施的建设，因其缺乏足够的商业价值，必须由政府进行相关投入，建成后可以移交给村民合作社。发动村民参与合作社以及度假业态运营，同样需要乡镇政府及村两委的大力支持和协调。此外，在宣传推广上面，也必须借助政府的资源，让"徽墨文化活力古村"能够为游客所了解和喜爱。

### 2.村民的积极参与

让村民了解整个计划的意义和价值，激发他们的参与意愿，是整个计划成功的核心要素。村民是乡村的主人，也是本土文化生活体验的主要供应者以及乡村淳朴民风的构建者，对于客户体验具有决定性的影响。

### 3.专业机构的持续运营

整个计划不可能一蹴而就，需要做好持久战的准备。在这个过程中，必须要有专业机构进行持续性的运营，包括整体规划、资源整合、产品打造、策划推广、标准设定、持续改进等方面。我们看到大量的乡村建设，因为没有持续运营，大量的投资建设项目被搁置甚至废弃，没有发挥其预期的作用，殊为可惜！

### 4.专业资源的整合运作

整个体系涉及的专业非常多，如何更好地寻找和整合相关资源，使之融为一个整体，是对运营机构的巨大考验。以开放的心态、互利的机制、长远的共识、畅顺的合作，才能构建丰富的内容体系以及高效的运作机制。

我们相信，只要真正融入乡村中来，充分发掘本地的文化传承和生活体验内涵，构建差异化文化主题，打造丰富独特的度假产业生态系统，以文化推动经济的发展，以经济保障文化的传承，传统文化村落就一定能够找到一条保护与发展的和谐之路，成为我们现实中的精神家园！

# 如何打造一个新娄塘古镇

陆雯茜[*]

娄塘古镇，地处嘉定区西北部。其历史可以上溯至唐宋时代，当时娄塘地区又称何庄，据记载，太医何氏家族便在此居住。宋嘉定十年（1218），苏州府析置嘉定县娄塘属于嘉定的平乐乡。嘉定十二年（1219）平乐乡改称循义乡，娄塘镇属于嘉定县循义乡的一部分，但还未称镇。明洪武二年（1369）始辟娄塘市，至永乐年间（1403-1424）建镇，称为娄塘镇。

从明代娄塘建镇以来600多年，娄塘行政建制上长期属于苏州府、平江府的嘉定县管辖，姑苏文化影响较为深厚。古镇格局河街相随，民居院落连绵，呈现出典型江南水乡的风貌。2005年，娄塘镇被上海市列为历史文化风貌保护区。娄塘镇保护区内留存有娄塘纪念坊、天主堂、印家住宅、春蔼堂等历史建筑，其中天主堂被列为2008年第三次全国文物普查重要新发现之一。

## 一、丰富的历史文化资源

### （一）人才辈出

娄塘镇已经有600多年建镇历史。在当地盛传"金罗店，银南翔，铜江湾，铁大场，教化嘉定，食娄塘，武举出在徐家行"。娄塘古镇人杰地灵，自古就是嘉定北部的人文荟萃之地，明清时期，娄塘科第兴旺，文风鼎盛，这块弹丸之地先后出过十名进士，明代以来有马轼、马愈、唐爱、时偕行等文人志士，近代以来更是人才辈出。印有模，近代实业家。潘指行，嘉定有名的教育家，其创办的中心小学区制度推行全国，沿用至今。文史专家周浴尘、实业家周菊忱、中国当代著名档案学家陈兆裕、澳门科技大学校长周礼杲等诸多历史文化名人，等等。镇内留存有大量明、清、民国时期的江南地方传统民宅。

### （二）独特的传统建筑风貌

娄塘镇内留存有大量明、清、民国时期江南地方传统民宅群落，蜿蜒的街巷与纵横的水系相互交织，

---

* 陆雯茜，上海蕭云艺术博物馆。

形成了"娄塘街，条条歪，七曲八弯十七八个大井塘"之独特建筑格局。

### 1.娄塘古镇"八卦迷阵"

据载，娄塘镇"街按八卦图形布局，呈多方向、多角度排列"，东大街、小东街、东街、南街、西大街、北街、小北街、北弄、中大街、中市街……娄塘古镇的街道除了它特有的古色古香外，无序排列的街道，常让初来乍到的路人们迷路。也正是由于其无序的排列，让它有了别样的韵致。

### 2.承载记忆的"弹硌路"

娄塘古镇的街道多由小石片镶嵌铺成的"弹硌路"，走在岁月斑驳的"弹硌路"上，仿佛记忆被带入了当时娄塘镇最繁盛的时期，车水马龙、门庭若市的场景一幕幕重现。"弹硌路"承载着许多人的回忆。虽然有居民反映弹格路行走不方便，舒适度不够高，但这样的生态路面值得保护。

图1 娄塘古镇街面上的"弹硌路"

### 3.别具一格的民居

娄塘曾汇聚了一批名噪一时的乡绅名士，也吸引了众多商贾名流在此安家置业。他们见证了娄塘的兴盛，也缔造了娄塘的辉煌。如今，往昔的辉煌凝结成一幢幢老宅，隔着漫长的时间隧道，诉说沧海桑田。

娄塘古镇以江南地区常见的典型建筑布局而成。以天井院落为手段，纵向布置建筑的方式，主要依靠天井院落达到采光、通风的效果，适应江南温和湿润的气候特征。多进院落布局，不同的正院、侧弄、侧院组合，体现出娄塘古镇民居因地制宜，随形就势，灵活组合的特点。

娄塘古镇传统建筑的山墙以双坡人字顶和观音兜山墙为主。其他构件和细部也具有一定特色，以漏空花窗最为突出。其中，观音兜以山墙由下檐起始，向上延伸成曲线，至屋脊高起，仿若观音衣带襟兜的样子而得名。娄塘现状民居采用观音兜样式山墙多在二层民居中，因此显得观音兜山墙特别的高耸起伏。一般古镇民居建筑无园林廊径，用花窗装饰较为少见，但娄塘民居的山墙上、庭院隔墙上、其他外墙部分多装饰有花窗，使平直的墙面产生变化，富有活泼灵动的韵味。

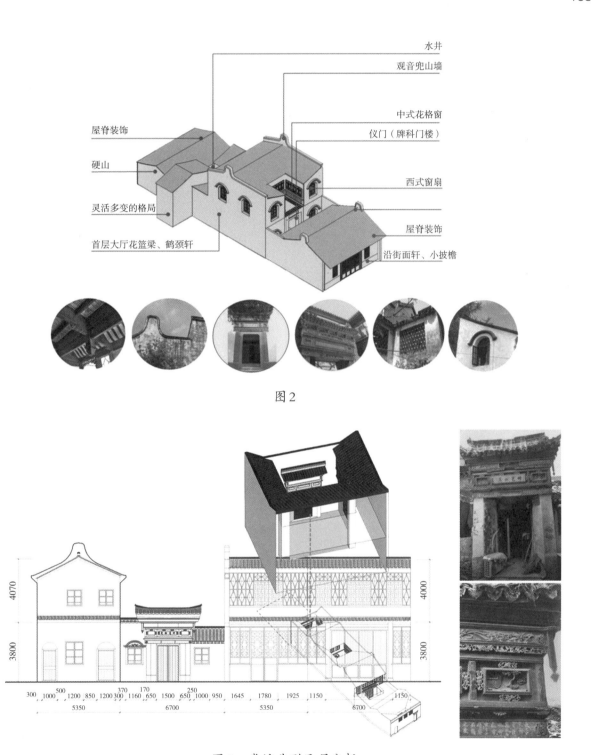

图 2

图 3  娄塘典型民居分析

娄塘古镇以民风敦厚商业繁茂著称，粮食业仅次于棉布业成为第二主产业，自明朝开市至民国期间，就一直是疁北的商业中心。明末时，纺织业已十分发达，销售米粮农副产品的船只桅墙林立。清末时古镇的座商曾多达百余家，加上流动商贩不计其数，四方顾客更是摩肩接踵，其热闹盛况不亚于当年的"银南翔"。

印家住宅是其中的佼佼者。这座始建于民国初年的私家住宅，为近代中国出版业著名实业家、曾任商务印书馆总经理的印有模所有，印家住宅位于娄塘镇中大街、娄塘路东南侧，前临中大街，后临老娄塘河，现以南新路为主出入口。印有模故居是嘉定地区近现代传统民居的典型代表，无论是它的人文历史，还是建筑艺术，都具有极高的研究价值。2000年11月，印有模故居（印家住宅）被公布为嘉定区文物保护单位，相邻的印氏住宅则于2003年11月公布为嘉定区登记不可移动文物。

图4

图5　印家住宅现貌

#### 4.娄塘镇民宅的井系

"娄塘街，条条歪，七曲八弯十七八个大井塘"。这里的大井塘，指的便是民宅中的天井。虽然娄塘街七曲八弯是由于河流关系造成的，但娄塘的街巷并不像江南水乡的许多集镇那样都是依河而建的，许多人家离河是有一定距离的，到河埠头用水就比较不方便了。于是挖井取水成了建房造屋的一个组成部分，由此也构成了广泛地分布于全镇各个民宅的井系。

图6 大井塘

一般这些井都会打在天井中，由家族的各房共用。而且许多老宅的井都会有上百年的历史，"十七八个大井塘"是形容多的意思。

## 二、娄塘古镇风貌保护存在的问题及原因

明代娄塘富庶一方，依托着水网密布的河道，航运便利，农副产品交易非常活跃，各类店铺遍布街巷。娄塘镇原水系蜿蜒曲折，清乾隆年间的《娄塘志》记载了镇上21座桥梁，有的有名，有的无名，还有几座距离镇上较远。解放以前娄塘镇尚有12条河。这些河道和桥梁展现了娄塘镇特有的空间格局。1969年起开始大规模河道改造，横沥河裁弯取直，部分河道被填没，原有水系的空间结构遭到破坏。古镇当中与水系相关的传统空间格局也遭到破坏，原有石桥基本消失，或被改建为钢筋混凝土桥。与水系相关的码头、沿河街巷和店铺等也基本消失。大致归纳，当前古镇保护和发展的问题主要有以下几方面：

（一）基础配备设施落后传统风貌保护不佳

古镇当中存在大量架空供电线路和私拉电线的情况。对历史建筑的立面风貌、建筑构件等产生了破坏并且还存在安全隐患。目前古镇内部还缺乏垃圾处理、污水处理等环卫设施，严重影响了古镇的河道和街巷的景观环境。原有特色的弹硌路面有一定破坏，传统风貌和环境保护状况不佳。

## （二）古镇居民的不合理利用和改建

许多古居民违章搭建或改造房屋其本身的原貌，也是最终导致古建筑被损毁的情况。第一，百年老宅不合理使用、改建，既影响了古村落整体美观，也加速了古村落房屋的毁坏和消亡。第二，一些空置的老房子，无人居住，不做任何用途，也不进行日常维护，导致破败加速，甚至倒塌。空置建筑不仅仅是住宅建筑，还包括宗祠。

## （三）古镇部分村民文物保护意识不够高

一是不愿意离开自己生活多年的旧地，私自推倒重建新式建筑，使古建筑群的整体格局受到破坏。二是当地相关部门重视不够，没有具体的保护措施。行政的归并以及许多管理部门的撤销或搬迁，原娄塘镇降为娄塘村和娄塘社区，丧失了对镇区的主管权利。这些调整变化导致风貌区内的保护机制、保护人员配备均较为短缺。

## （四）传统风貌街巷失去原有的历史环境，娄塘街巷的空间肌理和特色弱化

街口空地等公共空间被新建、改建的建筑侵占，风貌街巷两侧的商铺基本消失，古镇原本繁盛的商业环境和具有活力的公共生活空间消失。古镇现状缺乏公共休闲场所，绿化景观杂乱。

## （五）大规模河道改造，原有水系的空间结构遭到破坏

原本依水而傍的古镇，经过时间推移对水资源环境的缺乏维护，古镇当中与水系相关的传统空间格局也遭到破坏，原有石桥基本消失，或被改建为钢筋混凝土桥。与水系相关的码头、沿河街巷和店铺等也基本消失，江南水乡的传统空间格局特征逐渐弱化。

## （六）古镇人口比例下降，外来人口增加

大部分古镇居民渐渐移居出去，古镇的户籍人口比例下降，外来人口比例大幅增加，加上外来人员对地方传统文化不了解，对古镇历史文化和非物质文化遗产的传承造成较大压力。缺乏对传统文化的保护与利用意识，传承更是后继无人，无从谈起。

# 三、古镇的保护以及开发利用建议

针对嘉定娄塘古镇保护存在的问题以及难点，拙文建议在加强组织领导的前提下，健全古村落保护机制。古村落保护要注重历史的真实、环境的完整、生活的延续和非物质文化的继承。广泛宣传，提高古镇居民的文化保护意识。加大宣传力度，营造保护古村落的良好氛围，贯彻落实古村落文化性的保护

意识。因定期开展教育课堂，以文化走进生活，让居民提升文化历史保护意识，将文化保护作为文化自信传承下去。

（一）依旧修旧，保留古建筑其原貌

1. 保持文物原状。不仅仅注重古建筑外在形态的修复，更要注重其所承载着的人文价值的修复否则会造成古建筑修护性的破坏。根据古建筑的房屋格局以及材质通过技术人员全面的勘察后广泛征购旧石材、旧砖材、旧木材等旧建筑材料，再修缮加固的同时恢复其本身的样貌。

2. 改善路面路基的修缮。弹硌路作为江南古镇特色性标志，在修缮过程中力求保持原貌和街景相统一。

3. 在名人故居修缮的前提下，根据故居的历史和文化特点，设立爱国主义教育基地以及人文展示陈列馆，比如印有模故居，可以打造成为印刷展示馆，发挥其特有的文化根基。黄炎培题词的娄塘纪念坊作为爱国主义教育基地。

4. 打造食娄塘、游娄塘、宜居一体化的古镇。一方面，可以结合现代化文旅模式，根据江南古镇独有的风格，将娄塘古镇沿街商铺开发起来、还原曾经娄塘昌盛繁荣的景象，包括茶馆、南货店、酒馆、棉布店等。整修以及加固古镇的码头、利用其水系的地理优势将沿河街铺也重新整修开发起来。另一方面，结合古镇特有的江南风格，打造一桥一景庭院格局将民居合理化整修，打造特色民宿。

5. 对江南环境河道的疏浚，石桥的修缮与加固，打造才成为河道、水道综合性旅游景观。

（二）提升古镇管理化模式

1. 通过合理的功能更新、设施改善、政策扶持，帮助居民改善经济情况，提高生活水平，实现地方性历史文化传统的保护和社会生活体系的完善。

2. 加强安全消防管理，古镇房屋大多数木质结构，应培训专业的消防安全应急人员，一旦发生情况能及时采取措施。定期寻访查看。

3. 古镇多媒体技术的引进，可以起到导览图作用，以电子化设备取代纸质化。合理指引游客寻找正确的地理位置。

4. 古镇交通开发，开设一块便于游客停车的场地，可以合理化管理，并且不造成交通拥堵现象。

历史村镇、历史街区、历史城区，有着丰富历史文化遗存元素，通过合理化的管理模式以及保护开发，实现地方性历史文化传统的保护和社会生活体系的完善，才能达到保护和发展和谐平衡、相互促进的目标。如此，一个新娄塘古镇将会呈现在世人面前。

# 用传统绘画描绘传统村镇

## ——浅议中国绘画在古村镇保护工作中的作用

郭晓光[*]

在我国五千年的漫长文明历史中，文字和绘画一直是记录和传承历史的最重要的工具。而对于历史上的客观事物，绘画则是其形象传达的最直观、最明确的视觉表现。有史以来，传统绘画在提供一种美化空间的视觉愉悦基础上，又被赋予了兴教化、助人伦的政治使命。而其自身具备的应物写形功能，客观上又记录和传递了各个历史时期的物象特征、社会制度、生活场景、风俗民情等文化信息，在没有影像技术的时代，为我们提供了珍贵的物状信息和图像资料，成为我们研究历史发展的重要依据。在今天，我们抢救和保护古村镇的工作中，传统绘画仍然起着不可替代的重要作用。

## 一、历代传世名画中的古村镇生活

回顾中国绘画史，历代都不乏绘画作品状物图形的记载。东汉人王延寿在他的《鲁灵光殿赋》一文中赞美绘画："图画天地，品类群生。杂物志怪，山神海灵。写载其状，托之丹青。千变万化，事各缪形。随色象类，曲得其情……"东汉史学家王充也在他的《论衡》一书中肯定绘画的作用："人好观图画者，图上所画，古之列人也。置之空壁，形容俱在。古昔之遗文、竹帛之所载灿然，岂徒墙上之画哉？"南朝·宋美术理论家谢赫更是在总结绘画"六法"中用三点来强调绘画的写形功能，即"应物象形""随类赋彩"和"传移模写"。

在历代的传世绘画作品中，记录和描绘古代村镇、市井、风物的名作也比比皆是。它们让我们到今天还能够看到古代村落、集镇的风貌和形态，并通过他们的绘画描述，传达了当时人的文化观念和精神追求。我们可以举几个例子，和大家一起来看看古时候的村、镇和人的生活。

### 1.反映村庄与山水融合的作品

中国古代士大夫阶层，受到老庄思想影响，多向往山林，追求一种天人合一的境界。山居和村居，成为许多文人绘画表现的主体，这种思想在很多绘画作品中都有表现，如五代时期著名画家巨然的《山

---

* 郭晓光，荣王府福文化研究中心副秘书长，副研究馆员。

居图》，画面主体是一座山峰，是属于北宗一派的雄浑高大的山峰。山脚下有水岸，岸边有村庄，树木掩映下有几座茅舍，临水还有水榭，是亲水的表现。不远处有篱笆和柴门，房屋若隐若现。村后有流泉，有木桥横跨溪流，过村有水口，流入村前水泊。山腰有重檐的楼阁式建筑，应是寺庙的表现。右上角留白透景，可望隐约远山，表示深远意境。较完整的表现了一座小山村的形象。

**2. 反映古建筑风貌的作品**

有关古代建筑的绘画记录，历代山水画中几乎都有涉及，有些侧重点不同，主附有别，详略不一。这些传世画作成为今天我们研究古代建筑的重要的信息来源之一。例如：隋代展子虔的《游春图》、唐代李思训的《江帆楼阁图》、王维的《辋川图》等等，不胜枚举。

五代·卫贤《闸口盘车图》，描绘了水边一座水碾磨坊的景象。整幅画作采用了写实的手法，突出表现了水磨坊的生产场景。画面中，磨坊占据了整幅画面的三分之二，磨坊为"十"字形单檐歇山顶建筑，分为上下两层，一层是水磨盘车，水流湍急，通过木轴传动到二层碾盘，可见顶端投料，中间有碾盘研磨，下端有成品面粉。周围有数人劳作，建筑结构交代清晰明确。磨坊前有平台，平台设围栏，磨坊临河，沿河砌围堰，有多人分组劳作，有的在翻晒粮食，有的在为粮食过罗。后临街市，也有数日翻粮，有负粮去者，或扛或背或提。河里有商船忙碌运粮，对岸有酒店，酒店有围墙、楼阁，房屋硬山歇山间有，阁上可见明柱斗拱。酒店前有彩楼欢门，与《清明上河图》中欢门形状一致，结构关系交代明确。俨然一副建筑结构图。

**3. 反映乡风民俗的作品**

说到风俗绘画，就不能不提到北宋张择端的《清明上河图》，这幅传世精品，一直被誉为北宋汴梁城的市井风情百科全图。《清明上河图》是一幅横轴手卷，不但画工精良，且能在不大的画面上，描绘了河流、城门、楼阁、街市、桥梁、民居、寺庙、车马、船舶、牲畜、家禽等等，里面涉及几百个人物，分属不同阶层，有官员、军兵、商人、书生、车夫、船夫、伙计、僧人、手艺人等。不仅各具形态，还能表现出各自的职业和性格特征，每一次看到，都会由衷地想到一句成语——叹为观止！这幅画大家都很熟悉，我在这里就不多介绍了。

今天和大家一起欣赏一幅北宋李嵩的《货郎图》。这是一个游乡串村的货郎进村买货的场面，在座的50岁以上的人大概都见过这样的场景。这是一个满脸蓬须的货郎形象，担子上商品很丰富，大都是孩子们的玩具和妇人们用的小工具，有葫芦、风车、令旗、锦囊、风筝、拨浪鼓、竹耙篱等等。几个孩子正围着货担兴奋的挑选玩具，一位妇人在弯腰照看孩子，许是防止孩子不慎碰坏货物。不远处正有另一妇人怀抱小儿赶来，两个稍大的绕膝随行，且行且玩，旁边另有两童互相玩耍，嘴里还在吃着什么东西，后面跟随了一群豺狗，有大有小，都做欢快状。这样的场面我们在六七十年代还能见得到。

另一幅北宋王居正的《纺车图》，也是我们所熟悉的场景，画面描绘的是柳荫下，两位妇人摇着纺车搓棉纺线的情景，这种纺织工艺，在四十年前的农村还广泛使用。

**4.反映历史景观的作品**

传世作品中有很多描绘祖国名山大川，历史景观的作品，像五代时期荆浩的《匡庐图》、宋代李嵩的《钱塘观潮图》、杨士贤的《赤壁泛舟图》等等。这些景观在古时候就已经名扬天下，到今天都已成为历史胜迹，有些已经不复存在了。古人有感于景物，留下了许多描绘这些景物的绘画作品，为我们回顾历史提供了珍贵的形象资料。我们或可在欣赏古人笔墨精湛的视觉表达的同时，也能领略一下这些景观古时的状貌，体察一下今昔的异同。

## 二、古村镇是当代艺术家的创作天地

古代的传世名画为我们提供了丰富的历史图像资料。每一个时期都有着这一时期的气象特征，尤其是古村镇，在历经千百年的岁月沧桑之后，就像一件件满含记忆的珍宝，无言地诉说着他们所经历的历史变迁。笔墨当随时代，在当前文旅融合背景下的古村镇保护工作中，当代艺术家又能为后人留下些什么呢？

**1.古村镇里有画家追求的古典之美**

毋庸置疑，古村镇在岁月的打磨下所呈现的那种朴拙、沉厚的沧桑之美，对于艺术家具有一种特殊的感官刺激，古砖老瓦深处埋藏的神秘感对艺术家有一种别样的吸引力。艺术家追求个性化的共性意义，无数事实也反复证明，艺术创作越有地方特点，越有普遍价值；越有民族特色，越有世界意义。地方特色显著的各地古村落、古镇、古街巷、古城是艺术家钟情和痴迷的创作素材，使得多少艺术家趋之若鹜。

吴冠中《水乡小景》用大面积的留白和巧妙的墨色点缀，衬托出水乡民居的粉墙黛瓦和清澈池塘，令人感觉清新又明快。张仃《黔西古村》运用焦墨钩皴，恰当地表现了黔西民居的沧桑与俊秀。徐希《江南喜雨》大胆用水，湿笔勾勒，使得画面沧秀古润。刘懋善的《同里水乡》巧用黑白对比，线面结合，令画面水气滢滢。

**2.古村镇里的岁月往事是激发画家灵感的动力因素**

每一个古村镇都有一段值得回味的历史，每一个古村镇都有一些为人称道的故事。很多古村镇与某时期的历史人物、历史事件有关，其间蕴藏着丰富的历史信息和生动的人文故事，艺术家深入挖掘和表现这些文化内容，不仅丰富了自身的创作素材，也是对地方文化资源的挖掘、整理和提升，是对地方历史文化信息的有效保护。

蒋兆和的《阿Q》用传统笔墨表现了西画的素描效果，呈现了鲁迅笔下小镇上的小人物形象。徐悲鸿的《李印泉像》通过准确的形象塑造表现了滇西古镇上走出的大名人。周思聪《人民和总理》，用写实的手法描绘了1966年邢台地震后，周恩来总理亲赴地震灾区，深入农户慰问灾区人民的场面。王子武《李时珍》用抒情的构图和夸张的线条再现了李时珍问药的情景。王西京《郑板桥小像》率意用笔，以竹托人，勾勒出一个爱民如子的清贫小吏形象。这些，还有很多很多，都是古村镇里闪光的历史记忆。

### 3.各具特色的乡风民俗是艺术家表现的理想素材

我国是一个统一的多民族国家，统一的文化基础和不同的文化背景，产生了各地不同的生活习惯和乡风民俗，而且各地域之间又存在着较大的差异，自古就有着"三里不同风，五里不同俗"的说法，这种风格迥异的风土人情，就恰恰成为艺术家个性化追求的土壤。而艺术家对地方风俗的绘画表现，也促进了这种地域文化的保护、传播和推广。

赵望云《苗家市场》通过对苗民、茅舍、棕榈树的写意化描绘，用简练、准确的笔墨和线条，表现了苗寨中自由市场的特色和民俗，韵味十足，笔墨传神。黄胄《捕鱼》用中国画的笔墨和速写化的线条描绘了东南沿海渔家女下海捕鱼的场景，地域风情跃然纸上。刘文西《陕北腰鼓》浓墨重彩，苍劲朴拙，恰当地表现出西北高原的敦厚民风和陕北人乐观向上的生活追求。叶浅予《蒙古舞》用精准的勾勒和恰当地渲染，生动地刻画了蒙古族少女能歌善舞的民族特色。

### 4.民间手工艺是画家热衷表现对象

不同的生活习惯造就了不同的地方风物，各地区物产的不同，形成了各具特色的手工技艺，成为各地宝贵的非物质文化遗产。手工艺人的形象，素来是艺术家乐于表现的人物形象，在他们身上，体现着劳动人民的勤劳和智慧，是拙与巧的统一，力与美的化身。

关山月《老石匠》运用写实的手法描绘了一位老石雕艺人埋头刻碑的形象，老人头发已稀疏，赤脚、挽袖，戴花镜，神情中透着专注、敬业和平静。张仃《辛集面塑》接近漫画风格，采用边角构图方式，将主人公置于画面左下角，须发都已花白，在认真捏塑自己的作品。中间工具箱上有"日进斗金"字样，是艺人的生活追求，右上角是面塑成品，着彩。右下角有一孩童，肤黑，注目艺人捏塑，眼神中充满期盼与渴望。刘文西《绥德石匠》用西部黄土画派特有的浓墨渴笔的线条，勾勒出绥德艺人分工协作，雕凿石狮的场景，表现了绥德人敦厚质朴，严谨勤劳的行事风格。杨之光《秋色艺人》以快意灵动的笔触勾画了瓷器艺人整理胚胎的劳作的画面，虽然行笔草草，却将人物工作的认真、细致表象十分充分，并且，表情中充满俏皮和技艺娴熟带来的轻松。

## 三、充分发挥绘画作品的传播、记录和史料作用

书画作品作为一种传统媒体形式，历经几千年的锤炼和磨砺，具有艺术性、观赏性、史料性、传播性和传承性等多重价值，一直为历代有识之士珍爱和追捧。

### 1.传播性

绘画作品具有特殊的视觉效果，是客观事物在艺术家笔下的提炼、概括和升华，具有不可替代的艺术感染力和深远的社会影响力。人们往往在对一幅艺术作品欣赏的同时，才对某一件事物有所了解，进而引起关注。古代统治阶级用绘画写照历代圣贤，弘扬表彰，以示宣教。抗战期间，徐悲鸿、蒋兆和、赵望云等老一辈艺术家拿起画笔投身抗日，描绘了日本侵华为中国人民带来的惨痛伤害，激起了无数爱

国志士的抗日激情。中华人民共和国建立后，党和国家也一直通过美术创作弘扬正能量和主旋律。一直以来，绘画都是重要的宣教和传播工具。

徐悲鸿的《漓江春雨》，创作于1937年，那时期国内的通讯、媒体、交通都不够发达，信息传播受到很大的限制，很多人并不了漓江，徐悲鸿的这幅《漓江春雨》激起了很多人，尤其是北方人对烟雨迷蒙的漓江山水的向往。吴冠中的《高昌遗址》在1989年香港苏富比艺术品拍卖会上以187万港币成交，开创了中国画家在国际拍场中的最高价格，让很多人在一夜之间了解了中国画家吴冠中和那座在沙漠里沉睡了近千年的古城——高昌。

### 2.史料性

反映古村镇内容的绘画作品，用直观的图像形式呈现出古村镇的现状和风貌，再现古村镇曾经发生的历史故事，记录曾经出现过的历史人物，在客观描绘的基础上，融入艺术家个人的理解、感受和态度。通过展览、出版，纳入信息系统管理，对后世保护、利用古村镇资源是可视的形象信息，对后人研究古村镇历史，更是一种宝贵的文图史料。

近年来，许多艺术家走进古村镇，用他们的画笔和才情，记录、描绘古村镇，挖掘、整理古村镇的历史文化内涵，在一定程度上引起社会的关注，为推动古村镇的保护起到了积极有效的作用。夏克梁先生组织十几位画家深入文成古村落，创作了大量的写生作品，并将持续进行下去，形成《边走边画》系列。目前《边走边画》系列之《行画古村镇——走进文成》已由东南大学出版社结集出版，并产生了广泛的影响，为文成地区古村落保护留下了系统的文图资料。类似工作，还将不断推出，并持续开展下去。

### 3.传承性

组织当代艺术家写画古村镇，对于地方文化建设，是一笔宝贵的艺术财富。这些艺术作品不仅可以记录和反映古村镇的现状，更为当地文博单位提供了丰富、详实、直扣主体的艺术藏品。作为当代人，我们为明天收藏今天。像历代绘画珍品一样，若干年后，我们还能够为后人留下一些可供追摹的图像资料。谁又能知道，在我们的后世子孙眼里，这些艺术作品中，就没有今世的《清明上河图》呢？

古村镇是艺术家的乐园，是艺术家创作的乐土和源泉。当代优秀的书法家、画家、摄影家，都应该自觉地关注古村镇，创作出更多、更好的反应古村镇今昔的优秀作品，让世人对于古村镇能有一个更深入、更全面、更系统的了解，并将这种图文记录传之后世。我们为明天的收获耕耘今天，今天的收藏，也必将成为明天的瑰宝。

# 儒学思想影响下匾额文化蕴涵探析

## ——以山西董家岭村为例*

王崇恩　范碧青**

**摘　要：**董家岭村位于山西省灵石县南20公里，是晋中山地传统村落的代表，不仅具有儒、官、商三位一体的晋商文化，同时也在作为中国建筑文化的传统民居中有完美体现。匾额文化是中华民族文化中的特殊符号，体现了中国古代建筑文化中独特的装饰艺术。文章以董家岭村匾额为例，通过实地调研、拍照、查阅文献、整理资料等方式，分析董家岭匾额的文化与手法，结合董家岭传统村落的发展和传统建筑文化的影响，进而总结出董家岭村落文化的蕴涵。

**关键词：**董家岭　匾额　匾额文化　人文内涵

作为不可或缺的一种装饰手段，匾额在中国古代传统建筑的装饰手段中，具有极高的艺术欣赏价值、历史价值、文化价值、研究价值和社会价值。早期，匾额的功能是标名，随着后期不断的演化及发展，以及人们"习俗"和"审美"对匾额的功能需求，逐渐综合了地名、表白、祈福、励志等多种内涵，并将文学、书法、雕刻、绘画、装饰、历史、民俗等融为一体[1]，同时折射宗教、民间信仰、民众心理以及民族欲求等多方面的信息，具有广阔深远的内涵，并由此形成了独特的文化特征，是一种特殊的具有深邃蕴涵的文化装饰手段[2]。

## 一、董家岭概况

### 1.地理位置

董家岭村隶属于山西省晋中市灵石县南关镇，北距灵石县城20公里，南邻霍州市和汾西县地界，东距 G108 国道6公里，与南关镇隔汾河相望。历史上董家岭村是"灵石八小家"之一的赵氏家族所生活繁衍的地方，据史料记载，赵家曾在河南等地经商，"逐利江海、据资千万"。

---

* 基金项目：国家社会科学基金项目（15BG097）；山西省软科学项目（2017041023-2）

** 王崇恩，太原理工大学建筑学院教授。

　范碧青，太原理工大学建筑学院硕士研究生。

### 2.董家岭概况

董家岭（图1）是山西省历史文化名村，处在一个元宝形的山坳里面，东西高差15米，南北高差约40米，建筑群依连绵起伏的地形而建，层楼叠院，并参差错落，整合有致。董家岭的空间布局由传统的平面布局变成了独特的立体形式布局，形成了左中右三个组团（从北向南看），右边组团上下一共九层院落，左边组团上下一共五层院落，右九层左五层暗含了"九五之尊"的意思，在一个山坳里面，董家岭犹如高楼大厦般雄伟壮阔，令人震撼。古村落中心突出、轴线清晰，由陡坎、堡墙构成的边界完整、巧妙，各类建筑依山就势，龙槐、泊池等公共空间"见缝插针"，传统街巷绵密交织，各类建筑分区而建、功能完善。村落景观雄浑巍然，显示了高超的建造技术和独特的功能性、防御性、节地性。灵石县是晋商故里，灵石"四大家、八小家"的传说妇孺皆知，董家岭即八小家之———赵家所在地。董家岭是由赵氏家族发家，在遵从天地合一的传统思想下，诞生了赵氏宗祠、私塾、镖局、当铺、油坊院、粮店院、银楼院等基础设施，形成了功能完备、配套齐全的小社会。董家岭现存63处传统院落为明清时期建造，民居类型灵活多样、院落格局完整清晰，是山地建筑、生土建筑与木构建筑的完美结合[3]。而董家岭不仅体现了三位一体的儒、官、商的晋商文化内涵，更是代表了民居中所完美呈现的中国传统建筑文化。董家岭民居以三雕艺术见长，而其中，以匾额更加引人注目，匾额是董家岭民居建筑的主要装饰类型之一，董家岭的传统民居为学者研究明清时期的晋中民居保存了珍贵素材。

## 二、匾额的发展

匾额是中国古代建筑中重要的装饰手段之一，在历史文化中占有浓墨重彩的一笔，刘致平先生说："匾额相当于房子的眼睛"。匾额中的"匾"为通假字，通"扁"，《说文解字》中"扁"释义为："扁，署也，从户册。户册者，署门户之文也。""额"释义为："挂在门屏上的牌匾。"[4]匾主要表达义，即义理、感情；额则表达意，即关于建筑物的名称和性质等。因此合起来可以这样理解匾额的含义：挂于门屏上，既可作装饰之用，又可表示出建筑的名称及性质，亦可反映人们文学艺术情感的牌匾。也有说法认为，横挂为匾，竖挂为额，即是"匾额"。

图1　董家岭全貌

### 1.匾额的起源

关于匾额的起源历史上并无明确记载，据传或源于周文王时期，或源于汉代。根据《说文解字注》记载："汉高六年萧何所定，以题苍龙、白虎二阙。"[5]由此可知，汉高祖六年时，萧何曾写过"苍龙""白虎"两阙，至今已有2200多年的历史了，这也是文字记录的关于匾额最早叙述。《后汉书 百官志》记载："三老掌教化。凡有孝子顺孙，贞女义妇，让财救患，及学士为民法式者，皆扁表其门，以兴善行。"[6]由此可知在封建时期，皇帝及各衙署机关常赏匾额对维护礼制人伦，政绩卓著者加以表彰，被称为"扁表"，这在古代是一种无上的荣耀。唐宋时期，中国书法进入鼎盛时期，这种鼎盛在侧面也推动了匾额的发展，一些匾额开始由当时有名的名人文人泼墨书写，让人大饱眼福。宋代时期，因经济和艺术都极为发达，所以此时匾额开始得到更广泛的利用，逐渐进入民间，成为商店的招牌。到了明清时期，匾额开始渗透在平民百姓的生活中，除了寺庙、楼阁、店铺，更多的是对建筑物的评价之词，以及封建家庭对生活的向往和对子孙的期许之情。民国以来发展到今日，随着建筑形式的转变和人们生活方式的变化，除了存在多年的老字号和保存至今的古建楼阁还保留这一文化痕迹，匾额已经从历史舞台中慢慢淡出。

对于匾额的演变，也可以这样理解，匾额起源于两汉时期，在唐代逐渐发展起来，宋代样式内容更加完善，在明清时期达到极盛[7]。

### 2.匾额的分类

匾额种类丰富，式样繁多。按照不同的分类方法又可以分出不同的类别。按照匾额的形状区分，可分为竖匾和横匾两种，随着时代、人们审美的变化，匾额的形状也不拘泥于横匾和竖匾两种，还衍生出了手卷匾、荷叶匾、蝙蝠匾等多种形式，这些形状的匾额造型多变，形状优美，可以根据建筑物主人的喜好做不同选择；按照悬挂空间区分，可分为室内匾和室外匾，室内匾一般位于房间内正上方，室外匾则挂在建筑门前，一般为建筑物的名称；按照匾额的材质区分，主要分为木质、石质、砖质匾额三种，此外有其他材质，如瓷匾、竹匾和金属匾额；按照雕刻方式区分，又分为阴雕匾和阳雕匾两种，阴雕匾是将字位于匾面之下，阳雕匾是将字位于匾面之上；按照匾额的题材区分，又可分为牌坊匾、堂号匾、祝寿喜庆匾、字号匾、文人的题字匾等各式匾额[8]。

## 三、董家岭民居匾额

董家岭地处太原盆地与临汾盆地交接处，地缘上属于晋中古村落，村落的发展历程也与晋商历史相关，因此决定了村落晋商大院式的布局观念。[9]董家岭现存63处明清民居，地处王家大院周边，民居也以三雕技术见长，其中的匾额就属于董家岭民居建筑主要的装饰类型。董家岭虽是由赵氏家族经商起家，但其"耕读传家"的传世理念对儒学的崇敬不逊于任何书香门第。董家岭民居多设有匾额，按制式有所区分：大门为屋宇式悬挂木制匾额，大门为砖券式则为石刻匾额。而其中材质不限，石雕、砖雕、木雕均有，虽然匾额的字数少则两个字，多则也只有四个字，但是却给宅院主人增加了许多儒雅的气息。

### 1.寺庙建筑上的匾额

坐落在村东入口高台处的观音堂，大门上有两块石刻的匾额，一块为"紫气来"，出自汉刘向《列仙传》："老子东游，关令夷喜望见有紫气浮关。"后遂以紫气东来表示祥瑞，旧时表示吉祥的征兆。另一块为"波罗岸"，出自明·王衡《郁轮袍》第四折："我今日呵，前船撑到突星滩，只望你后船慢渡波罗岸。"波罗岸在这里释义为彼岸。这两块匾额被放置在观音堂的门楣上，阐发了被浓缩的宗教微言大义，也是对世人的信仰传播。

### 2.匾额的造型

董家岭匾额包含了行书、楷书和行楷等多种字体，对于匾额的造型，有的采用竹子、有的采用砖雕的花纹。其中竹子在古代民居中特别常见，因竹子有高傲的气质，纯洁的品性，在文人墨客中，竹子是常被推崇的对象。竹子有高洁的气节，和具有毅力的外在形象，在匾额四周雕刻上竹子，也更能直观的表达民居主人对崇高气节的重视，也寓意着生活与学习能像竹子一样一节一节步步高升。

图2　民居上的匾额

### 3.民居上的匾额

民居上的匾额内容或歌颂功德，或表达志向，或教化四方（图2），而其中内容大多有典故，多出自《论语》《孟子》等经典。这些匾额造型各异，题材、字体、材质也各不相同，除了装饰民居，而且更表达了民居主人内心深处的心理诉求。民居门楣上匾额内容多为诗礼传家安居乐业之类；还有一些窑洞、砖木结构的进户门走马板也做了木雕匾额，其内容以处世哲学、讲学教化的内容居多，如"化善泽祥""养气机""为善乐"等。其中一处民居大门上的匾额为"耕读第"，耕读是耕读传家的理念，第即府邸，为民居主人所居住的府邸，耕是用自己的能力勤于耕作，满足生活的温饱要求，自食其力。读即要读圣贤书，接受礼教规制的教化和圣哲先贤的熏陶，潜移默化学习做人的道理。所以，"耕读传家"既学做人，又学谋生。这里所说的"读"，是读圣贤书，先为做人，后取仕途。因为在古人看来，做人第一，道德至上。另一处匾额"居仁由义"语出《孟子·尽心上》："居仁由义，大人之事备矣。"说的是做人做事要遵循义理，不悖仁爱。整个董家岭村对于儒学的尊崇，反映了其对"学而优则商，商而优则仕"的深刻见解，这样使得整个董家岭由内而外的散发着浓厚的书香气息。融汇在董家岭建筑装饰的儒学文化，潜移默化的也在影响在赵氏的子孙后代知诗书而懂礼仪。儒学思想的精髓不仅仅可以陶冶情操修身养性，同时也是赵氏家族走向辉煌所秉持的信念。

董家岭匾额中最为突出的，即当铺院主院上下两排6孔窑洞，每间的门楣上都有一处匾额，内容为"慎德居""忠信笃敬"等，其中"忠信笃敬"出自《论语·卫灵公》："言忠信，行笃敬，虽蛮貊之邦，行矣。言不忠信，行不笃敬，虽州里，行乎哉？"即言谈举止忠诚自信，行为上严于律己，即使到了别的国家，也可以得到别人的尊重。言谈举止粗鲁狂妄，行为粗鄙野蛮，就算在家乡，难道就能取得尊重吗？其包括了两个方面，一"言"一"行"，时常在言语上检讨自己，在行为上审视自己，这才是做人做事的准则。这些匾额反映了董家岭人民内敛的个性，对修身以治国的情怀追求，以及对山居生活的乐观和自得。

## 四、董家岭村落文化的蕴涵

建筑装饰是建筑文化的体现，不仅起到装饰的作用，而且通过视觉上欣赏，心理上理解，思想上沉淀后，从而能达到寓教于乐的作用。[10]匾额作为不可或缺的建筑装饰手段之一，对于题材、字体、材料、造型等选择上，是经过匠人和民居主人的深思熟虑和提炼加工的，不仅带有当时社会的艺术水平和审美观念，也反映了董家岭村人民的自然观、民俗观、伦理观和宗教观。

### 1.天人合一的自然观

儒学在中华民族的思想文化史上占有不可撼动的地位，在儒学思想的渗透下，建筑方面也深受其影响。儒学在天地、自然之间的认识具有独到的地方，它认为"地载万物，天垂象；取材于地，取法为天。是以尊天而亲地也"，取之天地，而顺应天地，讲求顺应和谐而非对立，从而形成天人合一的境界。董家岭地处山坳，具有依山傍水，随坡就势的特点，利用自然的特点逐层建造，基本结构保存着窑洞和木构筑物固有的结构规模和构筑方法，人为创造和天然趋势自然调和。在董家岭有两处民居的门楼上挂着"蕴山辉""西辉远映"的匾额，写到远处的山、西南方向的晚霞，极富有生活情趣，让人在游览中学到了知识，也收获了感想，让人回味无穷。

### 2.地域特色的民俗观

由于历史文化、生活习俗、审美、人文以及地理位置气候条件的差异，董家岭形成了不同于其他地域的具有当地特色的民俗观。在董家岭的装饰题材中，细节之中处处可见民居主人对于美好幸福生活的愿景，这实际上是当地居民基于当地自然经济的生存观念的如实表达。在中国古代民居装饰中，有一些是人们熟知的民间观念，在董家岭砖雕木雕的装饰题材上，麒麟和龙、凤一样是被上古先民所创造出来的吉祥瑞兽，具有圣人和神人的象征，是人间福禄寿喜的祥兆和人丁兴旺的使者；蝙蝠、梅花鹿表示福禄，象征着主人对幸福、顺利生活的美好祝愿等。在董家岭的匾额中，也有"天赐福""凝瑞气"的美好愿望。

### 3.由古至今的伦理观

晋商多偏重儒学，晋商谋生的思想观念大抵是儒贾相通，在潜移默化中，他们的一言一行都受到儒学的约束和支配。董家岭的民居院落是因地制宜随势建造，随机布局，单个民居院落都是由大门、院落、厢房、正房围合而成的三合院或者四合院，这体现了儒学中的"中庸"之道。而不同的民居交错组成的整体布局不同于以往民居的均衡对称，对称均衡的单个院落在地形的起伏下，随机组成的院落布局就使整个村庄形成与大自然的统一和谐。在中国伦理思想的深刻影响下，在地形限制、人际关系、等级制度的限制下，富甲一方的赵氏家族也不敢在建筑体量上有丝毫逾越，因此董家岭民居并未见有极其奢豪华丽的地方，远望过去，浑然一体，完整自洽，达到了天人合一的境界。在匾额中关于伦理思想的体现有"耕读第""为善乐""益三思""居仁由义""忠信笃敬""树德"等。

### 4.传播教义的宗教观

除了受到儒学的深刻影响，董家岭的匾额文化还受到宗教的影响。晋中地区多信仰佛教和道教，宗教信仰也成为当地建筑文化中重要组成部分，影响着民居建筑的表现。其中，民居建筑装饰图案运用的大量山水和鸟鱼虫兽，是一种对"师法自然"的表述，表达了古代人民对闲适生活的态度。佛教是由印度传入中国，在匾额文化中，造型常出现象征圣洁的莲花座，也有卷草、万字纹等，这些都是佛教文化的体现。村东入口处观音堂的两块匾额，"紫气来""波罗岸"，用最简练的语言，站在世外的角度指点世人，或述说人间疾苦，或谈论禅道，用最深入浅出的语言延伸出最深刻的道理。[11]匾额将宗教哲学与装饰艺术有机结合在一起，在安静又神圣的环境里，揣摩着一字一句的宗教信仰，在这里就体现了在宗教建筑中匾额的价值。

综上所述，匾额作为一种重要的建筑装饰手段，是当时建造技术与人文艺术的有机结合，更是中华民族文化的重要组成部分。匾额在一定程度上是当时社会文化的载体，是匠人对于艺术和信仰的升华，是民族文化的瑰宝。董家岭民居始建于明清并延续至今，其匾额作为建筑装饰手段，当中蕴含着的强烈艺术感染力、深刻文化内涵、丰富的社会人文价值和历史学术价值，成为董家岭人民智慧的结晶。匾额是具有多种功能的文化载体[12]，也是中华民族独特的历史文物，它与古代人民生活密不可分，是不可再生的文化遗产。应当对匾额文化进行系统性保护与研究，不仅为广泛发扬中国民族传统文化，也是为了从基础上提高中华民族的文化软实力、凝聚力和生命力[13]。

## 注释

［1］黄华:《古匾上承载的历史信息》,《东方收藏》,2013年第11期,第18-20页。

［2］窦贤鹏:《民居建筑中的匾额文化探析:以山东曹县冯庄为个案》,辽宁大学,2012硕士学位论文。

［3］魏宇:《晋中山地传统村落生态适应性及保护发展策略研究:以灵石县董家岭村为例》,太原理工大学,2015年硕士学位论文。

［4］李艳华:《简论传统匾额的社会功能与文化价值》,重庆师范大学,2008年硕士学位论文。

［5］王凯:《中国建筑中的匾额文化》,《海南日报》,2017年10月9日第10版。

［6］李艳华:《匾额文化初解》,《重庆三峡学院学报》,2008年第2期,第130-134页。

［7］柳林、姜媛媛、刘俊骏:《中国传统牌匾文化内涵探讨》,《美术教育研究,2013年第3期,第57、129页。

［8］秦帅男:《中国传统文化的载体——匾额》,《美术教育研究》,2017年第4期,第23页。

［9］朱向东、王崇恩、王金平:《晋商民居》,中国建筑工业出版社,2009年,第2-16页。

［10］王金平、阎宇晶:《从建筑装饰风格看王家大院的人文意蕴》,《山西大学学报》(哲学社会科学版),2012年第35卷第4期,第1-6页。

［11］周娇:《中国匾联审美文化研究》,郑州大学,2012年硕士学位论文。

［12］林声:《中国匾文化初探》,《社会科学辑刊》,1995年第06期,第120-126页。

［13］张远东:《匾额:非物质文化遗产的重要载体》,《学术交流》,2013年第4期,第162-164页。

# 数字村落综合管理平台的建设和探索

王樨哲[*]

**摘 要：**传统村落的保护和开发是一项复杂的系统工程，要保护好外在的物质形态和内在的文化结构，也要能处理好村落日常管理和产业发展。通过构建一体化的数字村落综合管理平台，统筹管理从规划设计到施工建设修缮，再到管理运营的各个阶段。提升效率，节约成本，为传统村落的保护和开发提供科技助力。

**关键词：**传统村落 无人机 全息感知 云边一体数字管理平台

## 一、传统村落保护在新时代的挑战

村落是农耕文明的重要组成部分。我国历史悠久加之地形广阔复杂，在国土大地上分布着数以万计的村落，其中有很多村落经过时间和历史的洗礼传承至今。这些传统村落是农耕文明在漫长的传承过程中逐步形成的一种社会聚落，其以血缘关系为纽带，融合当地自然环境，并保留了历史信息、民俗民风特色与文化景观，是我们中华民族的宝贵遗产。中华文明自古至今的经济结构与耕作体系，重农思想与礼乐规范，群体观念与宗法范式，价值取向和处世哲学等方方面面都记录在了这些传统村落的一砖一瓦之中。

随着社会经济结构发生的巨变，大量在农业社会有过辉煌历史的村落，在现代发展缓慢甚至停滞。经济发展和城镇化在给人们带来了巨大便利的同时，也带来了发展和保护之间的冲突。

区别于一般的文物遗址，传统村落不仅是历史的见证，同时也是现在的延续。传统村落的保护和开发所面对的对象不仅是单一的古建筑与建筑群，也不仅是文物保护单位，更包含了文化、环境、产业等各个方面要素。传统村落的保护与复兴，既是继承，也是延续；既要保护，也要开发。如何兼顾传统文化传承和现代村落发展是传统村落保护工作面临的挑战。

## 二、建设一体化的数字村落综合管理平台的设想

传统村落的保护和开发，有别于一个遗址的发掘和保护，它不仅仅是一个文物保护项目。从内容方

———————
\* 王樨哲，上海移远通讯技术股份有限公司智慧城市部。

面看，涉及文物保护、环境保护、项目管理、公共管理、商业开发等多个领域；从地域方面看，单个村落所具备的资源禀赋往往有限，要做到多村联动，区域协同发展。这给保护开发工作带来了很大的困难。应用先进的数字技术可以为村落开发项目提供巨大的助力。

设计和开发一体化的数字村落综合管理平台，旨在建立一套以物联网技术为核心的整体解决方案，共享电力、管网、通信等基础设施，集成智能感知终端，融合多源数据，将传统村落保护工作中涉及的各方面工作和任务，进行全局统筹规划管理。用技术优化配置各类资源要素，使信息、数据、算法与场景、网格、产业需求相结合，构建智慧生态圈。从而实现提高效率，节约成本，强化赋能的效果，以满足新时代下传统村落的保护和开发的需求，为弘扬和保护传统村落文化提供科技助力。

一体化的数字村落综合管理平台，应该具备以下几点特性：

① 全局性：对于村落保护开发的各个环节和阶段都可进行管理，实现统筹规划提升效率；

② 实时性：不仅是对历史数据的记录，管理要基于实时的数据，实现精确和动态管理；

③ 通用性：包括对设备的兼容性，和对使用对象的通用性；

④ 扩展性：方便使用者根据各自情况进行扩展和二次开发。

## 三、数字村落综合管理平台的技术构成

数字村落综合管理平台包含摄像机、公共广播、环境传感器、气象传感器、节能灯具等前端设备构成的接入层，运营商网络、窄带物联网、有线传输、存储集群、容灾备份等资源层，人工智能、神经网络、云计算、区块链等技术赋能的平台层和根据场景和任务需求开发的应用层。

### 1.村落信息全息感知

根据住房和城乡建设部、国家文物局发布的《历史文化名城名镇名村保护规划编制要求（试行）》，保护规划图要求由现状分析、保护规划、发展规划等几个部分组成。其中,现状分析图需由村落传统资源分布图、格局风貌和历史街巷现状图、传统建筑现状图、各类公共设施,基础设施现状图四个方面组成。

制图所需的常见测勘手段有近景摄影测量、卫星遥感影像、载人飞机航摄、无人机航测等。近景摄影测量方式一般是人工手持或者安装脚架进行拍摄、测量,有一定作业风险,难以拍摄高空立面场景,并且会对村落居民的日常生产生活造成影响。卫星遥感影像数据获取能力不足、现势性差、回访慢,而载人飞机航摄虽然更加灵活,影像质量也更高,但是飞机租赁、机场管理、空域申请流程过于复杂,对云层的要求也相对较高。

对比之下,无人机航测具有快速高效、机动灵活的特点,是一种低成本、高精度的遥感影像获取方案。使用无人机航测可以显著降低制图成本、提高工作效率,缩短工作周期。无人机倾斜摄影技术,可以同时搭载多台传感器,从垂直、倾斜等多个不同的角度采集影像,建立高精度实景三维模型。可同时获得同一位置多个不同角度的、具有高分辨率的影像,采集丰富的地物侧面纹理及位置信息。基于详尽的航测数据,进行影像预处理、区域联合平差、多视影像匹配等一系列操作,结合地面激光测绘技术,可以批量建立高质量、高精度的三维模型。实景三维模型是数字化管理系统的重要组成部分,也可以作为后期进行旅游展示、数字内容开发的基础。

实景三维模型与摄像机、路灯、环境传感器、气象传感器等村落的各类接入设备进行融合,可以采集村落的资源、环境、建筑、人员、事件等多种信息,实现区域内的全时空信息覆盖,真正做到对村落各类信息的全息感知。

### 2.智能管理平台

智能管理平台实现建设过程中的工程管理和运营阶段的村落管理和展示。平台包括可视化门户、实时调度中心、数字档案系统、自助数字引擎四项关键内容。

可视化门户:通过高精度的三维实景模型和各类外接传感器实时采集的数据,建立数字可视化门户3D驾驶舱,用于展示整个项目的主要场景和运行指标,三维场景操作便捷,可支持平移、放大、缩小、旋转、视角切换等操作。可透视浏览建筑、地标、各种设施设备等。场景具备极速加载能力,具备专门为集控中心、大屏幕监控等场景设计的数字沙盘模式,无论是地区范围的项目级应用还是全国范围的系统级应用均可快速加载,全景展示。

实时调度中心:系统具备各类实时数据接口,具备状态监测、故障诊断类等专业系统的接入能力,可以对海量实时数据快速响应,页面不掉帧、不卡帧。具备工程管控软件常规功能和模块,如:工艺流程、缺陷、工作票、操作票、巡点检、预防性维护、定期工作等。内置图形化流程引擎和报表引擎,可根据业务流程和3D实景相结合,实现在虚拟环境中预演和优化业务方案,可结合电子地图、电子围栏、人员定位等实现一体化应用,可联动和控制接入的传感器等设备。

数字档案系统:可以在3D场景中快速浏览和定位对象,查看台帐、缺陷、检修维护历史、动静态参数、对象资料及图纸资料等。通过自动导航快速对重点区域、对象进行交互式语音讲解说明，同时可作为参观来访人员的介绍工具使用。可切换鸟瞰、漫游、自动导航模式，给使用者带来极大的代入感和便捷性。并可根据使用终端的配置情况灵活选择画质，即使在集成显卡的低配电脑上也能流畅使用系统。对象定位方式灵活，根据习惯通过设备树模式、场景选择模式、漫游行走模式找到需要查看的对象，支持多组织多站点的管理模式，方便不同层级、不同职能岗位的人员使用。数字档案支持文件包模式，具备灵活的数字化移交接口，可以一键查询资料和信息、在线查看文档功能、无插件浏览图纸和文档，并实现二维图纸与3D模型的联动，高度兼容国外主流数字工厂设计软件，具备完整数字移交功能。

自助数字引擎：前台所见即所得的三维组态配置功能，让使用者能真正做到自主维护扩展，可节省大量后期成本。使用纯B/S模式，不依赖任何客户端和浏览器插件，不依赖独立显卡，无须高配图形工作站。支持场景多开技术，普通电脑能同时打开十五个以上场景，高配电脑能同时打开三十个以上场景。使三维数字应用不再是停留在展厅的展品，而是真正意义上的数字村落，可真正做到数字化协同。

## 四、数字村落综合管理平台的应用价值

对于传统村落的保护和修缮工作，通过一体化的数字村落综合管理平台，可以实现对人、对物、对事的实时统一管理。将村落保护的前期规划设计到后期管理运营，全部复制在数字化平台中，实现全局统筹设计，实时监控和管理，过程和内容备份。与此同时，详尽的数字档案是宝贵的文物数据。2019年4月的巴黎圣母院大火震惊了世界，灾后有关方面宣布将利用储存的3D数据信息对其开展恢复工作，便是该方面的鲜活案例。数字档案精确、永久、便于管理的特点可以为传统村落的研究、保护、修复、开发等工作提供强有力的信息支撑。

对于村落运营和商业开发工作，在后期进行旅游、文创、影视、游戏等商业开发时，可以根据需要在现有的数字村落综合管理平台上进行二次开发，或者和其他系统对接，节省大量的时间和经济成本。精确的三维实景模型和历史数据本身也是宝贵的资源。三维实景模型不仅是理想的展示手段，也是可以直接复用的数字资源；而平台积累的详尽历史数据可以为村落运营管理和商业模式设计提供重要的数据指导和参考。

随着国家经济实力和科学技术水平的不断发展和提高，将会有越来越多的技术方案可以在传统村落中发挥作用。一体化的数字村落综合管理平台也可以为未来的技术升级打下良好的基础。

# 智慧消防在古村镇保护与复兴中的应用

范彦平*

自 2003 年建设部和国家文物局公布首批中国历史文化名镇名村，至今已 16 年，并在国家政策引领与地方政府支持下古村镇的开发积累了很多成功经验，例如凤凰古城、平遥古城、乌镇、西塘等优秀古村镇的开发案例。

尤其是 2018 年 3 月，国务院办公厅印发的《关于促进全域旅游发展的指导意见》中强调，要强化对自然生态、田园风光、传统村落、历史文化、民族文化等资源的保护，依法保护名胜名城名镇名村的真实性和完整性，严格规划建设管控，保持传统村镇原有肌理，延续传统空间格局，注重文化挖掘和传承，构筑具有地域特征、民族特色的城乡建筑风貌。

古村镇在我国众多类型的文化遗产中占有相当比重，具有独特的价值。如今，我国的乡村建设正在进入崭新阶段，美丽乡村建设、农村环境整治、旅游发展基金、乡村文化站建设等针对农村的支持政策出台落地，传统村落保护对于保护和传承文化遗产、弘扬传统文化、建设环境友好型社会、推进农业和农村的现代化有着重要意义。但是，当前古村镇开发中面临只注重推广，配套安全保护措施却不完善，古村镇发生火灾不能及时扑救问题给古建筑造成不可逆式伤害，也带来惨痛的教训，2014 年起，云南丽江、湖南凤凰、浦东新区新场古镇、平遥古城等地连发火灾，通过对多起或者事故对比会发现不外乎以下三个原因：一是古村镇中木结构建筑占比大，古镇建筑密度极高，两三层的木结构建筑耐火等级很低，老房子着了火，极易"火烧连营"；二是古镇中经营业态日益多元，用火用电量持续上升，相应线路老化问题突出；三是相关消防设施不完善，造成气温较低、压力不足导致消防栓无法正常出水的状况，消防设施运行状态不明确等。只有进一步解决好火灾安全问题，才能让古村镇更美丽，而解决好相关安全问题离不开现代科学技术的支持。

随着科技不断地进步，技术硬件条件逐渐发展完善、产业规模快速壮大，更重要的是国家政策的有力支持，让"智慧消防"应运而生。"智慧消防"就是指运用物联网、大数据等技术手段，将消防设施、社会化消防监督管理、灭火救援等各位要素，通过物联网信息传感与通讯等技术有机链接，实现实时、动态、互动、融合的消防信息采集，传递和处理，全面促进与提高消防监督与管理水平，增强灭火

---

* 范彦平，河北华友古建筑股份有限公司董事长。

救援的指挥、调度、决策和处置能力，提升消防管理智能化、社会化水平，满足火灾防控"自动化"、灭火救援指挥"智能化"、日常执法工作"系统化"、部队管理"精细化"的实际需求，实现智慧防控、智慧作战、智慧执法、智慧管理，最大限度做到"早预判、早发现、早除患、早扑救"，打造古村镇的"防火墙"。

"智慧消防"通过在单位的消防重点部位及消防设施张贴加密的NFC射频标签并建立身份证标识，运用RFID技术，手机扫描标签进行每日防火巡查工作。并且系统还会自动提示各种消防设施及重点部位的检查标准和方法，自动记录巡查人员检查痕迹，代替了传统纸质检查记录。改变了传统防火巡查不到位、检查记录不真实的现状。

"智慧消防"通过数据传输装置和前端采集单元相互配合，实现对消防用水信息的全实时采集、传递和处理。确保消防用水设施在位、可用。可以实时监测消防用水的水位、水压的状态数据，能够第一时间发现消火栓系统、水池水箱的异常情况、确保消防用水系统的健康运行。一旦收到消防用水报警信息，将会在地图中异常位置显示报警图标，并发出报警声音，同时支持实时数据和历史趋势曲线的展示，解决了原有模式难以及时发现的水管爆管、接错慢漏问题，同时改善了传统人工试水巡查间隔长、工作繁重等弊端，实现消防用水可视化管理，提高消防管理的便捷性。

"智慧消防"可以采用通信模式，基于云服务器上传，下发，推送数据量大、快的特性，前端以多种探测器为核心，视频监控为后盾，利用单位自身监控设施，加装联动模块，改变传统摄像发生问题后只能调取监控记录，实现了发生问题自动报警，无须人工24小时盯着画面，科学解决视频监控的难题。通过采用"监控＋防盗"、"消防报警＋紧急预警"结合，安全看护的模式，真正把视频监控与防盗消防报警防融为一体，可以构建一套立体防控、多元防御、实时防范的安全隐患预警体系，更有效地保障人身、财产安全，让用户安心的同时，实现所服务场所"预警在先，及时处警，防患在前"。

"智慧消防"通过在单位二级配电柜中加入智能空开断路器，对引起电气火灾的主要因素：线缆温度、电流、剩余电流、电压、打火等进行实时在线监测和统计分析，可实现对配电柜、二级箱柜、末端的配电箱等各关键节点的剩余电流、电流和温度的实时检测，采集剩余电流、导线温度、电压和电流的数据变化，手机及时掌握线路存在的用电安全隐患状态，预防并发现电气线路动态运行中出现的安全隐患，并通过系统分析电气设备回路的相关参数，判断故障发生的原因，指导单位开展治理，达到消除潜在电气火灾安全隐患的目的。

"智慧消防"突破了传统的消防管理监管模式，极大提高了监管效率；明确细化检查标准，弥补了监管能力不足的短板；平台精准推送工作任务，解决了职责不清任务不明的问题；实现了网上监管，缓解了监管力量不足的矛盾，填补了对社会单位实施动态监管的空白。

"智慧消防"可通过"人防＋技防"帮助实现社会化消防管理模式，强化落实主体责任制，通过对云平台的运用，可以实现政府下发年度或阶段性工作任务，下级政府执行进度实时上传，实时掌握各地区消防工作现状，分析本地区消防安全形势，开展有针对性的专项整治工作，实时掌握全市所有消防队站建设情况，消防实力以及市政消火栓水源建设情况，帮助落实政府领导职责；可以根据政府文件要求，制定本行业内部的检查任务，检查工作执行情况将自动上传至平台，落实行业监管责任，各行业主管部门也可以实时在线监管本行业、系统内的社会单位履职情况，更好的管理行业系统内单位消防安全工作，提供行业主管部门在防火管理层面所需的各种大数据及预警分析，帮助落实行业监管职责；可以提升单位消防管理水平，保证消防巡查检查记录的真实，实现隐患闭环管理，24小时采集汇总分析单位消防安全全面数据，实现人防与技防的有机结合，消防管理掌控全面升级，事前预警，提前防范，避免火灾造成生命财产损失，帮助落实单位全面负责，确保古村镇远离火灾。

# 从"墙倒屋塌"到"墙倒屋不塌"

## ——小议由北到南的建筑文化形态与技术差异

张宏明*

**摘　要：**"衣食住行"中的"住"，是一种行为状态的指向。房屋的建设在我国辽阔的国土上，历史悠久，类型众多，可谓是百花齐放，体现出不同区域不同民族的建筑发展史的辉煌灿烂。本文分析了南北"抬梁式""穿斗式"两种村落民居建筑特征，以及相关文化形态。指出，缺少对前人创造物的礼敬与尊重，缺少对乡村文明的了解与情怀，是做好文化遗产保护最大的外部障碍，也是广大民众与政府部门最需要从认识上、思想上解决的问题。

**关键词：**墙倒屋塌　建筑　技术　文化形态

人类社会的发展过程中，有四种物质生产始终相伴，与人的生活关联极大，缺少一日可，缺少多日则不得，这就是今天所谈及的先民总结出的"衣食住行"中的"住"字，住是一种行为状态的指向，住的特征与所、地、房、宅、舍的关系最大，而房与屋与产的属性紧密相连。前两者可以是借助于天然洞穴或其他动物的窝，所以《三国演义》上的刘备才会说出"勉从虎穴暂棲身"，而后两者房与宅则是属于人类营造建设的建筑的不同方位下的不同称谓，最后者的房屋、房产文字所蕴涵的内容，表示出房的类型与财富意义，当然涉及的范围更广，不独仅仅是住房，还可以是其他类型的公共用房。

一天二十四小时，劳作与活动如果占一半，则休息的时间也要8至10小时。人休息就要有睡的地方，从小处讲是床，从大处看是房，人的一生有一半或者以上的时间要在房子里度过，由此可见房的建设、房的安全舒适的重要性了。中国人之所以那么重视住房的选择与购买，形成全国普遍流行的思潮和现象，与传统文化的积淀有关，与"安居乐业"的理念有关，与住房作为不动产可以继承与转让的财富价值观有关，更与人的实际需求有关。过去形容一个人贫穷到极端的时候，不就是有那么一句："上无片瓦，下无立维。"瓦是古代房顶上的必不可少的重要构件，有房还必须有地面上的一定面积的支撑，无瓦无地，表达的还是没有最基本的生活设施住宅，所以是一无所有的赤贫了。

房屋的建设在我国辽阔的国土上，历史悠久，类型众多，可谓是百花齐放，体现出不同区域不同民族的建筑发展史的辉煌灿烂。即使在汉民族分布的区域，因南北东西的地域、气候、生活的差异，也形

---

*　张宏明，工作单位安徽省文旅局。

成了建筑形式建造技术的不同风格及传承系统，都是古代先民"因地制宜""天人合一"的朴素自然观与聪明才智及适应、利用、改造具体环境行为的见证、再现。大约在10000年前开始，人类社会的发展到氏族血亲阶段，从山林走向河谷地带，出现了营建家园的集体活动，建造、建设、建筑、营造的行为从小到大，从简单到繁杂，从用木石搭建窝棚，到科学设计规划公共工程，形成了从住所到古城、古国的飞跃，大型水利工程的实施，达到了作为一个以农为本的"农业社会"所能达到的高度，所以在西周时期出现的《考工记》一书中，便是对过往的建设制度与工程技术的总结与凝练。又过了将近2000年的文化积累与历史发展，宋代出现了《营造法式》一书，是一直影响到当代建筑活动的重要建筑史著作。

中国的南、北方与老少边三部类的划分，其建筑文化形式多种多样，远不是本文所能详尽描述说明的。有一句老话叫作"墙倒屋塌"，所指的就是淮河以北的广大黄淮平原上的抬梁式建筑。我的见识有限，年轻时生活在安徽皖北与山东济南，住的房子除了楼房以外，大多是大屋顶硬山式抬梁式建筑，即是把梁架直接叠压在一定高度上的砖石墙或土垒墙上，由于房顶的木梁架与瓦（草）、椽等重量受力支撑点都在直立的墙体上，所以一旦出现墙体塌陷、倾斜情况，其后果便不可收拾，最后导致了"墙倒屋塌"的结果。这是皖北、苏北、豫东、鲁东南区域常见的现象，所以对墙体的加固、地槽的开挖以及地基的固化是建好房屋的基础关键。

但是在江淮之间的皖西与皖西南和江南地区，其建筑文化由于地处潮湿和雨水充沛的缘故，走了一条与北方并不相同的道路。我自2013年分工联系全省古村落、名城名镇及传统村落工作，走遍了全省南方区域的山山水水，跑了几百个正在衰落的古村落，看到了在"乡村振兴"时代背景下的建设与资金的涌现涌入，也看到数以千计的老宅子的破败与坍塌。有一个现象让我关注：南方的房子即使砖墙已不存在，可是木梁架与立柱还耸立在那里，并没有"墙倒屋塌"，而是"墙倒屋不塌"，呈现出与北方建筑不同的风貌与神采。我问了古建筑的专家，是结构原因，还是技术传承原因，他回答是前者，南方的建筑沿用了"干栏式"的传统，以木柱与梁架结合为紧密牢固的骨架，属于穿斗式的结构，房屋的重量可以通过立柱与斗拱的设计实现分解减压，而墙体的砌筑，是一种形式上的支撑及防风防雨防虫防盗的后起的安全措施。这种因地而产的建筑方式可以保存长达几百年的时间，也是保存至今难得的文化遗产类型和旅游景观。

我国是文化遗产历史的大国，也是历史遗存储备的弱国。每一次改朝换代，都会对前朝遗存物造成不可免的遗弃和破坏，都会对历史信息和制度文明造成颠覆与摧残，尤其是这70年的社会发展曾走过的弯路，损失巨大，教训惨痛，影响极大。缺少对前人创造物的礼敬与尊重，缺少对乡村文明的了解与情怀，是做好文化遗产保护最大的外部障碍，也是广大民众与政府部门最需要从认识上、思想上解决的问题。任重道远，前行漫长。

附：
中国优秀古村镇

# 山西省晋城市阳城县润城镇上庄村

上庄村位于山西省阳城县东北的可乐山脚下，地处沁河古堡古村落群的最核心部位，全村辖区面积2.25平方公里，共有居民416户，1006口人。是国家住建部、文化部、国家文物局等部委命名的"中国历史文化名村""中国传统村落"；2020年入选国家农业农村部"中国美丽休闲乡村"。上庄古建筑群整体为省级重点文物保护单位，被列入"太行古堡"申遗重点。依托古村落保护利用开发建设的天官王府现为国家4A级旅游景区。

上庄古村落保护利用工作起始于2003年。十余年来，在各级主管部门的指导下，虽然村级领导班子换了一茬又一茬，前后历经五位村主任，但古村落保护的接力棒从未停止，一任接着一任干，一步一个脚印延续着这项工作。全村干群一心，坚持以古村落保护和活化利用为载体，以优化人居环境为目标，持续注重古村落格局和历史建筑保护，持续完善村庄基础设施建设，持续注重发展文化旅游富民产业，按照"四朝古村、民俗上庄"的定位，累计投入资金1.5亿元，围绕保护、开发、利用三条主线；实施了生态修复、产权置换、古建维修、村落活化四项工程，用自身的基层工作实践，不断摸索古村落保护和活化利用的新办法和新路径，成功摸索出了一条让业内人士认可的"上庄模式"。具体做法是：

图1　古民居活化石——元代民居

1.找准定位，科学决策。改革开放以来，凭借资源优势，上庄村经济建设曾一度走在了全县前列，面对资源日渐枯竭的困境，村两委未雨绸缪，在充分调查论证的基础上，确立了对古村落保护的总体思路，聘请北交大编制了《历史文化名村保护规划》《中国传统村落保护发展规划》，一切工作在规划指导下进行。

2.加强村民引导教育，营造保护利用工作氛围。通过广泛宣传《文物保护法》《历史文化名城名镇名村保护条例》等政策法规，强化了村民们对古村落、古建筑保护的敬畏意识，凝聚了大家对推动古村落保护的共识。以村民委员会为主体，加大了历史文化名村保护执法力度，坚决杜绝了核心区和建控地带内的违法建设行为，改造、拆除了部分严重影响古村落风貌的后期建筑。

3.多措并举，捋顺产权关系。为了解决保护利用过程中的产权制约问题，结合村民需求，突出重点、分类施策，采用产权置换、产权流转和使用权租赁等办法，回收和流转古民居产权15000多平方米，为古村落活化利用奠定了基础。

4."村集体投资+民间资本"共同发力，推动古村落保护利用。

村集体把煤矿资源整合补偿资金全部用于了历史建筑的维修，并积极引导民间力量通过认养、捐助等方式参与历史建筑保护和乡村旅游开发，节约了建设成本。

5.回迁住户，还原生活气息。通过制定保护管理措施，签订管理使用协议，组织传承有序的历史名人后裔和热衷古村落保护的村民回迁居住，还原了古村落的生活气息。

图2 乡村生活气息

6.统筹项目资金，实施村庄立体整洁。为了破解资金难题，积极对接各部门，采取集中力量办大事的办法，争取住建、文物、旅游、发改、农业、林业等各部门补助资金2000余万元，实施了综合环境整治工程，实现了"厕所革命"整村推进，组建了专业环卫队伍，实施了燃气、供热、污水管网建设，对村内道路全面进行了硬化、绿化、亮化，所有架空线缆进行了"地埋"式处理。结合退耕还林，历时三年，造林1200余亩，植树60余万株，实现了村庄周边可视山头全部绿化。

7.深挖村落文化，注重非遗保护。一是建起了村级"博物馆"。结合文旅部乡村文化记忆工程，建设了乡村文化展示馆。二是开辟了露天"文化展"。将上庄的历史文化元素巧妙散落于村内各个文化节点，展示出"五步一景，十步一文化"的乡村人文景观。三是架起了交流"宣传栏"。出版了《上庄古村》《上庄十年》《王国光评传》《王国光传说故事》等宣传书籍，印制了数十种宣传资料。四是撑起了非遗"保护伞"。通过自主申报，发源于村内的"中庄秧歌"地方小戏、"八八大筵席"制作技艺和"打铁花"技艺，被列入了省、市、县各级非遗保护项目。

8.提升基础设施，发展乡村旅游。筹资1000余万元，完成了古河街提升改造，新建了游客接待中心、生态停车场；开通了至皇城相府旅游公路；成功举办了"天官王府景区开业庆典""王国光与万历改革学术研讨会"等系列活动，成功创建天官王府国家4A级旅游景区，初步实现了"以游养村"。

9.创新工作模式，助力乡村振兴。为推动乡村旅游提档升级，给乡村振兴赋予新动能，上庄村响应各级文物主管部门要求，深入推进古堡文物体制机制改革，2020年9月，与山西文旅集团成功签约，达成天官王府为期30年的经营权转让，实现了古堡文物管理权和经营权彻底分离，为下一步加速古堡文物活化利用奠定了基础。

通过十余年的倾力打造，上庄村逐步形成了融旅游观光、民俗体验、餐饮住宿和农副产品开发于一体的文化生态旅游开发体系。全村共发展民宿、农家乐43户，形成近300张床位的接待规模。通过古村落的保护利用，呈现出振兴一个产业，活跃一方经济，富裕一批农民的欣欣向荣景象，上庄村的古村落保护利用和产业发展也走上了良性循环轨道。

# 江西青原渼陂古村

## 1.基本情况

渼陂古村位于青原区文陂镇，始建于南宋初年，距今有近千年历史，现有民居582栋，明清建筑367栋，600余户，中共党史上著名的"二七"会议在渼陂召开。该村先后诞生了5位共和国将军，其中梁兴初、梁必业、梁仁芥3位是开国将军。古村内现有国保单位红四军总部旧址、"二七"陂头会议旧址2处，省保单位红二十军成立旧址、毛泽东旧居、朱德旧居、曾山旧居、红四军卫生队旧址、江西省苏维埃总工会旧址6处，市、区保共13处。

## 2.革命文物保护利用"五个一"的青原模式

从中央苏区保护工程实施以来，我区不断探索革命文物保护利用，做出了大量的探索与尝试，逐步总结出了"五个一"，分别是：全区上下整体规划一盘棋、革命文物保护与传统村落建设一体打造、革命文物保护资金与传统村落各种建设资金一起使用、革命文物保护利用与红色旅游开发一同推进、革命文物保护与文化惠民一曲同歌。

图3　江西青原渼陂古村

2019年9月以《青原区革命文物保护利用实施"五个一"——革命文物与传统村落保护利用相结合的青原模式》之名发表于江西省文物局主办的核心期刊《南方文物》上。"五个一"的青原模式一经推出，立即引起了省文物局及国家文物局的高度重视。国家文物局于2020年6月1日出版的《创新与启示——赣南等原中央苏区革命文物保护利用实践》中将青原模式作为重要篇章进行推广。

**3.主要做法**

按照"传承保护、专业规划、修旧如旧、市场运作、丰富业态、精细管理"的原则，投入资金1.5亿元，系统集成、改造提升。

① 精细化重复利用。有效利用古村内保留下来的老石材、老木材、老砖瓦，完成了渼陂红四军总部旧址等14处文物"三防"建设。

② 精心打造青原区非物质文化遗产展示馆。在省保单位红二十军成立旧址内精心打造了青原区非物质文化遗产展示馆，将文物与非遗深度融合，共同打造，推进文物保护与非遗传承向纵深发展。

③ 精心打造了渼陂将军馆。通过沉浸式陈展手段，做好做活将军馆，讲好青原故事，讲好将军故事，为爱国主义教育做出青原担当，为建党100周年奏响青原最强音。

④ 集中连片式抢修。抢救性修缮古民居121栋3.03万平方米，对文昌阁、毛泽东旧居、万寿宫等14处古建筑、红色旧居旧址进行重点维修保护和防雷工程建设，最大限度保留古村历史文化遗存。

⑤ 积极引进业态。恢复和引进了传统美食、手工制作、民宿餐饮、文创产品、非遗传承、研学培训、写生艺术、影视拍摄、演艺表演等旅游业态，开发了万寿宫《半面红旗》《少年文天祥》常态化演艺和夜

游、夜宴、夜购、夜娱等"夜间经济","烟火气"和"文化味"并重，充分发挥了文物建筑价值，复活了古村古街。

综合改造后的渼陂古村华丽转身，文物建筑"修旧如旧"，红色旅游产业兴旺发达，嬗变为我区全域旅游的一张魅力名片。实现了"八个百分之百"的目标（即景区道路100%硬化、空置土地100%绿化、水体水质100%清洁、古建筑立面100%改造、古街100%修缮、28口水塘100%活化、服务设施100%完备、综合管理100%规范），古村风貌保存完好，文物安全大幅提升，文保单位充分发挥价值，为我区全域旅游奠定了坚实基础。

⑥下一步打算

一是综合开发，做大规模。围绕"三改"（改水、改房、改路）"两提"（提升公共服务设施水平、提升人居环境水平）"一挖掘"（挖掘乡贤文化），发展体验休闲产业，形成古村外配套外延区。打造"一河两岸"休闲景观带，形成水上游览区，结合圩镇功能，规划建设渼水商业综合体，打造商贸餐饮区。

二是整治环境，提升形象。核心景区内，提升保洁、建房、出租、经营、店招等的监管，清除古村内杂物杂草，清理乱堆乱挂，做到墙面干净，地面平整。核心景区外，从降坡封尘、房屋立面、富水河岸上岸下、厕所栏舍、河道清理等方面整治环境，达到"清净整洁"的标准。

图4

　　三是夯实基础，完善功能。修复整理老旧建筑、菜园巷道，在不破坏古村总体风貌的前提下，逐步推进古村雨污分流、消防设施、自来水、电力改造和强弱电归类整理等工程，不断完善集聚区供水、排水、交通等功能。

　　四是做实产业，丰富业态。一是演绎文化。进一步做实做美夜渼陂平台；推进古街传统美食、主题酒店、精品民宿等项目，建设旅游综合体特色餐饮区。二是强化体验。新开发大贤富水湾，开拓农事体验、骑行服务、富水河水上观光游、露营、儿童游乐等新项目，与古村核心景区形成"动静"呼应，业态互补，让游客慢游古村，乐游富水。三是做大研学。结合红色历史、文化故事、非遗项目等，开设具有渼陂特色的精品研学课程，在市旅投的支持下，扩大"闪闪的红星"渼陂研学基地、臻翔文化渼陂写生基地接待规模，力争今明两年内创建国家级研学实践教育基地。

# 湖南岳阳张谷英村

## 1.发现：中国有个张谷英村

明洪武四年（1371），张谷英村始祖张谷英自吴入楚，先迁新墙，再迁渭洞石桥冲建立第一个聚族定居点，至明中期嘉靖时，家族人丁已达200余人。明嘉靖年间（1522-1566），七世祖张公泰迁居渭洞之西头岸，这是张谷英村聚族群之始。明万历年间（1593-1600），八世祖张思南再自石桥冲旧居迁至渭洞张谷英村现址，建张谷英村古建筑群主体的第一代屋，即"当大门"正堂屋。清嘉庆七年（1802），十六世祖张云浦建第二代屋——王家塅。约在清嘉庆八年至十年（1803-1805），张续栋兄张续斌建第一个庄园风格的居住点——上新屋，至此张谷英村建筑规模基本定型。古建筑群传承至今已有600余年历史，是由张氏后裔聚族而居形成的大型古村落，已历27代，现有615户，2468人。因地理位置相对偏远，明清时期古民居保存较为完整，以当大门、王家塅、上新屋三大主要群体组成的古建筑群总面积达51000平方米，其中房屋1732间，天井206个，巷道62条。

张谷英村在选址上独具匠心，充分体现了顺应天时、地利的风水观念。她的南面，笔架山巍峨挺拔，西南方向则有奴曼山亭亭玉立。盆地中央有一座小山丘，人称龙形山。山丘两侧各有一条小溪，在龙形山前方汇合。龙头正前方100米处有3块天然巨石，被称为龙珠。张谷英村古建筑群正是顺应龙形山的走势，沿着渭溪河，环山而建。古屋雕梁画栋、气势恢宏，其布局依地形采取"干枝式"结构，主堂与横堂皆由数个单位组成，各单元之间有屏风檐廊和巷道沟通分隔，分则自成体系，互不干扰，合则贯穿于一体之空间，人们穿行其间"晴不曝日、雨不湿鞋"。张谷英古建筑群极具特色，其历经数百年风雨侵蚀依然保存完好的精美雕刻、严谨神秘的排水系统、巧妙的建筑选址、清晰的家庭脉络体现了明清古民居文化丰富蕴涵，是中华民族民俗风情及建筑历史的珍贵实料和佐证，是人与自然和谐统一的典范，有"天下第一村""民间故宫""湘楚明清民居之活化石"的美誉。

1989年，上海屋脊与根工作室主任、中国古村落保护与发展专业委员会副主任、秘书长张安蒙教授在拍摄村镇建设电视片时，偶然间发现了"躲"在群山中的张谷英村。从此，这片桃花源逐渐为外人所知。在岳阳县委县政府高度重视下，2001年成立张谷英民俗文化建设指挥部，2004年由建筑历史研究所所长、文化遗产保护规划国家文物局重点科研基地主任陈同滨主编《张谷英村古建筑群保护规划》，中国文化遗产研究院总工程师付清远、杨新、袁毓洁分别做《张谷英村古建筑群保护修缮设计方案》，2006年成立张谷英管理处，至此，张谷英村的保护开发工作逐渐步入正轨。张谷英村保护和发展至今，得到文物、住建、旅游等相关部门的高度重视和大力支持，2001年"张谷英村古建筑群"被公布为全国重点文物保护单位，2003年张谷英村被评为首批"中国历史文化名村"，2012年张谷英村被评为首批"中国传统村落"，2013年张谷英村景区被评定为"国家4A级旅游景区"，2015年被评为"中国特色景观旅游名村"和"湖南省省级风景名胜区"，2016年被评为"中国美丽休闲乡村"，2017年被评为湖南省"经典文化村""美丽乡村建设示范村"，2018年被评为湖南省"文明风景旅游区"。

**2. 保护：还原历史上的张谷英村**

一是深化认识，营造良好社会氛围。从发现张谷英古建筑群文物保护价值后，我们组建了张谷英村古民居建筑群保护小组，组织村内群众自发进行保护。通过召开党员组长会、户主会，通过宣传栏、广播、横幅、标语、公开信等形式，层层进行宣传发动，向群众宣传保护古建筑群的重要性和紧迫性。我们还组织管理处干部、村组干部和群众代表举办了文物知识、安全消防知识培训班，通过大力宣传《文物保护法》《历史文化名村保护条例》等法律、法规，明确古建筑群受法律保护，增强了群众文物保护的自觉性。县人民政府还对古建筑群文物建筑、历史建筑分类进行了挂牌保护，目前群众的文物保护意识已经深入人心。

二是科学编制规划。按照"整体保护、协调发展，惠及民生、尊重民意，因地制宜、突出特色"的原则，邀请具有专业资质的单位制定了《张谷英村文物保护规划》《张谷英历史文化名村保护规划》《张谷英村古建筑群周边民居改造及环境整治方案》《张谷英村古建筑群维修方案》《中国传统村落张谷英村保护整体实施方案》。并对古建筑群进行了全面摸底普查，确定了当大门、王家塅、上新屋3处重点保护区。同时，还聘请中国文研院、湖南大学、岳阳市文物处等多家专业文物保护单位对张谷英村所有文物建筑、历史建筑进行实测，逐一登记造册，建立档案，设立标志。

三是大力推动文物修缮。编制了一、二、三、四期张谷英村文物修缮方案和文物本体修缮方案、张谷英村周边环境整治方案、文物展示利用方案，通过项目申报，截至目前共争取文物修缮项目资金9500多万元，推动促成中国华夏文化遗产基金会捐建张谷英文化遗产保护项目2亿元。现已完成第一、二、三、四期文物修缮工程及民居改造项目。已对上新屋中轴、王家塅中轴、当大门中轴、当大门接官厅、八骏图及王家塅头门屋、青云楼、纺绩堂、畔溪走廊、西头岸、聚龙湾西等处进行了修缮，累计完成修缮面积七千多平方米。在积极推动修缮过程中，在确保修缮标准和质量前提下，注重充分调动群众积极性，动员地方群众投劳投资，累计动员群众筹资380万元。按照"修旧如旧"的原则，严格工作程序，严格招投标，严格工程管理，严明施工步骤，严把工序、材料、工艺等关口，切实加强工程质量监管。2008年完工的王家塅主轴维修工程被省文物局评为优质工程和省文物维修样板工程；2011年，张谷英古建筑群"当大门"修缮工程被中国文物保护基金会、中国文物报社评为2011年度全国十大文物维修工程；2015年"八骏图""接官厅"维修工程被评为全省"十二五"文物维修优质工程。

四是着力保障消防安全。贯彻落实传统村落"人防大于技防"的作法，以人防为主、技防为辅，组织建立了20多人的义务消防队，配备专门消防车，完善安全用电、用火、巡查等管理制度，以村规民约形式确保制度有效落实。争取张谷英安全消防工程共资金1457万元，争取张谷英村防雷项目资金460万

图1　王家段文物维修工程获得十一五期间全省优秀文物保护工程一等奖

元。通过消防、防雷等项目的实施，建设了一整套安全监控、智能疏散、火灾报警、室内外消火栓系统、防雷设施，领先全省同类传统村落。

### 3.挖掘：乡愁厚重的张谷英村

沿着渭溪河溯溪而上，走过的是热闹的畔溪走廊。打铁的敲击声、地方戏曲的唱腔、私塾中的琅琅读书声、村民劳作时的号子不时传入耳中，让人感觉到家乡的温度。文化是传统村落的文脉和灵魂。张谷英村传统村落拥有丰富的物质和非物质文化遗产，具有较高的历史、艺术、社会、经济价值。为了让扎根乡村的民族DNA和民俗文化得以活态传承，为了让张谷英村传统村落有乡愁的归属感，我们重点做好了三个方面的工作。

一是文化挖掘方面。按照"不漏组户、不漏线索、不漏种类、不漏艺人"的要求，全面开展传统村落物质和非物质文化遗产普查，一大批文化挖掘工作正在有序推进之中。主体建筑"当大门"上方的对联"耕读继世，孝友传家"，为未来中国农村社会的转型和农村文化的发展提供了有益的思想资源；村落的选址与建造"负阴抱阳，背山面水，藏风聚气"，以及邻里和睦、环境友好，都包含了"天人合一"的哲学思想。大型纪录片《记住乡愁》在央视国际频道（CCTV4）以"和睦有道"为主题，播放了岳阳县张谷英古村落，展现了张谷英人重礼教、讲仁爱、尚和合、崇正义的生活实景。中纪委、监察部网站《中国传统中的家规》栏目，以"耕读继世，孝友传家"为题从孝、和、勤、廉等方面解读了张谷英村家训族戒。系列片《北纬30°·中国行》第46集《寻龙舟之源 游鱼米之乡》，也介绍了张氏家族600多年来几千人在大屋场生活的情景。湖南卫视《新闻联播》报道张谷英景区清明祭祖，湖南卫视《非常有味》报道古村美食，湖南公共频道《市井发现》栏目〈一个地方〉连续报道张谷英村。还通过《半月谈》《湖南日报》《新湘评论》《岳阳日报》等主流媒体报道古村的优秀传统文化。通过主流媒体强化正面宣传，引起了良好的社会反响。

二是文化传承方面。依托各种文化活动和传统节日，定期组织村里民望高、有学识、懂技艺的老人举办传统民俗文化培训班，开展以婚俗、寿庆、丧葬、岁俗为主的传统民俗培训，开展以刺绣、雕刻、剪纸、纺绩为主的传统工艺培训，开展以唱山歌、吹乐器、唱皮影戏、写对联的民间工艺培训；张谷英镇中小学校还编写了乡土教材，开设了传统村落保护利用课程，确保具有本地特色的传统民俗文化代代传承。为庆祝我国第一个丰收节，由湖南省委省政府领导，湖南省农业委员会具体指导，市农业委员会、岳阳县委县政府主办，我处承办了岳阳县首届晒秋文化旅游节，纳入了农业农村部庆祝首届中国农民丰收节"1+6+N"系列活动，用"醉金秋、晒丰收"为主题，分"晒秋、摄秋、画秋、品秋"四个篇章，通过不同的活动方式和载体反映岳阳县在美丽乡村的打造、传统文化的传承、经济社会的发展方面所取得的成就。通过开展一系列具有地方特色、民族特色的农耕文化和民俗活动，丰富广大农民的物质文化生活、展示新时代农民的精神风貌，将张谷英村打造成为集休闲、体验、教育为一体的农业旅游目的地。

三是文化展示方面。以中纪委网站推介张谷英家训族戒为契机，深入挖掘、考证，以张氏家族传统民俗文化中的"孝友""勤廉""和睦"为主题，将张谷英村礼堂改造成省级廉政文化教育基地，打造张谷英孝廉家风传承馆。建立了"年年有节会，月月有活动"的民俗文化展示机制，多层面、多视角展示传统村落民俗文化。每到春节、农历七月十五、清明时节，张氏家族组织祭祖表演；每到传统节日或旅游旺季，组织古村艺人或老人在大屋、厅堂或天井旁展示皮影戏、纺纱织布、绣花、打铁、豆制品传统制作、竹制品加工制作等表演，让游客在感受传统村落魅力的同时，参与到传统文化和传统工艺制作的乐趣中来。张谷英民俗博物馆已列入免费开放，为弘扬传统文化，将民俗实物、器具和资料进行收集、整理，分年俗、岁俗、婚俗、家族、耕读五大部分，收集藏品280余件进行集中展示。

#### 4.惠民：打造欣欣向荣的张谷英村

"一业兴而百业兴"，多年实践证明，适度开发张谷英古村，发展旅游产业，让群众得实惠，既能提高群众保护文物的积极性，又能有效地促进文物保护。我们通过采取系列措施，较好地实现了文化传承、生态保护、经济发展的有机结合，坚持在保护为前提下，推动地方旅游产业发展。让群众认识到保护传统村落是发展经济的有效手段，保护越好，发展越快。

一是强化政府引导。近年来本县将"旅游兴县"作为地方经济发展战略之一，成立了旅游产业领导小组，由县主要领导亲自挂帅，其中张谷英村作为"民俗文化板块"重点予以打造，设立了旅游产业引导资金予以大力扶持。充分发挥保护利用带动经济社会发展的作用，目前，张谷英村已成为我县最重要的景点和最亮丽的名片，年接待游客60多万人次，门票收入1000万元以上，旅游收入1个亿以上。

二是推动基础设施建设。路：投入1.9亿元，将全长17.38公里的旅游公路梅城线列入省级公路S208线计划，2014年10月竣工通车；水：投入2600万元，将后峦水库扩容，库容量达40万立方米，并新建了

1座自来水厂，有效解决了景区景观用水、居民用水、农业灌溉用水和消防用水问题；电：投入220万元，按照"室内线套管、室外线地埋、强弱电分离"的要求，对古建筑群核心区进行了电路网线改造，并对村民用电实行集抄集控，彻底消除了核心区的电路"火患"问题；居民点：按照"统一规划、一次征拆、分期实施、严格管理"的原则，投入资金1780余万元，新建了3处传统村落居民建房安置点，全面配套安置点水、电、路等基础设施，第一期集中安置居民56户，第二期集中安置居民60户，第三期预计可集中安置居民300户。聘请浙江大学城乡规划设计院赴张谷英村现场踏勘制定设计方案，投入700余万进行渭溪河清理及水景打造，建设沿河荷花道，在王家墩至上新屋打造休闲绿化，做到观赏农业与体验采摘相结合。将景区道路改造成复古麻石道路。

三是增加农民收入。在张谷英古建筑群的保护开发之前，张谷英村还是个不被世人熟知的偏僻山村，村民仅靠务农、牲畜养殖维持生计，大量的青壮年外出沿海发达城市务工，造成大量儿童、老人留守。经过十多年的有效保护和合理开发，村民在重视文物保护的同时，文物保护工作也真正达到了惠民、富民的效果。目前张谷英村从事餐饮、住宿、土特产加工和销售、民俗表演、导游等旅游业从业人员近800人，开发旅游品156种，建有土特产摊位300多个、农家乐140多户，许多在外务工、经商的村民也回归家乡寻找商机，村民人均年收入从保护开发前的3000元涨至近1.8万元。张谷英村民70%的收入、村委会80%以上的收入来源于旅游业，每年村委会在社会保障、基础设施、环境保护等公益事业和公共管理上的投入都在150万元以上。张谷英村的保护与开发实现了良性互促。

在今后的工作中，我们将以文物保护利用为重点，以民生改善为核心，以传承文化为精髓，按照整体保护、活态保护、特色保护相结合和多元化投入、多业态发展、多价值挖掘相结合的要求，把文物保护利用融入美丽乡村建设和新农村建设，实现自然风光、文化特色、旅游开发紧密结合，充分挖掘传统村落历史文化积淀和乡土民俗民风，努力使张谷英村成为中国大地的美丽乡村、成为永续传承的美谈乡情、成为难以忘怀的美丽乡愁。

# 湖南兰溪瑶族乡勾蓝瑶村

兰溪瑶族乡勾蓝瑶寨辖黄家、上村和大兴三个自然村共518户2228人，是一个保存完好的民瑶祖居地，也是瑶族迁移融合的农耕文化活标本。瑶寨至今保留300多栋明清建筑，随处可见社坛土地、舞榭歌台、庙观阁庵；瑶寨民俗文化丰富多彩，独特的瑶家女子拳、女子棍舞，"四个鸡蛋定终生"试婚习俗诠释了古老百越少数民族的女性当家特质，勾蓝瑶寨独有的洗泥节在民族文化中焕发着独特的魅力。兰溪瑶族乡勾蓝瑶寨获评第九批湖南省文物保护单位、"中国少数民族特色村寨"、"中国历史文化名村"、"中国传统村落"。瑶寨独有的"洗泥节"被公布为湖南省非物质文化遗产名录。2019年10月16日被国务院公布为第八批全国重点文物保护单位，2020年获评"中国美丽休闲乡村""湖南省文化和旅游扶贫示范村"，2021年获评"全国民主法治示范村""全国乡村治理示范村""湖南省级精品乡村"。主要做法有：

## 1.抓顶层设计，全方位保障

① 加强统筹聚合力。一是高位推动。我县一直以来高度重视勾蓝瑶寨古建筑群文物保护利用工作，多次召开专题会议研究讨论。县党政主要领导牵头在勾蓝瑶寨召开现场办公会，通过了《江永县勾蓝瑶寨创建4A级景区对标提质建设方案》，成立领导小组，明确了景区创建设工作由全县创建国家全域旅游示范县领导小组负责统筹，景区建设指挥部具体抓落实。乡、村两级也相应成立组织机构，并由县副处级以上领导挂钩帮扶，派驻驻村专家进行技术指导，构建了"上下一体、配合密切、联动推进"的总体工作格局。二是强化协作。文物、景区建设等工作需要多部门互相协助，我县整合了文化、旅游、林业、住建等部门力量，确保配套设施建设、景区绿化、环境卫生整治等工作和"吃住行、游购娱"等旅游产业开发工作顺利推进。同时加大执法力度，严厉打击偷盗、毁坏文物行为，制止查处文物单位保护范围和建控地带内违规建设行为。

② 强化规划以及资金保障。一是精心完善规划。为了更好地做好文物保护利用工作，我们积极完善村庄的专项规划。2011年，委托广西大学设计院完成《湖南省江永县勾蓝瑶寨旅游总体规划》；2012年，委托惠州设计院完成勾蓝瑶五个部分的建筑建设方案，委托具有甲级资质的湖南大学设计研究院有限公司编制了《湖南省江永县兰溪瑶族村历史文化名村保护规划》，并按规划实施保护；2014年，委托湖南省文物博设计研究院有限公司编制了《兰溪瑶寨古建筑群（第一期）修缮工程勘察设计方案》。二是积极争取资金。积极向上跑项目、争资金，2014年，争取省发改委资金150万元，用于盘王庙和公共建筑修缮；2016年，争取省级文物保护专项经费50万元，用于盘王庙修缮工程；2017年，争取省级文物保护专项经费150万元，用于总管庙、龙泉观、回龙阁修缮工程，正在实施当中；2019年，争取省级文物保护专项资金300万元，用

于水龙寺抢救保护；2018–2019年，县级财政共安排资金1450万元，用于勾蓝瑶文化生态博物馆建设。

③加强力量配备，全面摸排。勾蓝瑶寨景区建设指挥部抽调了6名在村内有一定威望、工作能力较强的勾蓝瑶籍在外工作人员脱钩参与工作，主要负责调解矛盾纠纷、征地拆迁等工作。目前，我县按照中国历史文化名村的保护要求、在坚持"一户一宅"的基础上，结合易地扶贫搬迁的政策，出台了《勾蓝瑶寨历史文化名村房屋修缮改造管理办法》，在勾蓝瑶景区实施"以房换房"政策，对民俗房屋进行腾空，现村委会已和腾空农户签订了古民居流转协议，计划易地搬迁集中安置第二期工程完工后，完成农户民俗房屋腾空工作。同时，安排专人编号建档立册，对建筑内部主体承重结构、屋内瓦片、椽条桁木损坏程度进行初步评估，按保护价值、濒危抢修、重点修复等内容进行分门别类进行归类，而后按分期分批进行修复利用，目前已完工修缮修缮门楼庙宇24座，古民居62栋。

**2.注重活化利用，典型示范带动**

①活化利用古建筑，留住文化载体。2020年永州市人民政府与湖南省文旅厅签署"厅地共建"生态博物馆协议，以自然山、水、田园、古村为大背景，以原真、活态的形式从瑶族文化、宗教文化、独特婚俗、农耕文化、饮食文化等多方面全面展示独具特色的乡村文化景观，将传统的瑶族院落修缮改造成耕读、小吃制作、手工技艺、主题餐厅、民宿等民俗风情主题体验馆，将瑶族同胞习以为常的生活生产场所打造成风光旖旎的景区景点。2020年勾蓝瑶寨成功承办"文化和自然遗产日"湖南省主场活动，邀请10位非遗网红打造"直播＋文化扶贫""直播＋特色文旅"模式，为瑶寨旅游产品带货预售。

②活化文化习俗，留住民族文化根脉。以"勾蓝瑶寨洗泥节"为核心，重点打造了洗泥篝火晚宴，恢复一系列民俗活动，如城堡迎宾、拜门楼、洗泥祈丰、洗泥摸鱼等。洗泥节以连续举办十余届，每年吸引上万人前来观光。组建民俗文化表演合作社，编排了诸多原生态民俗节目，其中《庆丰年》作为2016年永州市春晚分会场的唯一入选节目，《洗泥巴》获得2016年、2019年全省欢乐潇湘文艺汇演金奖。以瑶寨民俗风情为载体，结合勾蓝瑶寨得天独厚的自然风光，打造"一眼千年 诗意田园"旅游目的地，开发了瑶汇生活民俗游、快乐学堂研学游等特色旅游线路，并与全球最大的国际青少年教育培训组织"ME TO WE"合作，成为中国唯一的研学活动基地，是瑶寨文化向外宣传的重要窗口。近年来，先后配合中央、省、市电视台完成了《走进瑶乡过年》《千里瑶乡行》《乡土》《湖南发现之旅·走进江永》《青春在大地》等电视新闻和电视专题片的制作宣传报道，使勾蓝瑶寨的民俗文化影响力日渐深远，景区知名度逐年提高，为发展民俗文化旅游创造了有利条件。

**3.着力抓特色产业培育，推进民族村寨发展**

以瑶寨民俗风情为载体，结合勾蓝瑶寨得天独厚的自然风光，走出了一条乡村旅游致富之路。一是做大乡村旅游产业。采用"政府引导、集体经营、市场运作、村民参与"的模式，成立村级旅游发展有限公司，以村支两委作为法人，村民则以资源（土地、房屋）入股的方式成为"股民"，参与旅游产业，每年享受分红。目前，已发展特色民宿9家，农家乐8家，旅游观光车、自行车出租行、帐蓬出租行各1

家。二是做强休闲农业产业。坚持"农旅结合"，着力发展休闲观光农业。村支两委将景区内土地，以保底租金加分红的方式流转过来，统一按规划进行开发和经营，种植特色原生水稻、优质水果及时鲜蔬菜，保底租金每亩500元，因土地而获得的直接收益按村民占70%，村集体占30%的比例分配。为提高村民种植技术，先后开设旅游培训班6期，邀请省、市农科院专家12次到瑶寨为贫困瑶胞传授旅游产品开发、特色种养殖等技术，培训人员600余人次。三是做优综合服务产业。采用"能人带动、抱团发展、电商驱动"等方式发展第三产业。建立"勾蓝网站"，发展电商网店5家，去年销售农产品300万元。30余名"瑶族能人"、近10名"汉族能人"带动400余人发展三产，瑶汉携手奔小康。成立农业种植、民俗文化表演等合作社，有的群众白天下地搞种植，晚上登台变演员；有的既搞种植，又当社员，还当"网店老板"，实现"多重增收"。

图1　舞龙

图2　洗泥摸鱼

图3　拜门楼

图4　洗泥午宴

图5　风雨桥

图 6　石鼓登亭

图 7　洗泥晚宴

图8　城堡迎宾

# 湖北赤壁世界羊楼洞古镇

**1. 羊楼洞古镇基本情况**

2002年羊楼洞明清石板古街被列为湖北省文物保护单位，2010年羊楼洞被国家住建部和国家文物局授予"中国历史文化名村"，2013年羊楼洞又被评为"湖北旅游名村"。羊楼洞古镇产业发展禀赋较好，有茶马古镇的旅游资源、青山绿水养生资源、青（米）砖茶产业资源、142志愿军烈士墓群及抗美援朝67预备医院等红色资源；有百年老字号茶企招牌136块，有赵李桥茶场、羊楼洞茶场、乾泰恒、洞庄、思庄、大德和等规模较大的茶企38家，全市现有优质青砖茶茶园16.5万亩。因清雍正五年（1727年）沙俄女皇派遣使臣来华，订立了《恰克图条约》欧亚万里茶路从这里开始，所以也被称为"世界茶业第一古镇、欧亚万里茶道源头"，并先后荣获"中国青（米）砖茶之乡""中国名茶之乡""2019年中国文旅总评榜最佳人气文旅小镇"等称号。

**2. 羊楼洞举办重大节会情况**

为了将羊楼洞打造成湖北第一古镇，通过旅游产业带动乡村建设，引导传统村落的保护与发展，繁荣地方经济社会发展，规划面积扩展到12120亩，计划总投资由60亿元，计划5年时间打造出5A级旅游景区。

2019年10月和2020年12月，连续两年在羊楼洞成功举办"一带一路"国际茶产业发展大会；2020年11月成功举办"赤壁青砖茶杯"环中国万里茶道汽车集结赛发车式，2021年4月举办了"赤壁青砖茶杯"第一届CCTV世界围棋青少年业余网络大赛总决赛、2021年9月23举办了咸宁市第四届农民丰收节等诸多大型活动，古镇再次蜚声海外，旅游人气暴涨，疫情前节假日均游客量多次破30000人。2021年11月5-6日的上海中国进博会举办了"2021一带一路"赤壁青砖茶产业发展大会。

**3. 羊楼洞古镇文化展示利用情况**

通过考古、收集、整理羊楼洞古镇文化，全面挖掘羊楼洞明清石板古街文化底蕴，弘扬羊楼洞传统文化，还原羊楼洞古镇繁盛场景，着力打造了一批重要文化节点。

① 中国青砖茶博物馆。该馆是集青砖茶文化展示与交流等功能为一体的综合性服务馆，全馆分为上下两层展厅，建筑面积3500平方米，为公办民藏形式，主馆陈列设定为"中国青砖茶的历史"，陈列展示文物约2000件/套，库房收藏文物约2000件，共计文物约4000件。主管右侧是茶艺馆，为品茶购茶区。左侧是交流馆，定期举办青砖茶文化讲坛，现场开展茶文化交流会。

② 万里茶道文化博览中心。该博览中心建筑面积2200平方米，能同时容纳600人，采用新中式建筑风格，设有会议厅、展示区等板块，是"一带一路"国际茶业发展大会的永久会址，该馆目前已成功召

开了多次重大会议。

③ 厘金局。明清时期的"税务局"。咸丰五年（1855），湖北巡抚胡林翼，见羊楼洞茶市生意兴隆，在羊楼洞设立厘金专局，为了抗击太平天国起义筹集军饷，羊楼洞厘金局作出巨大贡献。

④ 大清邮局（电报局）。光绪二十九年（1903），湖广总督张之洞于汉口与羊楼洞同时设立大清邮局。现存旧址虽然规模不大，但功能俱全保持原样。目前任在运营，可以发邮件、打电话、发电报。

⑤ 羊楼书院。羊楼洞自古文人辈出，具有浓厚的书香气息。羊楼书院，原名文昌阁书院。明清时期初，羊楼洞经济繁荣，教育兴盛，书院、族学、私塾、塾师林立，其中，以文昌阁为最。1904年9月，文昌阁更名为羊楼洞高等小学堂，是全县乡镇唯一一所公立高等小学堂。

⑥ 羊楼洞142名志愿军烈士墓群。1951年5月，中南军区在羊楼组建第七预备医院，11月更名为中国人民解放军第六十七预备医院。在创建后的五年里，共收治抗美援朝战争前线伤员和中南军区内部伤病员六批1200多人，经医治无效死亡142名，全部安葬在羊楼洞（老营盘）茶山上，其中137座有碑文，记录了每位烈士的籍贯、所在部队番号和牺牲时的年龄。是国内三处集中安葬抗美援朝革命烈士的墓地之一，具有极高历史文化价值与旅游开发价值。

图1　湖北赤壁羊楼洞古镇

图2　明清石板街

图3　元宵灯会

图4　油纸伞制作

图5　茶艺

# 福建屏南双溪古镇

　　双溪镇位于屏南县东北部，距屏南城关16公里、白水洋高速口2公里，与政和、周宁县毗邻，土地面积174.4平方公里（耕地面积1.84万亩），最高海拔1453米，平均海拔860米。下辖1个社区、14个行政村，双溪镇发祥于五代后梁乾化三年（913），至今已历1106年，1735–1950年曾是屏南旧县治。双溪古镇风貌可概括为"一塔一湖一月老，两寺两庙两廊桥，三祠五厝廿七巷，风景最亮在民俗。"分别对应瑞光塔、鸳鸯湖、月老峰景区、建于宋代的灵岩寺、北岩寺，文庙、城隍庙、陆、薛、张三宗祠等人文自然景观。双溪拥有省级文物保护单位2处，县级文物保护单位8处，国家级非物质文化遗产2项，省级非物质文化遗产1项，县级非物质文化遗产6项，其中铁枝表演、鼓亭表演被列为国家非物质文化遗产代表名录，双溪元宵灯会被列为福建省非物质文化遗产代表名录，先后荣获中国历史文化名镇、国家级生态乡镇、全国重点镇、福建四星级乡村旅游休闲集镇、双溪古镇3A级旅游景区、宁德市第一批文创旅游小镇、省级卫生乡镇等称号。

　　古镇山清水秀，自然风光优美，主要街巷的格局基本完整，民居及百年老字号商铺街沿街连续分布，多达150余处保存较好的古民居建筑，历史面貌清晰可见。传统风貌建筑区约106251平方米，一般不可

图1　双溪古镇陆氏宗祠

移动文物10个，历史建筑41处，传统建筑196多处。镇区以旧县衙为中心，北侧高处从东至西，主要分布有城隍庙、杰阁、文庙、妈祖庙等公共建筑；古街古巷与民居建筑等分布于城内之东、西、南三部分，城内街巷迂曲纵横，房屋、商铺、祠堂书院等错落有序。公共礼制性建筑有文庙、城隍庙、陆氏宗祠、北岩寺、灵岩寺等；古镇内周宅、盖屏户等宅邸府第保存较好，建筑之中随处可见精美的木雕、石雕、

图2　双溪古镇文庙

图3　古城双溪中秋拜月

砖雕、灰塑、彩画装饰，尤其是民居建筑之中的木雕装饰，不仅数量众多、题材丰富、技艺精湛，多数保存完整。城郊保留有南安桥、劝农桥两座古廊桥，城东西南北各五里许均有一古驿亭设立，通往周边县市古官道处处可觅。双溪镇地灵人杰，历史上出过陆瀛（后周大理寺评事）、张疆（南宋国子监书库官）、薛文潮（清乾隆年间台湾守备）、张渊澜（清光绪十七年殿试第三甲武进士）等名人。非物质文化有铁技表演、舞香龙、鼓亭音乐、古城隍巡游仪式等具有浓郁地方特色的文化艺术，现有国家级非物质文化遗产2项，省级非物质文化遗产1项，县级非物质文化遗产6项。其中铁技表演被列为国家非物质文化遗产代表名录，元宵灯会被列为省级非物质文化遗产。

为了更好的保护村落传统风貌，在融合《屏南县双溪镇总体规划》《屏南县双溪镇控制性详规》基础上，编制了《屏南县双溪历史文化名镇保护规划（2013-2030）》等整体规划，2021年，双溪镇修缮城隍庙、文庙、薛氏宗祠、张氏宗祠和5栋明清古建筑，通过引进工料法对古文化遗迹的修缮，加强历史文化的保护和开发。作为中国历史文化名镇，双溪镇以古村镇的历史文化资源禀赋、规划设计修缮情况、基础设施完善状况、产业传承特色、区位通达条件、村民参与程度6个方面作为考量指标，对整体的保护、开发和整治进行了总体布局，推进"多规合一"，形成布局合理、功能互补的空间格局。

图4　双溪安泰艺术城

　　古镇区主要街巷的格局完整，大多数传统建筑建造于清代至民国年间，此时建造的房屋基本是中国传统和本土特色的风貌与做法，集中成片。尚存少量的明代老宅，格局完整，缺乏日常维护，虽然原有建筑形式基本保存，但窗、墙、顶等大量破坏，抢救性修复的极其必要，为了修复这些具有代表性的建筑和古街巷道，双溪镇积极采取措施，已完成东街和中山街的地面改造和立面改造，安泰艺术城周边的立面改造和夜景亮化工程及文庙、薛宅、周宅、陆宅等古民居的修复，薛谋洪故居、盖屏户、城隍庙等古建筑已完工或即将修复完工，山区明清小城传统官宦住宅风貌逐渐显露。

　　为传承古镇文化，双溪镇结合实际创新机制，干群联动联合管理，成立双溪古镇保护与开发项目指挥部、城建监察双溪分队，统筹保护与项目建设，并对古镇规划、市政工程、公用事业、市容环境卫生、园林绿化等开展监督、检查和管理；成立双溪古镇文化保护理事会，依靠群众力量，补齐政府执法行为的短板，实现政府治理和社会调节、居民自治良性互动，建立健康长效的管理机制。

图 5　双溪古镇长青根艺馆

　　双溪设有城门式地名标志，城门口周边环境改造提升工程全面完成，消防机制运行完备，农贸市场、污水处理、垃圾清运、城市执法等规范管理，教育、卫生、银行等功能完备，确保居民及游客的生产生活及医疗保障。环境整治、景观提升逐步完善公共服务设施。多方筹资，增强发展后劲。除了历史文化名镇保护资金和群众自筹资金外，还向国家开发银行申请古镇保护开发贷款2.47亿，争取文创产业发展专项债1000万元，高山花卉产业专项债5000万元等，为古镇风貌保护、基础设施建设和产业发展提供了有力保障，增强了发展后劲。

双溪镇引进林正碌艺术教育团队和程美信艺术教育团队，创办"双溪国际残疾人艺术教育中心"和"薛府文化艺术中心"，集艺术教育、学术交流、文创体验，作品展览及交易市场、文化旅游为一体。2017年9月福建省委党校、福建行政学院在安泰艺术城设立文创扶贫现场教学基地。古镇在不断挖掘内在潜力的同时也激活文化自信和文化自觉，各类文化艺术活动的推广，让双溪已成为屏南文创旅游的靓丽名片，推动屏南全域旅游的发展，实现古镇振兴与发展。

# 福建邵武市桂林乡横坑村

## 1.区位概况

横坑村地处邵武市西南部，东北与泰宁县上青乡交界，西南与江西省黎川县熊村镇相邻，西北与余山大岭村连接，西与泰宁县新桥乡宝石村接壤。横坑村隶属邵武市桂林乡，村部距市区82公里。辖区总面积23.93平方千米，2014年末全村辖9个自然组，12个村民小组，共478户，1886人，是红色革命老区基点村、福建省著名高校写生基地、影视基地和避暑胜地。

## 2.历史沿革

横坑原名"嵘衢坊"，始建于公元948年，为后唐工部侍郎黄峭后裔筑基建村，距今已有一千多年历史。横坑元代属四十一都，解放初为肖家坊6区公所管辖，和大岭村合并称大横乡，1957年后改横坑乡，1958年4月29日并入余山民兵营部，1961年转为桂林公社管辖，桂林公社设横坑大队，1984年改为横坑村。

## 3.山水格局

横坑村整体山水格局可以概括为"奇石纳福，五马并槽，庙堂锁溪"。

奇石纳福：村庄东部钟石、鼓石、旗石、锣石等四块奇石；

五马并槽：村落整体沿峡谷呈带状分布，横坑溪贯穿全村。村庄整体地形如船型马槽，峡谷两侧五座矮山，山脉延伸，如五匹骏马，故称"五马并槽"；

庙堂锁溪：村庄水尾处社公庙、观音堂。

## 4.传统建筑数量众多、类型丰富且保存完整

内现存明、清建筑60多座，传统建筑占村庄总建筑面积的77%。传统建筑类型丰富，有祭祀先祖的黄氏家庙，有崇文兴教的魁星阁、文庙，有百年学堂义学堂，有祈佑年年丰硕的社公庙，有祈福求安的观音堂，还有千年古刹福云寺等。所有厝院毗邻而建，厝院均为三进式院落布局，院落大门和大厅门均以条石为框，门框三围浮雕松鹤，彩绘祥云，十分气派宏伟，是典型的闽北传统建筑风格。

## 5.街巷空间保存完整

横坑村的街巷具有"主路似干，巷路如脉，有机伸展，呈叶脉状"的特征。主路如同叶子的主脉一般东西向贯穿全村，巷路则如同支脉般由主脉而发，自然延伸，入村进户。

## 6.历史环境要素品种丰富，数量众多

　　村庄现存历史环境要素众多，有摩崖石刻"鸿磐石"（邵武市级文物保护单位）一处、古道3条、屋桥、古墓、田契碑、黄氏族规碑、迎风泉、文庙遗址、"钟鼓旗锣"奇石、水碓、风水林、风水池各一处，古树26棵。

图1　横坑村口

图2　横坑村

### 7.文化遗产丰富

拥有国家级非物质文化遗产——傩舞。傩舞是我国远古时期中原地区驱疫逐鬼的一种巫舞形式，历尽千年沧桑，中原地区已不复存在，在邵武市的和平、桂林、金坑等几个乡镇却至今仍传承了这一古文化的活化石。2008年6月14日，邵武傩舞被列入国家级第一批非物质文化遗产扩展项目名录。邵武市级非物质文化遗产——擂茶。还有其他众多非物质文化遗产，如舞龙灯、酿米酒、竹编工艺、迎神、念弥陀、10月半庆丰收跳傩舞、正月初六团拜节（有功名的才能参加）、春分前一天做社（水渠糍粑）、清明前一天祭祖活动、冬至前一天寒食节（祭祖）等。

横坑村保留有完整的古街巷、古建筑群、历史环境要素及富有地方特色的非物质文化遗产，是具有浓郁地方特色和极高历史文化价值和内涵的完整古村落。2016年列入第四批国家级传统村落；2018年横坑村获评福建省第五批历史文化名村；2021年被评为中国优秀古村镇。

图3　黄氏家庙内景

图4　流芳书院

图5　黄氏家庙

图6　联公厝

图7　古厝

# 北京门头沟区斋堂镇马栏村

马栏村位于北京市门头沟区斋堂镇，地处太行山脉，被称为"京西第一红村"。

马栏村建村历史可追溯至明代，是当时圈养马匹的军需要地，故名马栏村。村落红色文化遗产丰富，现存各级文物保护单位6处，挂牌历史建筑、遗迹13处，整体风貌保存较为完整。近代抗日战争时期，冀热察挺进军在马栏成立司令部，是平北、冀东抗日战场的大后方和大本营，有"北京延安"之称。建国初期，马栏村积极投身农业社会主义建设，并荣获周总理颁发的农业社会主义先进单位奖状。20世纪末，在区域生态环境保护的大背景下，传统煤矿产业关闭调整，村落发展也逐步进入转型停滞期，直至2013年，马栏村入选中国传统村落名录后，才逐步依托自身红色文化优势，发展特色文化旅游，开启村落复兴。

### 1.编制保护规划

① 保护优先，注重平衡保护发展。规划坚持"保护优先"的总体原则，通过详实的实地调研与价值评估，明确保护对象，并结合现实情况，合理划定保护范围，严控保护"底线"，以延续村落整体自然山水格局与历史风貌。同时，规划改变以往在村落保护中"重物质、轻精神"的规划思路，通过深入挖掘马栏村红色文化，动态传承村落红色革命精神脉络。

② 以人为本，注重城乡融合发展。规划以村民日益增长对美好生活的需求为出发点，规划提出民生优先，补齐短板的实施策略。同时，从门头沟区域角度，分析区域发展的优势与瓶颈，立足村落红色文化和生态资源基础，提出以文化突破、生态协同、旅游驱动为战略路径，突破传统以观光、纪念为主的红色旅游开发形式，也摒弃植入大量商业植入的乡村旅游开发方式，而是以红色文化为主题，将抗战时期的军旅生活与原住民传统生活相结合，打造特色化、生活化的红色体验。同时通过多元的网络媒介，延伸对旅游者行为设计引导，搭建良好的软环境，探索特色红色旅游的新路径。

### 2.推进建设实施

在规划指导下，马栏村自2018年至今，累计投入1287万元，用于村落保护发展相关建设，取得了较好的实施效果。

① 村落文物保护单位保护修缮与提升利用成效显著。2020年，村落完成了冀热察挺进军司令部旧址陈列馆提升改造项目，持续推进文保单位保护修缮。经过改造提升陈列馆于当年9月入选第三批国家级抗战纪念设施、遗址名录。此外，村落以置换的方式收回村内个人产权的14处红色遗址，置换面积共计2537平方米，收回后，预计建成12个新展馆，形成完整的关于冀热察挺进军的红色旅游内容。

图1　北京门头沟区斋堂镇马栏村

②村落人居环境及公共设施配置持续提升完善。村落进一步提升街巷铺装、沿途观景小品和旅游标识牌；新建2个垃圾分类点和1处生态停车场，持续加强村落人居环境整治和景区基础设施配套。同时，进一步加强市级森林公园——马栏林场的建设，新建北崖木栈道，并每年定期维护。此外，按照规划相关保护措施，对全村6户危房进行翻建新建房屋，持续改善村民居住条件。

③村落红色文化传承活化不断延伸强化。村落利用红色文化遗址和古院落，改造为主题陈列馆和门头沟深山区第一家实体红色书店——"红色记忆"书屋，并利用党组织服务群众经费，建设马栏村烈士陵园，强化文化传承空间塑造。同时，开展实景剧、行军快板、战地说唱等红色文化展演活动，重温党史党魂。

④村落特色农旅产业逐步培育提升。2019年，村落投资50万元建成马栏村垂钓园。并且目前正在实施100亩梨树、70亩核桃树、49亩中草药低成本特色农业项目，持续丰富文旅体验层次。

图2　马栏村街巷

⑤ 村落数字化传承展示成效显著。全面展示了村落整体历史、文化、艺术、科学等价值，拉开了保护工作数字化的序幕。

京西第一红村——马栏村作为首都红色革命文化和党史学习教育的重要物质载体和传承地，随着村落保护发展建设的持续深化，未来必将成为"东有焦庄户，西有马栏村"的京郊红色品牌之一！

图3　红色文化院落遗址

图4　进行党史学习教育活动